本书系浙江外国语学院博达科研提升专项计划
"范式视阈下的跨文化适应理论"（BD2019C2）课题研究成果

浙江外国语学院博达丛书

跨文化

适应理论

Intercultural Adaptation Theories

孙淑女 —— 著

社会科学文献出版社

SOCIAL SCIENCES ACADEMIC PRESS (CHINA)

前　言

　　人类历史的发展进程是不同文化互动交流的过程。从自然历史时期的血缘交往，到文明历史时期的地缘交往，再到世界历史时期的全球化交往，不同文化的交流与碰撞促进了不同种族、民族、国家的相互了解与融合，也使不同种族、民族、国家在对外交流中面临文化冲突的挑战。融合与冲突的矛盾和跨文化交往须臾不曾分离，而矛盾的解决之道便是不同文化在跨文化交往中的相互适应。

　　人类学家自 20 世纪 30 年代便开始了对跨文化适应问题的研究，以"文明世界"的视角观察"未开化"的民族，深入原始部落或殖民统治地区对当地民众进行田野调查。他们的研究一方面为殖民管理者打开了走进殖民地文化的大门，另一方面也帮助记录、保存了原始文化，并描绘了"未开化"民族在跨文化交往过程中的"进化"图景。当殖民体系逐渐瓦解，民族国家相继建立，地缘性的国家交往逐渐成为跨文化交往的主要内容，跨文化适应研究也随之转向跨国移民、留学生、难民、外派人员等跨文化群体／个体，其中尤以 20 世纪 50、60 年代的社会学研究和 20 世纪 80 年代的心理学研究最为突出。社会学领域的跨文化适应研究以移民群体为主要研究对象，探讨移民摆脱旧有的文化传统，同化融入迁入国文化的过程。心理学领域的研究则侧重探寻移民、留学生、难民、外派人员等跨文化个体在跨文化交往中的情感、行为、认知变化。同时，心理学研究也推动了跨文化交际学领域的跨文化适应研究。至此，跨文化适应研究成为人类学、社会学、心理学、跨文化交际学等诸多学科领域共同的研究旨趣，并取得了丰硕的研究成果。

而今，全球化的发展使人类越来越成为一个紧密联系、不可分割的整体。跨文化交往也从地缘性的国家交往发展成跨越时空的全球化交往，呈现出前所未有的广度和深度，使得此时的跨文化适应也比以往任何时候都要复杂且充满不确定性。首先，全球化的跨文化交往不仅加速了不同文化的同质化进程，也使民族文化在各种文化的冲击和碰撞中觉醒。文化的内在独立性和对外交流性之间的复杂关系使处在跨文化交往中的适应群体/个体左右为难。其次，在世界文化大交汇的全球化交往中，没有一种文化敢妄断自己拥有绝对优越性，也没有一种文化可以与世隔绝、故步自封，文化转型成为文化传承与创新的必经之路。面对转型中的文化，跨文化适应群体/个体所要适应的目的文化变得不再确定。最后，处在全球不同文化大交汇环境中的跨文化适应群体/个体在处理各种文化关系时也在不断地吐故纳新、自我扬弃，自身的文化身份被不断地悬置与重构。重新认识自我成为跨文化适应群体/个体必须面对的时代任务，也是跨文化交往的基础。如此种种改变着跨文化适应的现状，也给跨文化适应研究提出了亟待解决的新问题。我们需要反思跨文化适应研究既有成果的现实解释力，也需要思考跨文化适应研究未来的发展方向。

作为对研究活动所得知识的归纳和整理，理论是对某一阶段研究活动的总结，也是对后续研究活动的指导。理论的发展是学科进步的重要标志。因此，本书以跨文化适应理论为切入点，力图突破学科的界限，较为系统地梳理现有的跨文化适应理论，从哲学层面反思理论之间的本质异同，以明晰跨文化适应理论的发展脉络，从而把握跨文化适应理论研究的发展方向。

为了清晰地展现各学科跨文化适应理论研究的成果，同时避免基于学科背景的分类整理，本书以托马斯·库恩（Thomas S. Kuhn）的范式理论为指导，从范式角度对人类学、社会学、心理学、跨文化交际学等学科领域的跨文化适应理论进行综合分析。在详细论证范式理论对社会科学研究的适用性问题的基础上，本书区分了指导跨文化适应理论研究的主要范式——实证主义范式、批判理论范式和建构主义范式，并对以各范式为指导的跨文化适应理论的表现特征进行逐一解析。研究发现，尽管人类学、社会学、心理学、跨文化交际学等学科的跨文化适应研究有着不同的研究对象、研究内容、研究方法，产生了看似截然不同的跨文化适应理论，但是不同理论却可能受到同一研究范式的指导，有着相同的本体论、认识论和方法论假设。同样地，尽管同一学科的跨文化适应研究看似产生了极为相似的跨文化适应理论，这些理论却可能受到了不同研究范式的指导，有着完全不同的本体论、认识论和方法论假设。经由范式角度的理论分析，不仅使我们跨越了学科的藩篱，而且使我们透过理论的表层，发现了理论之间的本质异同。

有了对各学科既有跨文化适应理论的清晰认识，我们就可以进一步明确跨文化适应理论研究的发展方向。依据不同范式对既有跨文化适应理论的跨学科梳理一方面向我们揭示了理论之间本质的异同，另一方面也向我们揭示：跨文化适应理论的建构大多以实证主义范式为指导，仅有少数跨文化适应理论的建构是以批判理论范式或建构主义范式为指导的。跨文化适应理论的发展需要继续沿着当前的道路前进吗？为了弄清楚这个问题，本书进而分别以实证主义范式、批判理论范式、建构主义范式为指导对同一典型跨文化适应案例进行分析，比较各范式如何看待案例所描述的跨文化适应过程、如何认识跨文化适应过程，以及建构或检验何种理论假设等，发现不同范式在跨文化适应研究中的优势与局限，从而找到跨文化适应理论研究扬长避短的发展路径。基于分析的结果，我们也尝试从中国传统思想中挖掘可用于跨文化适应理论建构的思想源泉，建构新的跨文化适应理论模型，为跨文化适应理论的文化创新抛砖引玉。

全书从范式角度对跨文化适应理论的跨学科梳理、反思，以及对中国本土跨文化适应理论的建构，旨在回答"跨文化适应理论研究以哪些主要范式为指导？其基本假设如何？""以各主要范式为指导的跨文化适应理论的表现特征如何？""跨文化适应理论研究的主要范式存在哪些特点？其优势与局限如何？""跨文化适应理论研究如何发展与完善？"四个问题。通过对上述问题的回答，我们希望能从更广阔的视野审视跨文化适应理论的发展状况，突破学科分野，把握理论之间的本质异同，从而推动理论的发展，促进不同学科之间、不同文化之间的对话与合作。这对于减少跨文化适应理论研究的同水平重复，突破发展瓶颈有着非常重要的意义。当然，理论研究的最大意义在于指导实践，我们希望本书的理论研究不仅能为全球化时代下跨文化适应理论研究实践提供借鉴、指明发展方向，也能为全球化交往中的跨文化群体/个体提供更为完善的理论指导，增强他们的跨文化适应能力，从而促进不同文化成员在全球化交往中和谐共生，真正实现"各美其美，美人之美，美美与共，天下大同"的世界。

目 录

第一章　绪论 …………………………………………………… 001

一　研究背景 …………………………………………………… 002

二　研究内容、目的与意义 …………………………………… 004

三　研究框架与方法 …………………………………………… 007

四　本书结构 …………………………………………………… 009

第二章　跨文化适应研究回顾 ……………………………… 012

一　"文化"与"跨文化适应" ……………………………… 012

二　国内外研究回顾 …………………………………………… 024

三　本章小结 …………………………………………………… 056

第三章　"范式"溯源与重塑 ……………………………… 057

一　库恩的范式理论 …………………………………………… 057

二　范式理论应用于社会科学的合理性和可能性 …………… 069

三　"范式"的重塑 …………………………………………… 076

四　本章小结 …………………………………………………… 080

第四章　跨文化适应理论研究的主要范式 ……………………… 082

一　社会科学领域的范式分类 …………………………………… 082

二　跨文化交际领域的范式分类 ………………………………… 085

三　跨文化适应理论研究的主要范式 …………………………… 090

四　本章小结 ……………………………………………………… 099

第五章　跨文化适应理论研究的实证主义范式 ………………… 101

一　实证主义范式概述 …………………………………………… 101

二　以实证主义范式为指导的跨文化适应理论 ………………… 106

三　理论的表现特征分析 ………………………………………… 135

四　实证主义范式的基本假设及表现特征总结 ………………… 151

五　本章小结 ……………………………………………………… 153

第六章　跨文化适应理论研究的批判理论范式 ………………… 155

一　批判理论范式概述 …………………………………………… 155

二　以批判理论范式为指导的跨文化适应理论 ………………… 160

三　理论的表现特征分析 ………………………………………… 165

四　批判理论范式的基本假设及表现特征总结 ………………… 170

五　本章小结 ……………………………………………………… 172

第七章　跨文化适应理论研究的建构主义范式 ………………… 173

一　建构主义范式概述 …………………………………………… 173

二　以建构主义范式为指导的跨文化适应理论 ………………… 178

三　理论的表现特征分析 ………………………………………… 185

四　建构主义范式的基本假设及表现特征总结 ………………… 190

五　本章小结 ……………………………………………………… 192

第八章　跨文化适应理论研究范式的批判分析 ……………… 193

　　一　跨文化适应理论研究范式的特点 ……………… 193

　　二　跨文化适应理论研究范式的优势与局限 ……………… 199

　　三　本章小结 ……………… 214

第九章　跨文化适应理论的未来发展与中国本土理论建构 ……… 215

　　一　跨文化适应理论的未来发展 ……………… 215

　　二　中国本土理论建构尝试 ……………… 224

　　三　中国本土理论建构对理论发展的启示 ……………… 234

　　四　本章小结 ……………… 236

第十章　结　语 ……………………… 238

　　一　本书的主要观点和结论 ……………… 238

　　二　本书的创新之处 ……………… 243

　　三　本书的不足和未来研究方向 ……………… 246

参考文献 ……………………… 249

附　录 ……………………… 281

　　附录1　埃林斯沃思的跨文化适应理论命题 ……………… 281

　　附录2　加卢瓦等的交际适应理论命题 ……………… 282

　　附录3　金的交际与跨文化适应整合理论原理 ……………… 285

　　附录4　焦虑/不确立性管理理论定理 ……………… 286

　　附录5　跨文化适应案例 ……………… 291

图表目录

图 1-1　　研究框架 ……………………………………………………… 008

图 2-1　　跨文化适应研究的理论路径 ……………………………… 032

图 4-1　　范式与理论的关系 ………………………………………… 094

图 5-1　　W 型曲线模式 ……………………………………………… 108

图 5-2　　跨文化适应框架 …………………………………………… 111

图 5-3　　民族文化群体和主流社会的跨文化适应策略 ………… 111

图 5-4　　主流社会的跨文化适应倾向 ……………………………… 114

图 5-5　　跨文化适应过程模型 ……………………………………… 118

图 5-6　　跨文化语境中的交际适应理论 ………………………… 123

图 5-7　　压力—适应—成长动态模型 ……………………………… 125

图 5-8　　影响跨文化适应的因素：结构模型 …………………… 126

图 5-9　　简化的跨文化适应过程 ………………………………… 130

图 5-10　　跨文化适应的 AUM 理论 ……………………………… 134

图 6-1　　相对跨文化适应扩展模型（RAEM）…………………… 162

图 7-1　　跨文化敏感度发展模型 ………………………………… 181

图 8-1　　以各主要范式为指导的理论占理论总数的百分比 …… 198

图 9-1　　由"中"而"和"的跨文化适应模型 …………………… 227

表 4 - 1　研究范式的基本信念（形而上学）　…………………… 083

表 4 - 2　跨文化交际研究的三种范式　……………………… 088

表 4 - 3　主要范式的基本假设及表现特征　…………………… 098

表 5 - 1　同化的类型或阶段　……………………………… 109

表 5 - 2　主流社会和移民跨文化适应倾向的关系结果　………… 116

第一章

绪　论

从古代的张骞出塞、玄奘西游、鉴真东渡、郑和下西洋，到当代全球化社会中的国际交流、跨国移民，跨文化交往始终伴随着人类历史的发展。不同文化的接触和碰撞有利于文化交流与融合，但也可能导致误解或矛盾，甚至引发冲突或战争。也正因为如此，跨文化交际现象日益受到学术界的关注，并逐渐形成了以传播学为基础，与人类学、社会学、心理学、语言学等学科相互交叉的跨文化交际学。学者们对不同社群之间、不同族群之间、不同民族之间、不同国家之间的跨文化交际进行了广泛的研究，取得了令人瞩目的成绩。但是，跨文化交际研究在很长一段时间内侧重"对比不同文化集团成员的各种交际行为和认知差异以及探索各种文化因素变量与交际行为变量之间的关系"（彭世勇，2005：74）。这种对文化差异以及由文化差异引发的交际行为差异的静态对比和分析，强化了交际双方的差异，容易造成对异文化的刻板印象而不利于对跨文化的理解。

随着跨文化交际研究的发展和成熟，静态的跨文化对比研究逐渐转向动态的跨文化交际过程研究。不同文化成员在跨文化交往过程中的相互适应，即跨文化适应，成为研究者们热衷于探讨的主题。胡文仲（2005）、胡艳红（Yanhong Hu）和樊葳葳（Weiwei Fan）（2011）对《跨文化关系国际期刊》（*International Journal of Intercultural Relations*）

研究主题的统计分析均发现，跨文化适应和培训目前已是国际跨文化交际研究中最受关注的主题。其中，胡艳红和樊葳葳（2011）的研究还表明，该主题已占到了全部跨文化交际研究的 50% 以上。因此，本书对跨文化适应理论的研究可以在一定程度上管窥跨文化交际研究的现状。

本章将对研究的现实与学术背景，研究内容、目的与意义，研究框架与方法，以及本书结构进行概述。

一 研究背景

（一）现实背景

不同的国家、民族、种族因不同的自然环境和社会条件而呈现不同的发展轨迹，即便面对相同的自然环境和社会条件，人们也会作出不同的选择，从而造就了人类社会形形色色的文化形式和内容。人类文化的多样性激发了我们对异文化的好奇与渴望，促成了从古至今绵延不绝的跨文化交往。全球化的迅猛发展更是以势不可当之势将我们每个人卷入其中。联合国 2009 年的统计数据显示：世界上有超过 1.91 亿的人生活在出生国之外；除国际移民以外，世界上还有 1400 万的难民被迫离开家园、穿越边境，300 万的留学生在异地求学，3000 万的企业外派人员在异国工作（Ward and Kagitcibasi，2010：98）。除此之外，世界上还有不计其数的人生活在多元文化社会中。毫不夸张地说，"地球村"中的每个人足不出户便是"移民"。跨文化的交往已然成为我们生活的常态，成为"21 世纪人类生存的基本要求"（安然，2011：9）。

跨文化交往一方面可以促进不同文化之间的器物交换、制度借鉴和精神共鸣，另一方面也可能造成不同文化之间的误解、冲突。放眼世界，大多数经济发达国家中的土著居民、移民和其他少数民族正在面临跨文化适应的困难，而阿富汗、以色列、黎巴嫩、利比亚、巴勒斯坦、乌克兰等国家和地区更有数以百万的人丧生于跨文化冲突之中。一言以蔽之，"当代的世界正处在跨文化适应的危机之中"（Rudmin，2006：2）。跨文化适应研究不仅关系到跨文化适应危机的消除，关系到不同文化之间的相互理解、求同存异，更是一个与世界和平直接相关的、具有战略意义的课题。

（二）学术背景

理论作为对现存知识的整理和归纳，是学者们集体智慧的结晶。理论的发展往往意味着研究的成熟和突破。目前，学术界的跨文化适应理论研究主要集中在人类学、社会学、心理学、跨文化交际学等学科领域。莱斯加德（S. Lysgaard）（1955），戈登（M. Gordon）（1964），贝里（J. W. Berry）、金（U. Kim）和明德（T. Minde）（1987），贝里（1992、1997、2005），沃德（C. Ward）（1996、2001），金荣渊（Y. Y. Kim）（1988、1995、2001、2005），古迪昆斯特（W. B. Gudykunst）（1995、2005）等学者从各自的学科视角建构、检验、修订跨文化适应理论，促成跨文化适应研究多学科、多视角的多元理论体系的形成和不断完善。但是，对现有跨文化适应理论进行跨学科系统梳理和哲学反思的研究却不多见。

金和古迪昆斯特（1988a、1988b）、古迪昆斯特（2005）编辑出版的理论文集将跨文化适应理论作为跨文化交际理论的一个分支加以整理。阿伦滋－托斯（J. Arends－Tóth）和范·德·维杰威（F. J. R. Van de Vijver）（2004）根据维度（dimensionality）和领域特征（domain specificity）对心理学领域有关跨文化适应策略的理论进行分类。这些整理或归类为如何进一步完善跨文化适应理论提供了一定的方向性指导，也为后来的研究者提供了丰富的理论资源。但是，学者们对理论的整理或分类大都基于自身的学科背景，难免安于学科一隅，使得他们对理论的梳理缺乏完整性和系统性。少数学者抛开理论的学科背景，提出跨文化适应理论的分类方法。安德森（L. E. Anderson）（1994）根据理论的侧重点区分了跨文化适应理论的恢复模型（recuperation model）、学习模型（learning model）、心理旅程模型（psychological journey model）和平衡模型（equilibrium model）；陈国明、余彤（2012）又在安德森的基础上区分了辩证模型（dialectical model）。这类分类整理尽管有助于贯通不同的学科视角，但是局限于理论表层差异，无法看清理论之间深层的、本质的差异，无法为理论的突破性进步指明方向，使得对理论的梳理缺乏反思。

相比较而言，国内学者的跨文化适应理论研究尚处在对国外理论的评介阶段。学者们从各自的学科视角出发，选择性地引介国外的跨文化适应理论（如：杨军红，2009；史兴松，2010；杨宝琰、万明钢，2010；戴晓东，2011；安然，2011；徐光兴，2011；等），有助于国内学者对国外理论的了解，但引介工作还较为零散。此外，国内学者在引介理论时较为偏重运用国外理论来研究中国问题，相对忽视本土理论的建构，难以与国际学术界进行跨文化对话。

综上所述，跨文化适应理论研究在理论的建构、检验、修订等方面取得了显著的成绩，但在一定程度上缺少对现有理论的系统性、反思性梳理，也缺乏基于不同文化的本土理论建构，有待于进一步完善。

二　研究内容、目的与意义

鉴于目前学术界在跨文化适应理论的系统梳理和哲学反思方面存在的不足，本书拟以库恩的范式理论为理论基础，围绕"跨文化适应理论研究以哪些主要范式为指导？其基本假设如何？""以各主要范式为指导的跨文化适应理论的表现特征如何？""跨文化适应理论研究的主要范式存在哪些特点？其优势与局限如何？""跨文化适应理论研究如何发展与完善?"四个问题,对人类学、社会学、心理学、跨文化交际学等主要学科领域的跨文化适应理论进行跨学科梳理和哲学反思,以明晰跨文化适应理论的发展脉络、把握跨文化适应理论的发展方向。在此基础上,本书进一步尝试建构基于中国传统思想的跨文化适应理论模型,为基于不同文化的本土跨文化适应理论建构提供借鉴,以期促进跨文化适应理论研究的跨文化对话。

研究的主要内容包括四个方面。

(1)跨文化适应理论研究主要范式的区分及其基本假设解析

范式是指导研究活动的基本信念体系或世界观,涉及本体论、认识论、方法论三个层面。根据社会科学领域的范式分类方法,结合跨文化适应理论研究的学科特征和跨文化适应的本质,本书区分了指导跨文化适应理论研究的主要范式。我们认为,实证主义范式、批判理论范式和建构主义范式是共同指导跨文化适应理论研究的主要范式,并从本体论、认识论、方法论三个层面解析了实证主义范式、批判理论范式和建构主义范式的基本假设。

(2)以各主要范式为指导的跨文化适应理论的表现特征分析

范式的本体论、认识论、方法论的基本假设影响和决定着理论的目标、概念及关系,以及建构/检验方法等表现特征,而理论的表现特征又体现了范式的基本假设。因而,本书对跨文化适应理论表现特征的分析采取以点带面的策略,以各类范式的典型理论为重点,分析它们的目标、概念及关系,以及建构/检验方法等表现特征,从而揭示理论背后的范式基本假设。以实证主义范式为指导的典型理论包括莱斯加德的 U 型曲线假说、贝里的跨文化适应策略理论、沃德的跨文化适应过程理论、古迪昆斯特的焦虑/不确定性管理理论和金的交际与跨文化适应整合理论。以批判理论范式为指导的典型理论包括纳瓦斯(M. Navas)、加西亚(M. C. García)和桑切斯(J. Sánchez)等的相对跨文化适应扩展模型以及波特斯(A. Portes)和周敏(M. Zhou)的多向分层同化理论。以建构主义范式为指导的典型理论包括贝内特（M. Bennett）的跨文化敏感度发展模型和西田（H. A. Nishida）的跨文化适应的文化图式理论。

（3）跨文化适应理论研究的主要范式的特点、优势与局限分析

根据对实证主义范式、批判理论范式和建构主义范式的基本假设的解析，以及对这些范式指导下的跨文化适应理论表现特征的分析，本书总结了跨文化适应理论研究的主要范式的特征，归纳为范式的多元性、互补性、通约性和范式运用的不均衡性，即实证主义范式、批判理论范式和建构主义范式之间多元互补、相互通约，但实证主义范式在跨文化适应理论研究中的运用占绝对优势。在此基础上，本书通过比较不同范式对同一典型跨文化适应案例的分析视角，揭示现有的研究范式在帮助我们理解跨文化适应现象时的优势与局限。

（4）跨文化适应理论的发展展望与中国本土理论建构

跨文化适应理论研究的主要范式的多元性、互补性和通约性有助于我们对跨文化适应进行全面而深入的理解，而实证主义范式、批判理论范式和建构主义范式运用的不均衡性却有碍于我们对跨文化适应进行全面而深入的理解。因此，本书提出培养范式自觉性、观照跨文化适应的语境性、关注跨文化适应的主体间性，以及以跨文化的视野迎接更多范式可能性的跨文化适应理论发展方向，以发挥现有研究范式的优势、弥补其不足。基于上述研究结论，我们以儒家的"中和"哲学为思想基础建构中国本土跨文化适应理论模型，以"中"为跨文化适应策略，强调依据不同跨文化适应语境灵活应变，以"和"为跨文化适应目标，实现跨文化适应主体自身、跨文化适应主体之间以及跨文化适应主体与环境之间的和谐。

在全球化的跨文化交往日渐常态化，跨文化适应研究亟待因时而进的背景下，上述研究内容有重要的理论意义和实践价值。

首先，从范式角度对跨文化适应理论的跨学科梳理和哲学反思是对本体论、认识论、方法论问题的回答，把握了现有跨文化适应理论的共

同基础和本质差别，突破了跨文化适应理论研究的学科分野，使我们对跨文化适应理论的理解不再局限于理论的表层差异或理论所依赖的学科背景，不仅有助于我们从更广阔的视野审视跨文化适应理论的发展状况，深化跨文化适应理论研究，也为各学科之间的跨文化适应理论研究架构了桥梁，有利于学科之间的对话与合作。

其次，库恩的范式理论旨在描述科学发展的动态图景，其创立之初的研究对象以自然科学为主。本书将范式理论应用于跨文化适应理论研究，不仅可为范式理论应用于人文社会科学研究的合理性与可行性提供例证，也对跨文化交际领域的其他相关研究具有重要的借鉴意义。

再次，基于中国传统思想建构本土跨文化适应理论的尝试不仅为中国学者指明了理论创新的路径，也为世界其他国家学者，特别是非西方国家学者提供了基于本土文化建构跨文化适应理论的参考，有助于跨文化适应理论研究的跨文化对话和基于多元文化的跨文化适应理论体系的形成。

最后，跨文化适应理论研究的进一步深化，一方面为全球化社会中的流动人口提供更为完善的跨文化适应理论指导，不仅有助于增强他们的跨文化适应能力，加快他们的跨文化适应速度，而且有助于避免不同文化之间的矛盾和冲突，促进不同文化之间的和谐共生；另一方面也为学校的跨文化教育和社会机构的跨文化培训提供相关的理论指导，有助于跨文化教育和培训效果的提升。

三 研究框架与方法

本书对跨文化适应理论的跨学科梳理和哲学反思涵盖宏观、中观、微观三个层面，分别涉及跨文化适应理论研究主要范式的基本假设分析、跨文化适应理论的表现特征分析和跨文化适应案例分析（见图 1-1）。宏观、中观、微观逐层递进、有机结合，共同揭示跨文化适应理论研究范式的特点、优势与局限，为本土理论的建构和未来发展指明方向。

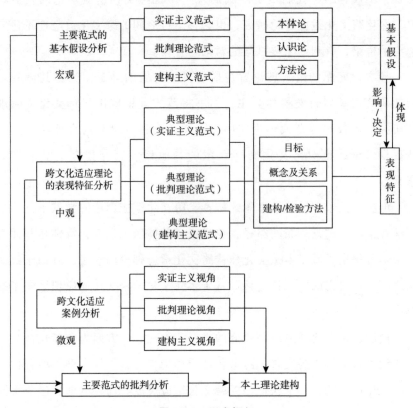

图 1 - 1　研究框架

资料来源：该研究框架系笔者自建。

由于本书是从范式角度对各学科现有跨文化适应理论的哲学反思，因此本书的主要研究方法是哲学思辨。除此之外，在各个层面的分析中，本书还采用了其他相关的研究方法。

宏观层面对主要范式的基本假设的分析采用了文献研究法，参照社会科学领域和跨文化交际领域的范式分类方法，结合跨文化适应理论研究的学科特征和跨文化适应的本质，区分跨文化适应理论研究的主要范式。而后，在范式区分的基础上，对指导跨文化适应理论研究的实证主义范式、批判理论范式和建构主义范式的本体论、认识论、方法论基本假设进行解析。

中观层面的跨文化适应理论的表现特征分析主要通过内容分析的方法对跨文化适应理论的目标、概念及关系，以及建构/检验方法等表现特征进行分析，从而揭示理论背后的范式基本假设。

微观层面的跨文化适应案例分析主要通过对比研究的方法，比较不同范式对同一跨文化适应案例的分析视角，以发现跨文化适应理论研究范式的优势与不足，提出发挥优势、弥补不足的策略。

宏观、中观、微观三个层面的综合分析既从范式角度对现有的跨文化适应理论进行归类整理，又通过对理论的目标、概念及关系，以及建构/检验方法等表现特征的分析揭示理论背后的基本假设，还通过对跨文化适应案例的分析指出现有范式的优势与局限，为本土理论的建构明确方向。宏观、中观、微观三个层面相结合，不仅从抽象的范式层面上把握理论之间的本质异同，也使抽象的范式之间的差异更加具体化。

四　本书结构

本书共分 10 章，各章节内容安排如下。

第一章为绪论，主要交代研究的现实背景和学术背景，阐述研究的主要内容、目的、意义，以及研究框架和方法，并说明本书的内容安排，为后面各章奠定基础。

第二章为跨文化适应研究回顾，首先界定与研究相关的主要概念，包括文化、适应、跨文化适应。而后，分学科回顾国内外跨文化适应研究的主要成果并总结各学科的主要贡献与不足。其中，国外的跨文化适应研究涉及人类学、社会学、心理学和跨文化交际学等学科领域，国内的跨文化适应研究涉及心理学、人类学、民族学、社会学、教育学等学科领域。最后，此章从学科综合角度指出目前跨文化适应研究存在的不足之处，以及本研究的突破。

第三章为"范式"的溯源与重塑，主要介绍库恩的范式理论，包括库恩的"范式"概念、科学发展观，以及范式理论的认知功能和方法论意义。在此基础上，着重分析范式理论应用于社会科学的内在合理性和实践可能性，并对"范式"概念进行适应性重塑。此章的目的在于论证范式理论应用于跨文化适应理论研究的合理性和可能性，为研究奠定理论基础。

第四章讨论跨文化适应理论研究的主要范式。首先根据社会科学领域和跨文化交际领域现有的范式分类，结合跨文化适应理论研究的学科背景和跨文化适应的本质，区分跨文化适应理论研究的三种主要范式——实证主义范式、批判理论范式和建构主义范式。其次，阐述范式的基本假设与理论的表现特征之间的关系，并分别对三种主要范式的基本假设及其理论表现特征作概括性说明，为第五至七章的分析廓清思路。

第五至七章在第四章的基础上，对实证主义范式、批判理论范式和建构主义范式的基本假设和理论表现特征进行详细论述。各章依次分别概述实证主义范式、批判理论范式和建构主义范式的起源、发展和基本假设，介绍以实证主义范式、批判理论范式和建构主义范式为指导的主要跨文化适应理论，分析典型理论的表现特征，并揭示理论的表现特征所体现的范式基本假设。

第八章是对跨文化适应理论研究范式的批判分析。此章在前述各章的基础上总结跨文化适应理论研究范式的特点，归纳为范式的多元性、互补性、通约性和范式运用的不均衡性。通过对比实证主义范式、批判理论范式和建构主义范式对同一跨文化适应案例的不同分析视角，指出现有范式的优势与局限。

第九章在第八章对跨文化适应理论研究范式批判分析的基础上，提出跨文化适应理论的未来发展需要培养范式自觉性、观照跨文化适应的语境性、关注跨文化适应的主体间性和迎接更多范式的可能性。基于此观点，此章尝试建构了中国本土跨文化适应理论。

第十章为结论，总结本书的主要观点和结论、研究的创新之处及存在的不足，指出进一步研究的方向。

第二章

跨文化适应研究回顾

跨文化适应现象古已有之，学术界的跨文化适应研究也已经历了几十年。人类学、社会学、心理学、民族学、教育学等学科对跨文化适应现象的共同关注，使得跨文化适应研究成为众多学科研究兴趣的交汇地带，产生了异彩纷呈的研究成果。由于不同学科的研究层面、研究对象、研究方法和理论侧重各有不同，本章以学科为界，评介国内外跨文化适应研究的主要成果，力图展现不同学科研究的贡献与不足。

一 "文化"与"跨文化适应"

由于跨文化适应现象本身的复杂性和跨文化适应研究所涉学科的多样性，学术界对跨文化适应相关概念的界定尚存在争议。本节仅就"文化"与"跨文化适应"这两个关键概念进行说明。

(一) 什么是"文化"

1. "文化"的由来

什么是文化？

中国近代梁启超就曾发出过这样的疑问，当代学者庞朴也对钱锺书先生提出过这样的问题。要理解文化到底是什么，首先要了解"文化"由何而来。

"文"与"化"在中国古代汉语中是两个单字。"'文'原指各色交错的纹理"（冯天瑜，2005：14），《易·系辞下》的"物相杂，故曰文"，《礼记·乐记》的"五色成文而不乱"均指此义。在此基础上，又引申出文字，文章，礼仪制度，法律条文，美、善，非军事的，量词（古代用于铜钱、纺织物）等释义（广东、广西、湖南、河南辞源修订组，商务印书馆编辑部，1984：1356）。"化"本义为变化、改变，《庄子·逍遥游》有"北冥有鱼，其名为鲲，……化而为鸟，其名为鹏"，由此引申为生、造化，（僧道）死，融解、溶解，焚烧，习俗、风气，乞求、募化等释义（广东、广西、湖南、河南辞源修订组，商务印书馆编辑部，1984：389）。冯天瑜（2005）认为"文"与"化"的同时使用最早出现在《易·贲卦》的《象传》："刚柔交错，天文也。文明以止，人文也。观乎天文，以察时变，观乎人文，以化成天下。"而"文化"作为整词使用则始见于西汉刘向的《说苑·指武》："凡武之兴，为不服也，文化不改，然后加诛。"根据《辞源》的释义，"文化"在此是指文治与教化（广东、广西、湖南、河南辞源修订组，商务印书馆编辑部，1984：1357），是与武治相对的概念，如晋代束皙的《补亡诗·由仪》："文化内辑，武功外悠。""这种用法一直延续到清末民初。"（戴晓东，2011：39）此后，随着西学东渐，"文化"在现代汉语中的含义逐渐接近西方的现代意义。

英语中与"文化"对应的"culture"一词出现于 15 世纪，来自中世纪法语"culture"，词源为拉丁语"cultura"，原义指土地的耕种，由其拉丁词根"colere"的意义引申为敬神和保护之意。"culture"一词的比喻义"通过教育培养"始见于 16 世纪，而将"culture"上升到与文明相关，呈现出某种现代意义，认为"culture"是一个民族集体的风俗习惯和成就则是 19 世纪的事情。① 冯天瑜（2005）认为汉语"文化"对应英语"culture"，这一对应源自日语。日本在明治维新期间"大规模译介西方学术，其间多借助汉字词意译西洋术语，而选择'文化'对译英语及法语词 culture 便是一例"（冯天瑜，2005：15）。《现代汉语辞海》也明确现代意义上的"文化"释义源自日语（张涌、赵文山、宋辉跃，2011：439）。

2. 关于"文化"的争论

文化作为一个内涵丰富的复杂概念，对其的界定可谓仁者见仁，智者见智。近现代以来专门意义上的"文化"最早由人类学家泰勒（E. B. Tylor）定义，他认为"文化或文明，就其广泛的民族志意义来说，是一个复杂的集合体，包括知识、信仰、艺术、道德、法律、习俗以及作为一个社会成员的人所习得的其他一切能力和习惯"（1871：1）。这一定义强调了文化的社会性，将其区别于人的遗传性生物本能，成为人类学界的一个经典定义。此后，在长达近一个世纪的时间里，不同学科的学者们从不同的角度对文化进行定义。克罗伯（A. L. Kroeber）和克拉克洪（D. Kluckhohn）（1952）搜集了 1871 年至 1951 年间的 164 条定义，并将他们归纳为描述性定义、历史性定义、规范性定义、心理学定义、结构性定义和遗传性定义六类：

> 描述性定义认为文化是指那些可以列举出来的人类生活和行为的各个方面；历史性定义认为文化是由时间积累起来的习性和习惯；规范性定义认为文化是一系列规则，这些规则支配着一个群体的活动；心理学定义认为文化指的是系列心理特征，包括调整、适应、学习、习惯这些概念；结构性定义认为文化是有结构和组织特

---

① 参见《在线词源词典》（*Online Etymology Dictionary*）对"culture"的解释，http://www.etymonline.com/index.php? allowed_in_frame = 0 & search = culture & searchmode = none。

征的，人们可以超越文化的表面现象去发现深层的结构特征；遗传学定义看重文化的开端或起源。（安然，2011：5～6）

在此基础上，他们给出了一个综合性的定义：

> 文化是通过符号习得和传递的显性的和隐性的行为模式，它构成了人类群体的独特成就，包括具体的人工制品；文化的核心包括传统思想（历史上形成和选择的），尤其是其附加的价值观念；文化体制一方面可以看作是行为的产物，另一方面又是进一步行动的制约因素。（Kroeber and Kluckhohn，1952：181）

这一定义突出了文化的整体性、历史性和系统性，并特别突出了价值观在文化中的地位和作用，获得了学术界的广泛认可，引用者不计其数。

当然，随着时间的推移，新的定义也在不断涌现。至 2006 年，鲍德温（J. R. Baldwin）、福克纳（S. L. Faulkner）和赫克特（M. L. Hecht）等搜集整理的定义已有 300 余条，且多是 1952 年之后新增的定义。他们认为克罗伯和克拉克洪（1952）归纳的六类文化定义（包括他们提出的综合性定义），除了心理学定义外，都可以归入结构性定义，均把文化视为系统的、可习得的且具有结构和组织特征的，而心理学定义是一种功能性定义（Baldwin，Faulkner and Hecht，2006：12）。他们还认为，在文化定义的发展过程中共经历了四次转向，即解释学转向（interpretive turn）、群际视角转向（intergroup perspective turn）、批判转向（critical turn）和后现代主义转向（postmodernism turn）。格尔茨（C. Geertz）的"文化是意义之网"（1973：4）是解释学转向的代表，在他看来，文化是"历史上传承下来的存在于符号中的意义模式，是以符号形式表达的前后相继的概念系统，人们以此交流、保存和发展对生命的认识和态度"（1973：89）。尽管从本质上来说这一定义将文化视为语言结构，但又不止于此。它还将文化视为通过语言创造意义的过程，借鉴了符号互动论的观点。群际视角用群体概念代替文化概念，将文化的本质视为群体认同，并以泰弗尔（H. Tajfel）和特纳（J. Turner）的社会认同理论为基础。现在，随着越来越多的学者开始关注文化在符号产生中的权力关系，文化被视为"斗争的场所"（Barnard and Spencer，2010：174）。批判理论家们不再关心文化是什么或者文化是怎么形成的，而是重在关注文化是为谁服务的（Baldwin，Faulkner and Hecht，2006：20）。与批判转向相似，后现代主义转向也不再注重文化本质，而是揭露群体间的紧张关系、矛盾以及群体间的边界问题，关注不同文化如何对待边缘群体，学者们如何描述不同的文化。但就文化本身的界定而言，后现代主义理论家们或是依附于传统的定义，或是避而不谈，或是认为各种定义并无优劣之分，未作出澄清或定义。

与国外学者对于文化定义的清晰流变相比，我国学者对于文化的定义在历史的沿革中并未呈现出较大的变化。近代梁启超在《什么是文化》中给出的文化定义为"文化者，人类心能所开积出来之有价值的共业也"（2012：1），认为文化是人类自由意志选择且创造出来的为全社会所共享的东西，包括物质的文化和精神的文化。"物质的文化，如衣食住行及其他工具等之进步……精神的文化，如言语、伦理、政治、学术、美感、宗教等。"（梁启超，2012：7）梁漱溟认为文化不过是一个民族生活的种种方面。总括起来，不外三方面：

（一）精神生活方面，如宗教、哲学、科学、艺术等是，宗教、文艺是偏于情感的，哲学、科学是偏于理智的。

（二）社会生活方面，我们对于周围的人——家族、朋友、社会、国家、世界——之间的生活方法都属于社会生活一方面，如社会组织，伦理习惯，政治制度及经济关系是。

（三）物质生活方面，如饮食、起居种种享用，人类对于自然

界求生存的各种是。（2005：19）

吴文藻也提出"文化三因子"说，即物质因子、社会因子和精神因子（1990：190~253）。庞朴从物质、制度和心理三个层面解释文化的内涵，"文化的物质层面，是最表层的；而审美趣味、价值观念、道德规范、宗教信仰、思维方式等，属于最深层；介乎二者之间的，是种种制度和理论体系"（转引自蔡平，2008：3）。李亦园将文化分为物质文化（material culture）或技术文化、社群文化或伦理文化（ethical culture）以及精神文化或表达文化（expressive culture），具体内涵如下：

文化
（一）物质文化或技术文化：因克服自然并借以获得生存所需而产生，包括衣食住行所需之工具以至于现代科技。
（二）社群文化或伦理文化：因社会生活而产生，包括道理伦理、社会规范、典章制度律法等等。
（三）精神文化或表达文化：因克服自我中心之困境而产生，包括艺术、音乐、文学、戏剧，以及宗教信仰等等。

（李亦园，2004：23）

他将这三类文化称之为"可观察的文化"（observable culture），认为在这些可观察的文化深处有着"不可观察的文化"（unobservable culture），即"文化的文法"（cultural grammar），"实际上就是一套价值观念、一套符号系统或意义系统（system of symbols and meanings）"（李亦园，2004：25）。这些学者的观点大同小异，他们基本认同文化包括物质文化和精神文化，差别之处仅在于是否将制度文化或社会文化从精神文化中剥离出来。

归纳上文所述，学者们对文化的定义主要有两个视角，"第一种视角是从全人类出发，把文化当成整体来解读，强调人的作为与自然造化之间的区别；第二种视角是从不同的文化主体对不同的文化实践进行分析，注重人群之间的差异"（戴晓东，2011：41）。跨文化交际研究是对不同国家、不同族群、不同社群等不同群体（及其成员）间交往的研究，在不否认共性的条件下，以差异性的存在为前提。因此，我们从第二种视角出发，将其理解为某一群体（及其成员）独特的生活方式，包括日常活动、风俗习惯、语言、思维方式、传统、规范、信仰、价值观等，它对该群体（及其成员）的行为产生影响，并能对该群体（及其成员）的行为作出解释。

这一定义旨在从跨文化研究的视阈出发，强调文化的系统性、独特性、共同性和差异性。文化作为一个群体的生活方式，是一个无所不包的有机整体，渗透在人们生活的方方面面，既包括日常活动、风俗习惯、语言等显性的行为模式，也包括隐藏在背后的价值观念。这一生活方式是文化群体成员所表现出的相对共性，因此文化在群体内部呈现出文化共同性。也正是由于文化群体内部的这一共同性构成了该文化群体的文化独特性，以此与其他的文化群体相区分。由此，在不同的文化群体之间，文化又呈现出差异性。由于差异性的存在，跨文化交流便随之出现。

（二）什么是"跨文化适应"

1. "适应"与"跨文化适应"

一般意义上的"适应"（adaptation）是一个生物学名词，指"动物或植物物种逐渐与其环境相适合的过程，是自然选择作用于遗传变量的结果"[①]。心理学中的"适应"（adjustment）指的是"人类和其他动物保持自身各种需求之间，或自身需求与环境障碍之间平衡的行为过程"[②]，它往往发端于一种生理需求，最后以需求的满足而告终。这里的

---

① 参见《不列颠百科全书》（*Encyclopaedia Britannica*）对"adaptation"的解释，http://www.britannica.com/EBchecked/topic/5263/adaptation。

② 参见《不列颠百科全书》（*Encyclopaedia Britannica*）对"adjustment"的解释，http://www.britannica.com/EBchecked/topic/6023/adjustment。

适应既是一种过程，也是一种状态。过程指有机体发生的变化，状态指有机体在不断变化中与环境达成平衡的结果。适应的本质在于有机体与环境的平衡。从这个意义上讲，跨文化适应是个体与新文化环境的平衡，即"个体与他们环境的契合"（Gudykunst and Hammer，1987：107）。当进入陌生的文化环境时，人们就会产生新的需求，并且努力通过各种活动（如人际交往）去满足这些需求，最终使自身在新环境中舒适地生活。

在英语文献中，"跨文化适应"① 有不同的表述，如"intercultural adaptation""intercultural adjustment""cross – cultural adaptation""cross – cultural adjustment""acculturation"等，其中以"acculturation"最为常见。根据拉德明（F. W. Rudmin）的考证，"跨文化适应"（acculturation）在英语中最早由美国移民事务局的鲍威尔（J. W. Powell）于 1880 年提出（2003：26），用来描述美国的土著印第安部落与欧洲文明接触后在社会、宗教、艺术、语言等方面发生的变化。1883 年，鲍威尔将"跨文化适应"界定为"通过跨文化模仿所导致的心理变化"（转引自 Rudmin，2003：28）。此后，鲍威尔几次对"跨文化适应"概念进行完善，但是始终没有摆脱文明进化的局限，认为跨文化适应是劣等文化模仿先进文化所导致的变化。

学术界对"跨文化适应"的明确定义初见于人类学家雷德菲尔德（R. Redfield）、林顿（R. Linton）和赫斯科维茨（M. Herskovits）（1936）的研究中。他们认为，"跨文化适应是由个体所组成，且具有不同文化的两个群体之间，发生持续的、直接的文化接触，导致一方或双方原有文化模式发生变化的现象"（Redfield et al.，1936：149）。"这一定义体现了当时北美人类学文化相对论的先进理念"（杨宝琰、万明钢，2010：2），很快为学术界所公认。1954 年，人类学会下属的社会科学

---

① 在国内学术界，也有学者将"跨文化适应"称为"文化适应"、"濡化"或"涵化"。

研究委员会（The Social Science Research Council）又给出了一个更加宽泛的定义，认为：

> 跨文化适应是由两个或多个独立的文化系统相连接而发生的文化变迁。这种变迁可以是直接文化传播的结果；也可以由非文化原因引起，如由外来文化冲击而产生的生态或人口统计学方面的变化；也可以是随着对外部特征或模式的接受而出现的内部调适；也可以是对传统生活方式的反应性适应。（1954：974）

但是，由于人类学界主要从群体层面来研究跨文化适应现象，他们的定义被认为缺乏个体层面的观照，即没有体现跨文化适应过程中文化成员个体所经历的心理变化。因此，格雷夫斯（T. D. Graves）首次提出了"跨文化心理适应"（psychological acculturation）的概念，从心理学角度探讨个体在跨文化适应过程中的行为、信念、世界观的变化。他指出，跨文化心理适应是个体与他文化接触和参与所属文化跨文化适应过程而经历的变化（Graves，1967a：337）。在格雷夫斯的基础上，贝里、布汀格（Y. H. Poortinga）和塞加尔（M. H. Segall）等进一步区分了文化/群体层面和心理/个体层面的跨文化适应，指出文化/群体层面的变化发生在社会结构、经济基础和政治组织方面，而心理/个体层面的变化发生在身份、价值观、态度和行为方面，且个体在态度、行为方面的变化也不尽相同（2002：351 – 352）。塞尔（W. Searle）和沃德（1990）对跨文化适应做了"心理适应"（psychological adjustment）和"社会文化适应"（sociocultural adjustment）的区分，但只是针对个体层面的跨文化适应。他们认为，"心理适应"是指情感上的满足感和幸福感；"社会文化适应"是指获得融入新的文化并在新的文化中成功应对的技能（Searle and Ward，1990：450），即行为上的变化。后来，沃德又在心理适应（情感上的变化）和社会文化适应（行为上的变化）的基础上，区分了跨文化适应过程中的认知变化，认为认知上的变化是情感变化和行为变化的中介（1996：127）。综上所述，我们认为跨文化适应是指具有不同文化的个体或群体在相互接触过程中所发生的变化，包括群体层面的变化和个体层面的变化，其中个体层面的变化又涉及情感、行为、认知等方面。

2. "跨文化适应"概念解读

根据我们对"跨文化适应"的界定，跨文化适应存在两个关键要素，一是"接触"，二是"变化"。

"接触"是跨文化适应的先决条件。人类学的跨文化适应强调不同文化群体或文化系统的接触；心理学的跨文化适应强调文化成员作为个体与他文化的接触，或参与所属文化与他文化的接触。这两者在一定程度上存在片面性。我们认为接触的对象包括来自不同文化背景的个体或群体，可以是不同文化的个体与个体、个体与群体、群体与群体的接触。任何一种形式的跨文化接触都有可能导致变化的发生。

接触的方式也不限于经典人类学"跨文化适应"定义中的"持续的"和"直接的"接触。早期的人类学研究由于其研究对象多以原始文化群体为主，考察的是原始部落与外来发达文明接触后发生的变化，这种跨文化的接触必然是直接的。而在1954年社会科学研究委员会的定义中已经明确提出了除直接接触以外的其他方式。现今社会飞速发展的科技和信息技术更是使跨文化接触的方式更加多样化，大众传播、网络交际等各种形式的跨文化接触比比皆是。

此外，随着跨国旅行、跨国商务活动等短期跨文化接触方式的普及，这些短期跨国活动参与者"所经历的跨文化适应可能与本地居民几代人的跨文化接触一样多"（Sam，2006：15）。因此，除持续的长期接触外，短期的跨文化接触也同样会产生变化。

"变化"是接触的结果，但就变化本身而言，它既是过程也是结果。变化是在跨文化"接触时和接触后的动态活动"（Berry et al.，2002：351）。这一过程可以是破坏性的，会造成原有文化的丢失；也可以是反应性的，个体或群体通过文化复兴重建原有文化；也可以是创造性的，在不同文化的互动中产生新的文化。无论哪种性质的过程最终都会呈现出相对稳定的状态，即作为结果的变化。

当然，跨文化接触所带来的变化不仅仅是文化上的变化。从群体层面来说，不同文化的接触和碰撞会促成双方原有文化模式的变化，并进而影响文化双方的政治（如移民政策的引进）、经济（如外籍劳工的经济贡献）、社会（如种族和族群歧视）等方方面面（Berry，1991）。从个体层面来说，跨文化的接触会造成个体的情感波动、行为变化、认知发展等，即沃德（2001）所谓的"ABCs"①。

同时，变化是相互的和不同程度的，也是二维的和多样的。不同文化的个体或群体相互接触所产生的影响是相互的，因此跨文化接触的双方都有可能发生变化。但是，这并不等于接触双方发生了等量的变化。实际上，由于接触双方在政治、经济、权力等各方面的地位不可能完全平等，跨文化适应的结果往往表现出一方所受影响远远大于另一方。变化的二维性指的是变化发生在两个独立的维度上，一是对原有文化的保持或丢失，二是对新文化某些方面的参与或吸收。接触双方可能完全保留原有文化而未吸收新文化，或者完全相反，也可能在部分保留原有文化的同时部分吸收新文化。接触双方在两个维度上的不同表现自然会形成不同的变化结果，因而跨文化适应的结果是多样的。

3. 相关概念区分

跨文化适应研究涉及人类学、心理学、社会学等众多学科领域，概念的交叉引用在所难免，在此有必要对此进行澄清和解释。"adaptation"和"adjustment"虽然分别起源于生物学和心理学这两个不同的学科，但是在跨文化适应研究中，除少数学者（如：Yoo et al.，2006）对其进行区分外，学者们基本都将"adaptation"和"adjustment"视为

---

① 沃德的"ABCs"为 Affective、Behavioral、Cognitive 的首字母缩写。

同义词（如：Hannigan，1990；陈国明、安然，2010；陈国明、余彤，2012）。

学者们的分歧主要在于对"acculturation"和"assimilation"的界定。"acculturation"最初是一个人类学的概念，人类学家用它来指称所谓原始社会在与文明社会接触过程中发生的改变。鲍威尔在最初使用这个词的时候就蕴含了文明进化的意思。而在社会学中，社会学家更多地使用"assimilation"来指称移民在与居住国社会成员接触后，逐渐形成与居住国社会成员一致的生活方式的过程。萨姆（D. L. Sam）认为，这两个概念的最初混淆可能缘于人类学家将研究兴趣从原始社会转向移民群体，却没有使用社会学家惯用的"assimilation"，而是依然使用人类学的"acculturation"（2006：13）。于是，这两个概念开始被当作同义词使用。当然，也有学者认为这两个概念并不完全等同。在雷德菲尔德、林顿和赫斯科维茨对"acculturation"定义的注释中，他们将"assimilation"视为"acculturation"的一个阶段（1936：149）。戈登则将"acculturation"视为"assimilation"的一个阶段（1961：279）。尼尔逊（B. H. Nelson）和特斯克（R. H. C. Teske）则认为"acculturation"和"assimilation"是两个相互独立的过程，"acculturation"可以单独发生，但是"assimilation"却要以"acculturation"为前提条件（1974：358）。陈国明和安然在《跨文化传播学关键术语解读》中将"assimilation"定义为"个体或者群体合并到主流文化和社会的一个过程"，而将"acculturation"定义为"两个或两个以上不同文化体系间由于持续接触和影响而造成的文化变迁"（2010：1）。他们认为前者是一个吸收的过程，后者是一个学习的过程，是两个不同的概念。

金将目前学界概念混用和不一致现象归结为这些概念间意义的重叠，因此她提出用"cross‐cultural adaptation"作为上坐标词来涵盖现有的"assimilation""acculturation""adjustment"等概念（1995：174）。根据她的区分，"assimilation"是对居住国主流文化元素的完全接受，

"acculturation"是对居住国主流文化元素的部分接受，而"adjustment"主要指在面对跨文化挑战时个体作出的心理反应（1995：174）。但它们都是指"个体或群体在与不同文化接触后发生的变化"（Hannigan，1990：92）。

因此，在本书中，我们采用金的观点，从最广义上去理解跨文化适应，注重这些概念间的共同之处而不是差异。我们所探讨的跨文化适应研究是涵盖人类学、心理学、社会学等主要学科领域，和"intercultural adaptation""intercultural adjustment""cross – cultural adaptation""cross – cultural adjustment""acculturation"等主要概念的跨文化适应研究。

二 国内外研究回顾

（一）国外跨文化适应研究

国外的跨文化适应研究发端于人类学，发展于社会学，鼎盛于心理学，已成为一个研究范围较明确、研究方法较成熟、理论体系较完善的学术研究领域。本节仅就人类学、社会学、心理学的跨文化适应研究进行回顾。需要说明的是，心理学的跨文化适应研究借鉴了跨文化交际研究的成果，并推动了跨文化交际领域的跨文化适应研究，因此我们将两者的研究成果一并归入心理学领域。

1. 人类学领域的跨文化适应研究

学术界对跨文化适应现象的研究源于人类学对土著居民和欧洲殖民统治地区人民跨文化适应问题的关注。最初的研究主要是出于殖民统治的需要，考察较原始的文化群体在与发达文化群体交往过程中发生的变化，包括文化价值观、政治经济制度、社会结构等方面，旨在为殖民地管理者提供对所谓"未开化"民族的更好理解。后来，人类学又以恢复没有记录的历史为己任，试图帮助土著居民保存原始文化以保护文化多样性。此外，跨国移民也进入了人类学的研究视野，但没有成为其主要研究对象。人类学以田野调查和民族志访谈为主要研究方法，通过研究者实地观察、访谈、日常交往来获取第一手资料，"深描"研究者所获得的特殊文化体验和文化理解，细腻地呈现文化历史背景下的跨文化适应。

　　该领域最早的跨文化适应研究成果出现在 20 世纪 30 年代（如：Beals，1932；Mead，1932；Thurnwald，1932；Redfield，Linton and Herskovits，1936）。其中，雷德菲尔德、林顿和赫斯科维茨（1936）的《跨文化适应研究备忘录》（*Memorandum for the Study of Acculturation*）首次系统地明确了跨文化适应研究的内容和方法，为人类学领域的跨文化适应研究奠定了基础。他们对跨文化适应的定义也成为学界经典，至今仍被广泛认可和引用。

　　20 世纪 50、60 年代，跨文化适应研究成为人类学的主要课题之一。这一时期的人类学家主要考察土著居民和欧洲殖民统治地区人民的跨文化适应问题，包括跨文化适应的模式和过程研究、跨文化适应与各种变量的关系研究、跨文化适应的比较研究。斯派塞（E. H. Spicer）（1954）区分了隔离（compartmentalization）、融合（fusion）、转向（reorientation）三种跨文化适应模式，并对不同模式的条件、内容、取向和文化变化过程进行了对比分析；帕克尔（S. Parker）（1964）区分了模仿和内化两个跨文化适应阶段，并考察了不同阶段的族群认同情况。跨文化适应与语言习得（如：Sasaki and Olmsted，1953）、跨文化适应与异常行为（如：Graves，1967b）、跨文化适应与族群认同（如：Parker，1964；Berreman，1964）、跨文化适应与自我认同（如：Chance，1965）的关系研究也成为人类学家关注的课题。此外，受人类学研究科学化倾向的影响，加之比较法被认为是人类学中"最接近科学方法的研究方法"（Ianni，1958：39），跨文化适应研究中开始出现比较研究。

梅里安（A. P. Merriam）（1955）以音乐为切入点，比较了美国蒙大拿印第安部落和比属刚果与西方文化间的跨文化适应；兰格（C. H. Lange）（1957）比较了新旧大陆中农民文化与外来文化接触后发生的变化。总体而言，这一时期的人类学家关注的土著居民和殖民地人民以北美印第安部落为主，考察的通常是印第安部落与白人文化接触后在语言、习俗、宗教、传统、价值观等方面的变化，并将前者视为未开化民族，将后者视为发达文化，因此"基本限于一种进化图式"（李加莉、单波，2012a：85）。

此后，跨文化适应研究逐渐淡出人类学界。李加莉和单波（2012b）认为，这与后现代主义理论的兴起不无关系。跨文化适应研究的前提是给不同文化划出边界，这"暗合了现代主义者的主张——存在一些具体的、可辨识的、独特的文化"（李加莉、单波，2012b：50)，但这一观念不被当代人类学者所接受。"他们关注文化变迁的过程而不是具体的文化，以探求文化混杂的边界；他们停止了把文化本质化、笼统归纳的做法，更多地在语境中考察文化规则的模糊性"（李加莉、单波，2012a：85）。

然而，随着全球化语境下跨国移民的不断增多，跨文化的接触不可避免，因此跨文化适应研究也再次进入人类学的研究视野。尽管人类学者很少或几乎不再使用"跨文化适应"这一术语，但是他们对跨文化适应问题的研究仍在继续。格拉德希尔（J. Gledhill）（1995）、马勒（S. Mahler）（1995）对跨国社区中跨国移民的政治经济状况和认同的多角度民族志研究，佩尔茨（R. Peltz）（1998）对南费城犹太移民语言和认同的考察，以及翁氏（A. Ong）（2003）对旧金山和奥克兰的柬埔寨难民所面临的文化转变的详细描绘都是当代人类学跨文化适应研究的力作。他们的研究对象从土著居民和殖民地人民转向跨国移民，研究视角从原初社会转向复杂社会，不再将跨文化适应视为发展进化的过程，而是在具体的政治、经济、文化环境中考察移民的跨文化适应状况，其中移民的认同研究正逐渐成为重要议题。

值得一提的是，尽管人类学家重在对跨文化适应过程的"深描"，几乎没有提出相关的跨文化适应理论，但是奥伯格（K. Oberg）（1960）提出了影响深远的"文化休克"（cultural shock）概念。他认为文化休克是"由于失去了熟悉的社会交往符号和标志而导致的焦虑"（1960：177），主要表现为心理适应的压力，失去朋友、地位、职业的失落感和剥夺感，对新文化的排斥，对角色、价值观、自我认同的困惑，意识到文化差异后的惊讶、焦虑、厌恶和愤怒，以及无法应对环境的无力感。他的这一概念成为其他学科，尤其是心理学领域跨文化适应研究的核心概念之一。

纵观整个人类学领域的跨文化适应研究，人类学家主要关注土著文化、追溯土著文化的历史变化。就研究对象而言，以土著居民，尤其是印第安部落为主要研究对象，忽视了主流社会的民族志考察，有悖于跨文化适应的本质。同时，人类学研究中较晚注意到移民研究，是该领域跨文化适应研究中的一大缺失。就研究内容而言，对土著文化的历史追溯不仅能够加深对土著文化的理解，同时有助于拯救濒临灭绝的文化，保护文化多样性。但是，纯粹的历史追溯又往往使人类学陷入进化论的泥沼不能自拔，难免种族主义之嫌。就研究方法而言，人类学普遍采用田野调查的研究方法，关注习俗、口头传说等，能够完整地展现跨文化适应现象，但是对跨文化交往中的动态交际却似乎关注不多。最后，人类学从群体层面研究跨文化适应问题，将一个部落或种族视为一个文化均质体，忽视了不同社会文化个体的存在，且将个体完全湮没在群体中，忽视了个体间跨文化适应的差异。

2. 社会学领域的跨文化适应研究

社会学领域的跨文化适应研究是随着国际移民潮的涌现而出现的。社会学家通过人口普查、抽样调查、访谈等研究方法，侧重考察移民群体在新的文化环境中如何摆脱旧有的文化习俗、学习新的文化体系以融入迁入国的政治、经济、社会结构，最终形成与迁入国社会成员一致的生活方式，即同化。因此，同化理论一直是在社会学领域占主导地位的理论模式。

帕克（R. E. Park）和伯吉斯（E. W. Burgess）（1921）在《社会学导论》（*Introduction to Science of Sociology*）中首次给出了同化理论的核心概念——"同化"的定义。他们认为，"同化是个人和群体相互渗透和融合的过程，即个人和群体从其他群体获得记忆、情感和态度，并且通过共享他们的经历和历史，逐渐融汇成共同的文化生活"（Park and Burgess，1921：735）。帕克在20世纪20年代提出的种族关系循环论（race - relation cycle）可视为同化理论的起源。种族关系循环论认为，移民的同化是包含接触（contact）、竞争（competition）、适应（accommodation）、同化（assimilation）四个阶段的自然过程，且这一过程是"一个无处不在的循环"（Park，1950：150）。在此基础上，戈登（1964）对该理论进行了完善和发展，形成了一个比较完整的同化理论体系。他区分了同化的七个阶段——文化或行为同化（cultural or behavioural assimilation/acculturation）①、结构同化（structural assimilation）、婚姻同化（marital assimilation/amalgamation）、认同同化（identificational assimilation）、态度接受性同化（attitude receptional assimilation）、行为接受性同化（behavior receptional assimilation）和国民同化（civic assimilation），第一次比较系统地提出理解和衡量族群关系的指标体系，被誉为同化理论的经典。然而，随着新移民的出现以及移民后代的成长，社会学家们很快发现经典的同化理论并不能解释所有移民的跨文化适应问题，开始探讨跨文化适应过程和结果的多种可能性。波特斯和周敏（1993）从社会结构的多层次性出发，建构了多向分层同化理论（Segmented Assimilation Theory），提出适应过程和结果的三种可能性：向上

---

① 按照戈登（1964）的观点，"cultural or behavioral assimilation"等同于"acculturation"。

同化、向下同化和选择性同化。但是，无论同化理论怎样发展，其基本主张始终坚持跨文化适应是"一个自然的过程，即各族群达到共享一种文化、获得平等进入社会结构的机会的过程；这个过程包括抛弃旧的文化和行为模式，代之以新的文化和行为模式，并且这一过程一旦开始，便不可避免地、不可逆转地走向同化"（Zhou，1997：976）。

同化理论框架下的社会学研究以问题为导向，通过对各种恒量和变量的分析，揭示移民群体跨文化适应的状态和发展态势。根据不同的研究问题，跨文化适应的社会学研究大致可以分为两类：一是移民群体跨文化适应的宏观分析，二是特定移民群体的跨文化适应研究。

移民群体跨文化适应的宏观分析主要利用人口普查和各类抽样调查的数据资料来系统分析各移民群体在职业、收入、居住、通婚等方面的现状和宏观发展态势。这类研究大多将社会学的社会流动①概念应用于移民群体的跨文化适应研究，通过考察移民群体在社会分层②结构中位置的变化和地理空间结构中位置的变化来把握移民群体在迁入国的适应情况。从一般意义上讲，移民群体在社会分层结构中的上升流动和在地理空间中迁入主流族群社区意味着同化入迁入国主流社会。其中，居住流动或空间同化一直是移民群体跨文化适应研究中备受关注的课题。邓肯（O. D. Duncan）和利伯森（S. Lieberson）（1959）考察了居住隔离与社会经济地位、同化程度、社会距离的相互关系；梅西（D. S. Massey）和马伦（B. P. Mullan）（1984）分析了社会经济地位对空间同化的作用；阿尔巴（R. D. Alba）、洛根（J. R. Logan）和克劳德（K. Crowder）

---

① 社会流动指社会成员从某一种社会地位转移到另一种社会地位的现象。在一个既定的社会阶层结构里，如果转移流动的方向是由较低的社会地位流动到较高的社会地位，则称为上升流动，反之则称为下降流动（马传松、朱挢，2012）。

② 社会分层指人们的社会地位差异结构，该差异结构本质上是由于人们占有资源的不同而产生的（李强，2012），不同分层理论家采用的社会分层标准多种多样，如收入、职业、财产、权力、声望、教育等（李强，2006）。

(1997) 探究了族群居住模式的本质和动态发展情况；苏（S. J. South）、克劳德（K. Crowder）和佩斯（J. Pais）（2008）探讨了移民跨社区流动的模式和决定因素。作为居住流动的一个方面，移民群体的房产拥有情况也引起了社会学家的关注，阿尔巴和洛根（1992）、迈尔斯（D. Myers）和李成宇（Seong Woo Lee）（1998）通过对比不同移民群体的房产情况，考察了影响移民群体房产购买的因素。多数研究认为，居住流动或空间同化不仅体现了移民群体在地理空间结构中位置的变化，更反映了移民群体的结构同化。① 此外，移民群体的语言同化（如：Carliner，2000）和婚姻同化（如：Sassler，2005）也是移民群体跨文化适应宏观分析的主要内容。

特定移民群体的跨文化适应研究主要通过访谈和各种抽样调查的数据来分析某个移民群体在职业、收入、居住、通婚、健康等方面的现状和发展趋势，以及影响某个移民群体同化的因素。美国作为世界第一移民大国，汇集了来自世界各地不同肤色、不同种族、不同国籍的移民群体，其中墨西哥移民因本国独特的地理优势和美国社会对墨西哥季节性劳工的庞大需求而成为美国最大的移民群体之一，也成为社会学家研究的焦点之一。墨西哥移民以农业工人为主，在社会结构中的地位相对较低，社会流动较少，因此社会学家更多关注墨西哥移民所面临的问题。廷达（M. Tienda）（1980）、布朗（S. K. Brown）（2006）分别考察了亲属关系和初级群体②关系对墨西哥移民结构同化的影响和它们在结构同化中的作用。史蒂芬（E. H. Stephen）和比恩（F. D. Bean）（1992）以墨西哥裔女性为研究对象考察生育与同化的相互关系，证明生育中断的暂时性和生育同化趋势的存在。芬奇（B. K. Finch）、弗兰克（R. Frank）

---

① 戈登（1964）认为，结构同化是同化过程中的关键一环，一旦结构同化完成，其他所有类型的同化将随之自然发生。

② 按照戈登（1964）的定义，初级群体中的接触是个人的、非正式的、亲密的，且通常是面对面的，它涉及人格整体而不是人格被分割的一个部分。

和维加（W. A. Vega）（2004）从社会流行病学的角度对墨西哥农业工人的健康状况进行调查，发现在美居住时间、英语水平和适应压力的强度都与这些工人的健康状况有关。与墨西哥移民研究不同，其他的移民研究多以区域为划分标准，如：非裔（如：Dodoo，1997）、亚裔（如：White et al.，1993）、拉丁裔（如：Kalmijn，1996；South et al.，2005；Golash‑Boza，2006），且侧重移民的职业流动和居住流动研究。

从本质上来说，社会学领域的跨文化适应研究是一种族际关系研究，即移民群体作为少数族群与迁入国的主流族群之间的关系研究，在一定程度上弥补了人类学研究中族际关系研究不足的缺陷。但是，社会学的研究倾向于从地理区域、迁出国国籍等角度区分移民群体，将一个国家甚至一个大洲的移民作为一个文化的同质体显然是失之偏颇的。同时，社会学家以同化理论作为移民群体跨文化适应研究的普遍模式，将同化作为跨文化适应不可逆转的终点也是值得商榷的。早期的移民或是因为战争或是因为宗教迫害，他们的迁出有积极的同化倾向，而新移民多是出于经济原因，他们有保留民族文化的意愿，因此不分时期的一概而论必是不可取的。即使是同一时期的移民，由于个人或社会等各种因素的影响，也可能存在不同的跨文化适应结果。雷德菲尔德、林顿和赫斯科维茨（1936）在初次提出跨文化适应概念时就明确表示，跨文化适应的结果包括接受（acceptance）、适应（adaptation）和抗拒（reaction）。最后，不论是对移民群体跨文化适应的宏观分析，还是对特定移民群体的跨文化适应研究，多数研究依赖于人口普查的数据或是大规模的抽样，尽管能够从宏观角度很好地揭示移民群体跨文化适应的现状和发展趋势，却没有办法对适应过程进行动态的分析，也无法考察一些可能的影响因素。

3. 心理学领域的跨文化适应研究

心理学领域的跨文化适应研究与人类学、社会学研究的最大不同之处在于，心理学家将研究视角从跨文化适应群体转向跨文化适应个体，将研究对象扩大至包括移民、留学生、难民、外派商务人士、外派专业技术人员、外交人士、旅游者等在内的诸多跨文化适应个体，关注他们在情感、行为、认知上的变化，且崇尚自然科学的研究方法。自进入跨文化适应研究领域以来，心理学家们逐渐确立了跨文化适应心理学的研究方向，使跨文化适应的实践和理论研究都得到了蓬勃的发展，俨然已是跨文化适应研究的主力军。

沃德认为，心理学领域的跨文化适应研究包括压力—应对、文化习得、社会认同三条理论路径（见图 2-1），分别关注情感、行为、认知三个不同方面（2001：416）。我们以此为基准，分类概述三条理论路径所包含的主要研究成果。

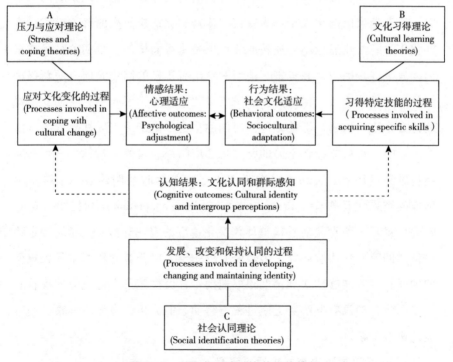

图 2-1　跨文化适应研究的理论路径

资料来源：Ward, 2001: 416.

（1）压力—应对路径

心理学领域的跨文化适应研究起初侧重旅居者①经历的焦虑、抑郁、敌对等情绪，也即文化休克。莱斯加德（1955）的 U 型曲线假说（U – Curve Hypothesis）及约翰·格拉霍恩（J. T. Gullahorn）和珍妮·格拉霍恩（J. E. Gullahorn）（1963）的 W 型曲线假说（W – Curve Hypothesis）就是有关文化休克研究的经典理论。但是，贝里、金和明德等（1987）认为文化休克过分强调两种文化体系交汇给旅居者带来的负面的、消极的影响，因此提出用"跨文化适应压力"代替"文化休克"。一方面承认跨文化适应是有压力的经历，另一方面也侧重对新环境的应对和成功适应的过程。从压力—应对角度进行的跨文化适应研究将跨文化适应看作是一个有压力的、需要应对的生活事件，主要以旅居者为研究对象，考察心理适应的预测因素，包括生活变化（life change）、认知评价（cognitive appraisal）、应对方式/策略（coping style）、人格（personality）和社会支持（social support）等。

跨文化接触过程中存在一系列的变化，如物理变化（如：饮食习惯、气候变化）、生物变化（如：新的病毒或基因）、社会变化（如：语言不同）、文化变化（如：政治、经济、宗教等）等。弗恩海姆（A. Furnham）和博赫纳（S. Bochner）（1986）对负面生活事件的批判性回顾就提到生活变化对心理健康产生的影响。沃德与其同事们在对留学生的一系列跨文化适应研究中发现生活变化对心理适应的预测作用（如：Searle and Ward，1990；Ward and Kennedy，1993a；Ward and Kennedy，1993b）。

在认知评价方式方面，研究较多的是旅居者的预期，即"旅居者在进行跨文化接触之前，对跨文化接触的想象"（陈慧、车宏生、朱敏，

---

① 贝里（2006）指出跨文化适应个体或群体可根据其流动性分为定居者和移居者，前者包括民族文化群体和土著居民，后者包括移民、难民等长期移居者和旅居者、寻求庇护者等短期移居者。

2003：707）。一般认为预期与现实体验相匹配有助于旅居者的跨文化适应，反之则容易造成心理适应困难。在预期与现实体验不匹配的情况下，过高预期往往导致心理适应困难，而过低预期则会增加心理幸福感（Roger and Ward，1993：192）。① 研究者们对外派人员（如：Weissman and Furnham，1987；Black and Gregersen，1990）、留学生（如：Rogers and Ward，1993；Martin et al.，1995；Kunst and Sam，2013）以及移民（如：Tartakovsky，2008、2009；Mähönen and Jasinskaja‐Lahti，2013）的研究都表明，预期与现实体验的差异是跨文化适应的重要预测因素。

有关应对策略的最早研究当属查塔韦（C. J. Chataway）和贝里（1989）对留学生的应对策略、学业满意度和心理适应关系的研究。沃德和肯尼迪（A. Kennedy）（2001）进一步将应对策略分为正面应对（approach）、回避应对（avoidance）、接受应对（acceptance）和社会支持（social support）。② 他们对驻新加坡的英国外派人员的研究表明，回避应对策略与心理适应呈负相关；正面应对策略与心理适应呈正相关；接受应对策略和社会支持与心理适应无关。但是，也有学者倾向于将应对策略分为初级应对策略（primary coping strategy）和次级应对策略

---

① 过高预期指现实体验比预期要正面，即实际的旅居生活比旅居者想象的要好；过低预期指现实体验比预期要负面，即实际的旅居生活比旅居者想象的要差。

② 卡弗、谢尔和温特劳布（1989）将应对策略分为情绪取向的应对策略（emotion‐focused coping）、问题取向的应对策略（problem‐focused coping）和较无效用的应对策略（less useful coping）。情绪取向的应对策略包括否认（denial）、寻求情绪性社会支持（seeking of emotional social support）、接受（acceptance）、积极再诠释（positive reinterpretation）、寻求宗教协助（turning to religion）；问题取向的应对策略包括计划（planning）、积极应对（active coping）、抑制竞争活动（suppression of competing activities）、克制应对（restraint coping）、寻求工具性社会支持（seeking of instrumental support）；较无效用的应对策略包括发泄情绪（venting of emotions）、行为脱离（behavioral disengagement）、心智脱离（mental disengagement）（1989：267‐283）。沃德和肯尼迪（2001）基于此分类，将应对策略分为正面应对（包括计划、抑制竞争活动和积极应对）、回避应对（包括行为脱离、否认、发泄情绪和积极再诠释的缺失）、接受应对（包括接受和克制应对）和社会支持（包括寻求情绪性社会支持和寻求工具性社会支持）。

（secondary coping strategy）（如：Cross，1995；Ward et al.，1998）。前者指"改变环境来适应自己"（Ward，2001：429），后者指"改变自己去适应环境"（Ward，2001：429）。一般认为，个体主义社会中的个体倾向于采用初级应对策略来应对压力，而集体主义社会中的个体倾向于采用次级应对策略来应对压力。由于在跨文化接触的特殊环境下，旅居者在多数情况下是无法改变环境的，因此学者们倾向于认同次级应对策略相对于初级应对策略而言更有效。

人格与跨文化适应的关系研究之所以受到学者们的关注主要是由于"如果找到某些影响跨文化适应的人格因素，就可以运用于选拔当中，……把那些能更好地适应其他文化的人筛选出来，以减少跨国公司选拔派驻海外公司的员工和政府选派留学生的失败"（陈慧、车宏生、朱敏，2003：707）。但是，学者们的研究结果却不尽相同。以五大人格特质[①]中外向性的研究为例，赛尔和沃德（1990）对留学新西兰的马来西亚和新加坡学生的研究表明外向性与心理适应相关，而斯瓦格勒（M. A. Swagler）和乔姆（L. M. Jome）（2005）的研究则表明外向性与社会文化适应相关。沃德和居维宁（Weining C. Chang）（1997）试图用文化契合（culture fitting）假说来整合相关研究，认为人格本身并不能预测跨文化适应，但人格是否与居住国文化规范契合决定了跨文化适应结果。除此之外，有关人格特质的研究主要集中在控制点[②]方面。沃德和肯尼迪（1993a、1993b）对不同文化环境下相似旅居群体的比较研究，以及对同一文化环境下旅居群体和定居群体的比较研究都证明，控

---

① 五大人格特质（Big Five Personality Traits）是现代心理学研究发现的最高级组织层次的五个人格特质，包括经验开放性（openness to experience）、尽责性（conscientiousness）、外向性（extraversion）、亲和性（agreeableness）、情绪不稳定性（neuroticism）。

② 控制点（locus of control）指个体对自己的行为方式和行为结果的责任的认识和定向。它分为内控（internal locus of control）和外控（external locus of control）两种，前者指把责任归因于个体的内在原因，后者指把责任归因于个体自身以外的因素。

制点对心理适应具有很好的预测作用。

社会支持包括来自原文化的社会支持、来自居住国文化的社会支持和来自其他旅居者的社会支持三个方面。社会支持与跨文化适应的关系研究主要围绕前两者展开。来自原文化的社会支持常被证明为能为旅居者提供情感支持，减少旅居者的跨文化适应压力（如：Ying and Liese，1991）。也有不少研究证明，来自原文化的社会支持充当了旅居者的"保护伞"，阻碍旅居者融入居住国社会（如：Pruitt，1978）。相反地，来自居住国文化的社会支持与跨文化适应的关系研究却似乎得出了较为一致的结论。研究者对外派人员（如：Mahajan and De Silva，2012）和留学生（如：Searle and Ward，1990）的研究都说明，来自居住国文化的社会支持对于旅居者的跨文化适应十分有益。当然，也有少数研究认为，无论是来自原文化的社会支持，还是来自居住国文化的社会支持都有助于跨文化适应（如：Ward and Rana - Deuba，2000）。另有少数研究不支持跨文化适应与社会支持之间存在必然的联系（如：Lee and Ciftci，2014）。

（2）文化习得路径

从文化习得角度进行的跨文化适应研究将跨文化适应视为习得特定社会技能的过程。学者们对社会技能的关注一方面体现在理论建构中对交际能力的重视，另一方面体现在社会文化适应考察中对与社会技能相关的具体文化变量的重视。

学者们对交际能力的重视主要体现在埃林斯沃思（H. W. Ellingsworth）、加卢瓦（C. Gallois）、贾尔斯（H. Giles）、古迪昆特斯、金等跨文化交际学者的理论中。

埃林斯沃思（1983、1988）的跨文化适应理论（Intercultural Adaptation Theory）将来自不同文化的人们之间面对面的人际交流视为跨文化适应过程的缩影，因此该理论关注实时的跨文化交际行为，侧重交际风格适应的探讨。该理论认为，来自不同文化的交际者有不同的交际风格，交际活动的中心就是适应，也就是交际风格适应。加卢瓦、富兰克林·斯托克斯（A. Franklyn - Stokes）和贾尔斯等（1988）将贾尔斯的交际适应理论（Communication Accommodation Theory）应用于跨文化交际，在命题中引入个体主义/集体主义这一文化变量来解释交际者对语言和交际风格的选择。古迪昆特斯（1988、1995、2005）围绕陌生人、不确定性、焦虑、跨文化适应和留意五个基本概念建构焦虑/不确定性管理理论（An Anxiety/Uncertainty Management Theory），从陌生人进入新的文化并且与当地人进行交流的角度来论述旅居者的短期跨文化适应。该理论认为，陌生人存在认知上的不确定性和情感上的焦虑，需要通过留意来管理焦虑和不确定性，使其保持在介于最大值和最小值之间的一个理想水平，从而实现有效交际和跨文化适应。

上述理论的共同之处在于强调具体的交际行为在整个跨文化适应过程中的重要作用，而金（1988、1995、2001、2005）的交际与跨文化适应整合理论（The Integrative Theory of Communication and Cross - Cultural Adaptation）则将整个跨文化适应过程理解为交际过程，即"个体与环境的所有信息交换活动"（Kim，2001：32）。该理论认为，陌生人面对新文化中的种种不适应会产生心理压力，但压力也会促使陌生人对环境变化作出回应，逐渐适应新的文化环境，慢慢实现个体的成长，即表现为"压力—适应—成长"（stress - adaptation - growth）的动态过程。这一过程又受到个人交际（personal communication）、居住国社会交际（host social communication）、族群社会交际（ethnic social communication）、环境（environment）、个人倾向（predisposition）和跨文化转变（intercultural transformation）等因素的影响，从而造成个体跨文化适应的差异。

学者们对具体文化变量与社会文化适应关系的考察主要强调言语交际、非言语交际、规则、习俗、规范，以及跨文化社会交往和文化距离对社会文化适应的预测作用。

言语交际能力的高低取决于旅居者的语言水平，因此语言水平在跨文化适应中的核心地位和重要作用自不必多说。旅居者要在新的文化环境中生存和生活，一定的居住国语言能力是旅居者顺利开展日常活动和建立人际关系所必需的。沃德和肯尼迪（1993b），弗勒泽（F. J. Froese）、佩尔托科皮（V. Peltokorpi）和科亚（K. A. Koa）（2012）的研究都表明，良好的居住国语言水平增加了旅居者与居住国社会成员的社会互动，减少了社会文化适应困难。权氏（Yangyi Kwon）（2013）对中国留学生的深度访谈也发现，居住国语言能力是影响社会文化适应的主要因素之一。

当然，对于进行跨文化交际的旅居者而言，言语交际能力只是交际能力的一部分。他们还需要具备一定的非言语能力，并了解居住国在交际规则、社会习俗、文化规范方面与原文化的差别。迪尤（A. Dew）和沃德（1993）在人际吸引研究中发现，与文化一致的非言语行为显著影响跨文化人际交往，其对人际吸引的预测力也远远高于族群性①。交际规则、社会习俗、文化规范等方面的差异则更多地体现在文化价值观的差异上。但是，学者们的研究却并不支持文化价值观对社会文化适应的预测作用（如：Ward and Searle, 1991；Kurman and Ronen‐Eilon, 2004）。他们认为，这可能由于"采用新的通则②或接受新的价值观对于社会文化适应过程而言并不是关键的，关于通则和价值观跨文化差异的知识和意识才对适应结果产生重大影响"（Masgoret and Ward, 2006：66）。

除交际能力外，旅居者与居住国社会成员的跨文化交往或跨文化接

---

① 族群性（ethnicity）既是一个群体层面的概念，也是一个个体层面的概念。在群体层面上，族群性指国家、文化、种族、宗教、语言等客观的群体标准，强调某特定群体共享的特征，以与其他群体相区分。在个体层面上，族群性指群体成员在不同程度上所表现的群体特征（Kim, 2001）。

② 这里的通则指社会通则，是关于自身、社会、物质世界或精神世界的一般性信念，是个体对两个实体或两个概念之间关系的认识（Leung, et al., 2001：286–302）。

触也是学者们考察最多的社会文化适应预测因素之一。一般认为，与居住国社会成员的跨文化交往对旅居者的跨文化适应有积极的影响。沃德和肯尼迪（1993a）对心理适应和社会文化适应预测因素的系统考察就揭示了与居住国社会成员的跨文化交往对跨文化适应的预测作用。沃德和肯尼迪（1993b）对旅居群体和定居群体的比较研究则进一步表明，与居住国社会成员接触的满意度与社会文化适应程度呈显著正相关。沙阿（H. Shah）（1991）、金和麦凯·塞姆勒（K. McKay - Semmler）（2013）的研究也发现，旅居者的居住国社会参与程度，特别是与居住国社会成员的直接人际交流在旅居者的社会文化适应中起重要作用。

此外，学者们关注较多的社会文化适应预测因素还包括文化距离，即"原文化与居住国文化之间的感知相似性和差异性"（Masgoret and Ward，2006：71）。两个文化之间的文化距离越大，旅居者所经历的跨文化适应困难越多；反之，两个文化之间的文化距离越小，旅居者所经历的跨文化适应困难越少。弗恩海姆和博赫纳（1982）对留英学生的研究是关于文化距离和社会文化适应关系的最早研究。他们发现遇到社会文化适应困难最多的学生来自与英国文化距离较大的中东和亚洲国家，其次为南欧和南美国家，与英国文化距离较小的北欧国家的留学生经历的社会文化适应困难最少。赛尔和沃德（1990）、沃德和肯尼迪（1993a）关于留学生的研究，以及怀特（D. W. White）、阿布谢（R. K. Absher）和赫金斯（K. A. Huggins）（2011）对62个国家的544名外派销售经理的大规模研究也表明，文化距离与跨文化适应困难为正相关关系。

（3）社会认同路径

从社会认同角度进行的跨文化适应研究主要以移民为研究对象，从跨文化适应策略和群际关系，以及跨文化适应个体或群体的认知发展两个角度展开。

跨文化适应策略研究方面最有影响力的学者莫过于贝里。贝里根据移民对"是否值得保持文化认同和文化特征"和"是否值得保持与他

群体的接触关系"两个问题的回答，将移民的跨文化适应策略（accul-
turation strategies）分为融合（integration）、分离（separation）、同化
（assimilation）、边缘化（marginalization）。后来，他又从主流群体的角
度，将主流群体的跨文化适应策略分为熔炉主义（melting pot）、隔离
（segregation）、排斥（exclusion）、多元文化主义（multiculturalism）。他
的跨文化适应策略理论突破了同化理论的单向、线性跨文化适应模式，
揭示了跨文化适应过程的多维性和复杂性，引发了跨文化适应领域大量
的理论探索和实证研究。

布里（R. Y. Bourhis）、莫伊塞（L. C. Moïse）和佩罗（S. Perreault）
等（1997）在 Berry 的基础上提出交互式跨文化适应模型（The Interac-
tive Acculturation Model）。他们从文化认同角度界定贝里的两个维度为
"是否值得保持移民的文化认同"和"是否值得采纳居住国社会的文化
认同"，并以此来区分融合、同化、分离、边缘化、个体主义（individ-
ualism）五种跨文化适应倾向（acculturation orientations）[1]。同时，他们
提出，移民和居住国社会跨文化适应倾向的一致与否将导致和谐的
（consensual）、有问题的（problematic）、冲突的（conflictual）三种不同
的人际和群际关系结果（relational outcomes），力图从移民和居住国成
员的交互角度来预测群际关系。皮昂科夫斯基（U. Piontkowski）、罗曼
（A. Rohmann）和弗洛拉克（A. Florack）（2002）支持布里、莫伊塞和
佩罗等（1997）关于群际关系的观点，提出跨文化适应一致模型（The
Concordance Model of Acculturation），进一步细分了主流群体和非主流群
体在传统文化保持和主流社会参与两个不同维度上的跨文化适应态度[2]
匹配情况。纳瓦斯和他的同事们进一步完善了贝里、布里和皮昂科夫斯

---

① 布里、莫伊塞和佩罗等（1997）采用"跨文化适应倾向"来指称贝里理论中的"跨
　文化适应策略"，两者只是术语的差别，并不存在本质意义上的不同。
② "跨文化适应态度"与贝里理论中的"跨文化适应策略"、交互式跨文化适应模型中
　的"跨文化适应倾向"意义相同。

基等学者的理论，提出相对跨文化适应扩展模型（Relative Acculturation Extended Model）（Navas et al.，2005；Navas et al.，2007）。该模型区分了理想水平上的跨文化适应态度（attitudes）和现实水平上的跨文化适应策略（strategies），并区分了跨文化适应的七个不同领域——政治和政府制度、劳动或工作、经济、家庭、社会、宗教信仰和风俗，以及思维方式、原则和价值观。

在这些理论框架下，学者们开展了大量的实证研究。

其一是对移民跨文化适应策略的考察。贝里等学者对移民的大量研究证明，融合策略不仅是多元文化社会中最受青睐的跨文化适应策略，也是一元文化社会中移民的首选（如：Berry et al.，1989；Sayegh and Lasry，1993；Donà and Berry，1994；Sam，1995）。

其二是对主流社会成员跨文化适应策略的考察。蒙特勒伊（A. Montreuil）和布里（2001，2004）对加拿大主流社会成员跨文化适应态度的研究揭示，主流社会成员倾向于对有价值的（valued）移民采取融合主义和个体主义的跨文化适应态度，而对无价值的（devalued）移民采取同化主义、隔离主义和排斥主义的跨文化适应态度。同时，他们的研究也表明，不同的主流社会成员在对待移民的态度上也存在一定程度的差异。

其三是对群际关系的考察。布里、巴雷特（G. Barrette）和埃尔盖勒迪（S. El–Geledi）等（2009），巴雷特、布里和佩尔索纳（M. Personnaz）等（2004）对主流社会成员和少数群体的研究表明，融合主义和个体主义的跨文化适应态度与和谐的群际关系相关；分离主义、隔离主义和排斥主义的跨文化适应态度与有问题的、冲突的群际关系有关。皮昂科夫斯基、弗洛拉克和罗曼等学者的一系列研究不仅表明种族中心主义的跨文化适应态度（如：同化主义、分离主义和排斥主义）与群际感知威胁呈显著正相关，而且表明主流社会成员与移民跨文化适应态度的不一致是导致群际感知威胁的一个前因变量（Piontkowski et al.，2002；Florack et al. , 2003；Rohmann et al. , 2006）。

有关跨文化适应个体或群体认知发展的研究主要体现在阿德勒（P. S. Adler）、贝内特、吉川（M. J. Yoshikawa）和西田建构的理论中。阿德勒（1975）的五阶段假说将整个跨文化适应过程分为接触期（contact）、失衡期（disintegration）、重整期（reintegration）、自主期（autonomy）和独立期（independence）五个阶段。尽管他的阶段划分与 U 型曲线假说相似，但是他将视角从情感转向认知，在看到文化休克的同时也看到了成长和发展。吉川（1988）的双摆感知模型（Perceptual Patterns of Double - Swing）对跨文化适应阶段的划分与阿德勒几乎相同，只是将最后一个阶段命名为双摆期（double - swing），以此表示对二元认知的超越，在强调个体独立性的同时肯定万物间的相互依存关系。贝内特（1986）的跨文化敏感度发展模型（A Developmental Model of Intercultural Sensitivity）则将跨文化适应过程视为从民族中心主义（ethnocentrism）到民族相对主义（ethnorelativism）的发展过程。西田（1999、2005）以图式理论为基础建构跨文化适应的文化图式理论（A Cultural Schema Theory of Cross - Cultural Adaptation），将跨文化适应视为修正原有的文化图式或建立新的文化图式的过程。

当然，沃德（2001）对跨文化适应研究理论路径的划分并非绝对。实际上，不少跨文化适应研究就兼顾了情感、行为、认知中的多个方面或全部。安德森（1994）的跨文化适应的辩证模型（Dialectical Model of Intercultural Adaptation）就兼顾了情感、行为、认知三个方面，试图建立一个普遍适用的跨文化适应模型。沃德（1996）的跨文化适应过程模型（Acculturation Process Model），萨夫达尔（S. Safdar）、礼（C. Lay）和斯特拉瑟斯（W. Struthers）（2003）的跨文化适应的多维个体差异模型（Multidimensional Individual Difference Acculturation Model）也试图系统地阐述跨文化适应的过程、结果和影响因素。

（4）小结

综观心理学领域的跨文化适应研究，我们不难发现，跨文化适应的心理学研究相对综合和全面。首先，跨文化适应的研究对象不仅包括跨文化适应群体，也包括跨文化适应个体，不仅包括移民和旅居者，也包括主流社会成员，极大地扩大了研究对象的范围，也体现了跨文化适应的交互性本质。其次，跨文化适应的研究内容兼顾了跨文化适应群体或个体的情感、行为、认知三方面的变化，考察心理适应和社会文化适应的预测因素以及认知上的变化对心理适应和社会文化适应的调节作用，形成了跨文化适应研究的基本框架和理论体系。最后，跨文化适应的心理学研究崇尚自然科学的研究方法，探索出跨文化适应过程中不同变量之间的因果关系，在一定程度上发现了跨文化适应的规律。

但是，跨文化适应的心理学研究较为集中地探讨影响跨文化适应的众多预测因素，如社会支持、人格、文化认同、跨文化经历、语言水平等，却很少有研究探讨跨文化适应的结果变量，即探讨跨文化适应水平对移民或旅居者的生活、工作等方面产生的影响。不仅如此，大多数研究考察的是某一文化中某一少数群体的跨文化适应状况，对同一群体在不同文化环境下的跨文化适应和不同群体在同一文化环境下的跨文化适应的比较研究相对缺乏，这使得研究结果很难具有普遍性。此外，心理学对自然科学方法的推崇，强调了心理学的自然科学属性，却忽视了心理学的社会文化属性，这也是跨文化适应的心理学研究饱受争议的原因之一。

（二）国内跨文化适应研究

相比较而言，我国的跨文化适应研究起步较晚，肇始于20世纪80年代。李安民的《关于文化涵化的若干问题》（1988）是笔者能找到的关于跨文化适应的最早论述，其后便少有著述，直到21世纪初才有较多关于跨文化适应问题研究的论文见之于期刊。国内跨文化适应研究的对象以留学生、少数民族和农民工为主，涉及心理学、社会学、人类学、民族学、教育学、传播学、语言学、管理学等众多学科。学者们从学科一隅引进国外的理论成果，并进行富有成效的实证研究和理论探索。本节主要就心理学、人类学、民族学、社会学和教育学领域的跨文化适应研究进行回顾。

1. 心理学领域的跨文化适应研究

心理学是我国跨文化适应研究的一个重要学科领域。除对国外跨文化适应理论模型的评介和国外研究综述（如：陈慧、车宏生、朱敏，2003；余伟、郑钢，2005；徐光兴、肖三蓉，2009；孙丽璐、郑涌，2010；杨宝琰、万明钢，2010）以外，国内学者的研究主要以少数民族和留学生为研究对象，尤其是少数民族大学生和来华留学生，探讨他们的跨文化适应策略、跨文化适应阶段、心理健康和压力应对。

跨文化适应策略研究多以贝里的跨文化适应策略理论为依据，通过问卷调查的方法，分析研究对象的主要跨文化适应策略。余卫华和王姝（2010）对留德中国学生跨文化适应态度的测量表明，融合和分离是他们所采用的主要跨文化适应策略。张劲梅和张庆林（2009）则进一步区分了认同上的跨文化适应和行为上的跨文化适应。他们对西南少数民族大学生的问卷调查区分出双重整合、双重分离、双重边缘化、工具性整合和工具性同化五类跨文化适应策略。此外，少数学者关注跨文化适应策略与其他变量的关系。学者们对少数民族学生跨文化适应策略与学业成绩、智力水平之间关系的研究表明，融合策略有助于学业成绩的提高和智力的发展，而同化、分离、边缘化的跨文化适应策略则会引起学业倦怠（如：胡兴旺、蔡笑岳、吴睿明等，2005；孙丽璐、谭建伟，2011）。

有关跨文化适应阶段的研究主要关注跨文化适应阶段的划分。吕玉兰（2000）将来华欧美留学生的跨文化适应阶段分为观光心理阶段、严重文化休克阶段和文化基本适应阶段。刘有安（2009）将新中国成立后迁入宁夏的外地汉族移民的跨文化适应阶段分为茫然和矛盾阶段、瘙痒与不适阶段、调适接纳阶段以及常态回归阶段。少数学者对国外跨文化适应阶段理论进行了检验。何安娜（2010）通过对 28 名来自 11 个不同国家的来华留学生在四个不同时间点的测量，否定了 U 型曲线假说。

跨文化适应与心理健康的关系研究也引起了学者们的关注。其中，少数民族在融入汉文化时的跨文化适应与心理健康的关系受到了研究者们的广泛关注。胡发稳和李丽菊（2010），罗平、毕月花和汪念念（2011），高承海、安洁和万明钢（2011）的研究均表明，少数民族学生的跨文化适应水平与其心理健康状况呈正相关。此外，留学生的心理健康也得到了一定程度的关注。徐光兴（2000、2011）通过大量留日中国学生的个例，真实地反映了留日中国学生的心理问题及其产生的环境和文化背景，探讨了以留学为形式的跨文化适应和心理健康问题，以及相关的援助方法。

跨文化适应压力与应对研究涉及的研究对象范围较广，包括留学生、少数民族、外派人员以及城乡个体等。严文华（2007）对 99 名留德中国学生及访问学者的研究表明，应激源与总体、人际及学习/工作三方面的跨文化适应均呈显著负相关。张劲梅（2008）的博士论文专辟一章讨论了少数民族大学生在融入汉文化环境时所面临的适应压力。曹经纬（2011）考察了在华跨国公司外籍高管的跨文化压力状况、应激源，以及压力应对策略，发现外籍高管的压力主要表现在工作上，应激源来自家庭、人际交往模式和政策环境，积极应对是认可度最高的应对策略。姜永志和张海钟则着眼于具有显著中国特色的城乡跨文化适应问题，提出中国城乡跨文化适应的应激源是"中国传统文化与现代文化的不相融合，外在表征是对经济利益和物质形态的欲求"（2011：29），并根据中国文化的具体特征提出应对的方式。中国城乡跨文化适应的心理学研究突破了跨文化心理学仅关注国家间、民族间、种族间跨文化适应的局限，将其拓展至区域间的跨文化适应研究，关注我国城市化进程中文化断层造成的适应问题，是关注中国本土问题研究的有益尝试。

总体而言，心理学领域的跨文化适应研究是我国跨文化适应研究中成果较丰的一个领域。它的研究对象基本涵盖了中国境内面临跨文化适应问题的主要群体和个体，同时也包括了海外的中国留学生，其主要研究方向涵盖了国际主流研究中的跨文化适应策略、跨文化适应阶段、压力应对和心理健康，研究方法也基本与国际主流研究趋同。但是，心理学领域的跨文化适应研究也存在一些不足。

其一，研究对象的范围相对狭小。在跨文化交流日渐增多的全球化社会中，除了中外互派留学生数量的增加以外，外交人员、商务人士、旅行者等的跨文化适应问题也逐渐凸显，需要对他们进行有针对性的研究。另外，跨文化适应是一个双向的交流过程，国内研究中较多关注的是非主流群体对主流群体的跨文化适应问题，而相对忽视主流群体对非主流群体的态度问题。同时，对我国城市化进程中面临的城乡两种亚文化之间的跨文化适应问题缺乏应有的敏感，而城乡之间的跨文化适应恰恰可能是我们目前面临的最严重的跨文化适应问题之一。

其二，西方理论和量表的移植。心理学采用自然科学方法的弊端已在国外研究综述时提及，不再赘述。国内跨文化适应研究对国外量表的直接采用或修订确是一个值得商榷的问题。量表本身有其产生的文化和现实依据，照搬或简单地修订国外的测量工具来研究我国的跨文化适应问题，显然存在适用性的问题。理论的借用也一样。人类的心理活动在具有普遍规律的同时也存在文化和个体的差异。不加审视地把国外理论当成具有普遍解释力的法则，用它们来解释其他历史文化条件下的跨文化适应现象显然也存在是否适用的问题。

2. 人类学、民族学、社会学领域的跨文化适应研究

我国人类学、民族学、社会学的跨文化适应研究共同关注现代化和主流文化对原住民、少数裔民族群体、农民社会的影响，"关注边缘的、

生存受到威胁的文化群体，以记录和保护文化多样性为使命"（李加莉、单波，2012a：85）。因此，我们对人类学、民族学、社会学领域的跨文化适应研究不做区分，而是以研究对象作为分类依据，分别概述这三个学科对少数民族、海外华人、农民（工）的研究。这类研究主要采用田野调查、民族志访谈、参与性观察、历史法等研究方法从群体层面深入考察、细致呈现研究对象的跨文化适应过程。

　　我国是一个有 56 个民族的多民族国家，各民族在互相交往过程中遇到的跨文化适应问题普遍存在。同时，少数民族的传统文化观念在与现代文明接触的过程中产生抵触与碰撞也在所难免。这都使得少数民族的跨文化适应问题呈现复杂性和多层次性，学者们的视角也不尽相同。有的侧重少数民族跨文化适应机制的研究（如：秦秀强、唐合亮，1994；瞿明安，2000；赵玲，2002）；有的关注以扶贫和生态保护为出发点的少数民族移民，着重探讨移民对迁入地生计模式、生活方式、思想观念、风俗习惯、宗教信仰方面的适应（如：苍铭，2001；陈晓毅、马建钊，2006；潘华、马伟华，2008；祁进玉，2011）；有的考察流动少数民族在物质、制度、精神三个层面的城市文化适应问题（如：陈晓毅，2005、2010；何明、袁娥，2009）。张继焦的《城市的适应》（2004）是国内第一部研究城市外来少数民族跨文化适应问题的专著。此外，少数民族在与异民族接触过程中面临的本族文化传承、异文化适应以及民族间文化的融合也是学者们研究的焦点（如：郑威，2006；索端智，2008；杨德亮，2008；黄柏权、葛政委，2008；马创，2010）。

　　"海外华人是相对于中国本土人民而言的一个旅居外国的中国人概念。"（郝时远，2011）数千万计的海外华人不仅是当代世界最大的移民群体之一，也是世界分布最广的移民群体之一，但是海外华人的主体仍在亚洲，其中东南亚聚居的华人最多。因此，我国人类学、民族学、社会学领域的跨文化适应研究也以东南亚华人为主。黄昆章（1998）、曹云华（2001）都从居住国对华人文化的政策和华人对居住国文化的适应两个角度分析东南亚各国的华人适应模式。曹云华还进一步把东南亚华人的跨文化适应分为初级阶段和高级阶段。初级阶段的容忍与接受包括语言适应、生活方式的改变、跨民族的人际关系与人际交往；高级阶段的认同与融合则指族际通婚、政治认同和宗教信仰。陈秀容（1999）则从历史角度叙述了印尼华人在继承中华传统文化、吸收印尼原住民文化精髓、融合现代西方文化方面所做的努力和取得的成绩。与有关东南亚华人的跨文化适应研究相比，旅居其他国家的华人跨文化适应研究则较为少见。

我国日益加速的城市化进程推动大批农村剩余劳动力涌向城市，形成了人口众多、规模庞大的农民工群体，同时也将城市化扩展到农村。农村的传统文化观念与城市的现代文化之间存在极大差异，农村人口的城市文化适应问题成为近年来研究者关注的一个热点。叶继红（2010a、2010b、2011）对农村失地农民的城郊集中居住和城市文化适应进行了一系列的访谈和调查。她将失地农民的城市文化适应过程概括为"文化冲突、文化反思和文化重构三个不同发展阶段"（叶继红，2010a：63），从技术、物质、观念层面描述了失地农民的城市文化适应表现，分析了影响他们文化适应的社区环境和配套设施、社会交往和社区参与、地区差异以及身份认同等因素。另外，农村人口在城市文化适应中的代际问题也是研究者们关注的一个方面（如：汪国华，2009）。

可以说人类学、民族学、社会学领域的跨文化适应研究给予了传统文化或非主流文化强烈的关怀，具有重要的现实意义。少数民族在面对现代文化和主流文化时所面临的文化传承和文化适应问题研究对于维护多民族国家的文化多样性和各民族间的共荣共存有非常重要的意义；海外华人在异国文化中的"守根"和适应问题研究不仅能为现实和未来的国际移民模式提供丰富的资料，也将为国际范围内的移民研究提供理论借鉴；农民的城市文化适应研究则关系到我国经济的可持续发展和社会的稳定和谐。人类学、民族学、社会学领域所采用的质的研究方法建立在大量第一手资料的基础上，能在微观层面上对研究对象的跨文化适应问题进行细致的观察分析，保留了跨文化适应作为一种社会现象的整体性、意义性和动态性。

当然，人类学、民族学、社会学领域的跨文化适应研究同样忽视了跨文化适应作为一个交流过程的交互性。已有的大多数研究还是侧重非主流文化对主流文化的适应，只有在对海外华人的研究中主流文化的态度才得到了应有的重视。历史文献的考证或民族志的描述虽然具有信息真实、可靠的优势，但是叙述终归是记述工作而不是理论工作，"以单个案例为依据的假说或许不过是历史的巧合"（刘有安，2010：23）。因此，跨文化适应研究应在深描的基础上对现象产生的原因以及结果进行更多的探讨，厘清适应过程的内部结构和关系，提炼出相关的理论。

3. 教育学领域的跨文化适应研究

"世界上任何国家、民族的任何类型和层次的教育总是在一定的文化背景中存在和进行的。"（李怀宇，2006：135）文化背景不同的教育者或受教育者在同一文化中必然面临相互间的跨文化适应，产生于某一文化背景的教育理论的普适性也受到文化因素的制约。我国教育领域的跨文化适应研究主要体现在少数民族学生、教师、农民工子女的跨文化适应研究和国外教育理论的跨文化适应研究两个方面。

学校教育体现的是主流文化的教育意识，代表了主流文化的发展方向。少数民族学生或教师有着与主流文化截然不同的文化背景，这使得少数民族学生或教师在进入学校后，面对文化环境的改变而出现种种适应困难的现象。心理学领域对少数民族大学生的心理健康问题已经有了大量的研究成果，而教育学领域对少数民族学生的跨文化适应研究主要以中小学生为主，着重探讨他们对主流课堂文化或学校文化的适应情况。内地民族班（校）作为一种民族教育异地办学模式引起了教育界的关注（如：严庆，2009；李玉琴，2009）。此外，少数民族教师在使用汉语教学时产生的跨文化适应困难问题（如：王鉴、黄维海，

2008），以及进城农民工子女的城市课堂文化适应问题（如：查啸虎、黄育文，2011）也引起了研究者的注意。

不仅如此，不少学者提出了在西方教育理论引进时的跨文化适应问题。万明钢和王平（2005）认为，我国在运用西方理论进行教育改革的过程中过分注重教学改革的形式化和教师的显性行为，而忽视了理论背后的社会文化价值冲突，这是教育改革成效不显著的根本原因所在。李广和马云鹏（2008）认为，教育界对西方理论的顶礼膜拜最终必将使我国在国际课程文化"公共区域"中丧失话语权。罗燕、海蒂·罗斯和岑逾豪（2009）则将"全美大学生学习投入性调查"（NSSE）进行汉化实践，并对 NSSE – China 的效度、信度进行了检验。

综合来看，我国教育学领域的跨文化适应研究还是比较薄弱的，主要体现在研究对象、研究内容、研究方法三个方面。

就研究对象而言，教育学领域的跨文化适应研究集中在少数民族学生的跨文化适应上，而对农民工子女的城市课堂文化适应和留学生的异域课堂文化适应研究相对较少。从人口统计学的角度来看，与少数民族学生相比，农民工子女和留学生群体在数量上具有绝对的优势，因此对这两个群体跨文化适应问题的研究理应成为教育界学者的关注焦点。

就研究内容而言，教育学领域的跨文化适应研究多是描述在校学生的跨文化适应状况，很少对现状进行深入的分析，更没有从教育的角度考察学生的跨文化适应与学习效果或学业成绩的关系，因此也就不能通过对学生跨文化适应状况的分析提出一些提高学生学业成绩的有效措施。

就研究方法而言，教育学领域的跨文化适应研究以思辨为主，往往陷入"理论——现状——措施"的研究路径，不仅对现象的分析不到位，也没有提出经过实践检验的措施。

但是，教育学领域的跨文化适应研究给予西方理论的跨文化适应以关注，认识到"西方学者的教育理念与方法是西方文化的产物，是与西方社会文化和价值体系具有同构性的"（万明钢、王平，2005：45）。学者们没有把西方的理论和方法当成现成的工具来研究中国的问题，而是对西方的理论进行反思，拥有国内很多学科所缺乏的批判精神。教育界学者对教育理论所蕴含的文化价值的清醒认识是一种难能可贵的学术自觉。

4. 其他

除心理学、人类学、民族学、社会学、教育学以外，我国其他学科领域的学者也从不同角度研究了跨文化适应问题。

陈向明以跨文化人际交往为切入点，不仅从横向角度探讨了留美中国学生"跨文化人际交流中的知觉、态度、价值观念、行为规范、互动方式、沟通特征以及人际冲突的调适"（2004：4），而且从纵向角度考察了他们在长达 8 个月的时间中的适应变化，完整地呈现了留美中国学生的跨文化适应图景。杨军红（2009）以日常生活经历为切入点，在收集来华留学生生活、学习和与中国人交往方面大量第一手资料的基础上，系统分析了来华留学生的社会文化适应状况及其主要影响因素。安然（2011）从跨文化传播与适应的角度探索来华留学生的跨文化适应模式。她认为，留学生跨文化适应的过程是"自身敏感—蜕变"与"外界敏感—推压"的集合体，跨文化适应过程的终端是一个介于原来文化与新文化之间的"夹心文化层"。通过这个"夹心层"，跨文化适应者会出现融合式同化各种新文化、深度适应主流文化或超越式回归原有文化三种适应结果。这一模式强调了跨文化适应的阶段性和跨文化过程的动态性、持续性。刘俊振（2008a、2008b、2010）、史兴松（2010）从管理学角度对跨国企业外派人员跨文化适应的内在系统和机制，以及影响外派人员跨文化适应的核心要素进行了分析。

总之，我国的跨文化适应研究涉及众多的学科领域，取得了不少研究成果，对于解决特定群体或个体的跨文化适应问题有一定的借鉴作用，但是我国的跨文化适应研究还相对较少，没有成为学界主流。

（三）国内外研究评述

自 20 世纪 30 年代至今，跨文化适应现象受到了学术界的广泛关注，研究成果层出不穷。

国外的跨文化适应研究集中在人类学、社会学、心理学和跨文化交际学等学科领域。人类学最早涉足跨文化适应研究，以土著居民和欧洲殖民统治地区人民为研究对象，探讨他们在与发达文化接触后，在习俗、传统和价值观等文化特征上发生的改变。人类学家提出的"文化休克"概念更是成为其他学科领域竞相探索的课题之一。社会学关注移民在与迁入国社会成员接触后，逐渐与迁入国社会成员形成一致生活方式的过程，以同化作为跨文化适应的唯一结果。其同化理论在相当长的一段时间里成为跨文化适应研究的主导理论。心理学将跨文化适应的研究对象扩大至包括移民、留学生、难民、外派人员、旅游者等在内的群体和个体，并从情感、行为、认知等不同方面探讨跨文化适应的过程和结果，建构了体系庞杂的跨文化适应理论。更为重要的是，心理学的跨文化适应研究借鉴了跨文化交际研究的成果，且推动了跨文化交际学对跨文化适应现象的研究，树立了学科对话的典范。

国内的跨文化适应研究尽管涉及的学科领域广泛，但是由于起步较晚，研究成果还较少，主要集中在心理学、人类学、社会学、民族学和教育学等学科。心理学的研究对象基本涵盖了国内面临跨文化适应的主要群体和个体，且包括国际主流的研究方向，是国内跨文化适应研究成果较丰的一个领域。人类学、社会学、民族学的研究以少数民族的汉族主流文化适应、海外华人的迁入国文化适应和农民工的城市文化适应为主，极具中国特色，关注中国的具体国情。教育学的跨文化适应研究相对薄弱，但其对西方理论的跨文化适应问题的学术自觉确是难能可贵的。

当然，国内外的跨文化适应研究在取得丰硕成果的同时也存在不足之处。我们在分学科综述跨文化适应研究成果时已对各学科研究存在的潜在问题进行了总结，此处我们仅从学科综合的角度来探讨目前国内外跨文化适应研究存在的主要问题。

其一，跨文化适应调查研究多，理论研究少。纵观国内外跨文化适应研究的历史发展，无论是国外人类学、社会学、心理学、跨文化交际学领域的跨文化适应研究，还是国内心理学、人类学、社会学、民族学、教育学领域的跨文化适应研究，理论研究远远少于调查研究。国外人类学的跨文化适应研究以田野调查、民族志访谈为主要研究方法，重在对跨文化适应过程的"深描"，基本没有产生相关的理论学说。社会学的大量研究是通过人口普查和抽样调查来考察移民群体在社会分层结构中的流动，相关的理论学说却只有同化理论。心理学和跨文化交际学是理论探索最为集中的领域，建构了交际适应理论、跨文化适应策略理论、跨文化适应的文化图式理论等众多理论模型。压力—应对路径和文化习得路径下的跨文化适应研究主要是在寻找和检验心理适应和社会文化适应的预测因素，建构的理论相当有限，仅止于有关交际适应的理论，只有社会认同路径下的理论建构和实证研究相对平衡。国内各领域的跨文化适应研究除了对国外理论的引介以外，基本都是在国外理论框架下，参照国外的研究方法，对国内少数民族、留学生、农民工跨文化适应问题进行的调查研究。从理论角度对跨文化适应的探讨，我们只发现了安然（2011）的留学生跨文化适应模式。因而，从跨文化适应研究的整体来看，理论研究还相对较少。

其二，跨文化适应理论建构、检验、修订多，理论的跨学科梳理、哲学反思少。前文已经提到，心理学和跨文化交际学领域建构了较多的跨文化适应理论。不仅如此，学者们还致力于理论的检验和修订。以跨文化适应策略理论为例，贝里本人先是依据"传统文化保持"和"主流文化参与"两个维度区分了跨文化适应的融合、同化、分离、边缘化策略，后又从主流群体角度出发区分了熔炉主义、隔离、排斥、多元文化主义策略，对理论进行了修订。布里、莫伊塞和佩罗等（1997），皮昂科夫斯基、罗曼和弗洛拉克（2002），纳瓦斯、加西亚和桑切斯（2005）又对前人的理论进行了检验，并分别提出了交互式跨文化适应模型、跨文化适应一致模型和相对跨文化适应扩展模型，修订和完善有关跨文化适应策略的理论，使我们对跨文化适应策略的选择及其结果的理解逐渐深入。

但是，对现有跨文化适应理论进行跨学科梳理和哲学反思的相关研究却不多见。金和古迪昆斯特（1988a）编辑出版的《跨文化适应：当前的路径》（*Cross - Cultural Adaptation*：*Current Approaches*）是跨文化交际领域唯一一本以跨文化适应为主题的理论文集。金和古迪昆斯特（1988b）、古迪昆斯特（2005）编辑出版的理论文集将跨文化适应理论作为跨文化交际理论的一个分支加以整理。阿伦滋－托斯和范·德·维杰威（2004）按照维度和领域特征对心理学领域有关跨文化适应策略的理论进行分类。就维度而言，他们根据"传统文化保持"和"主流文化采纳"两个维度区分了单维模型（unidimensional model）、双维模型（bidimensional model）和融合模型（fusion model）。单维模型将传统文化保持和主流文化采纳视为相互对立的两极，新文化的采纳意味着原文化的丢失；双维模型则视两者为相互独立的维度，新文化的采纳并不必然带来原文化的丢失；融合模型则将两种文化混合在一种新的"整合文化"（integrated culture）中。就领域特征而言，他们区分了非特定领域（domain - aspecific）和特定领域（domain - specific）两种跨文化适应模型。学者们对跨文化适应理论的整理或分类为如何进一步完善跨文化适应理论提供了一定的方向性指导，也为后来的研究者提供了丰富的理论资源。但是，理论的整理或分类大都基于自身的学科背景，缺乏系统性和完整性。

少数学者试图跨越学科的界限归类整理现有的跨文化适应理论。安德森（1994）根据理论的不同侧重将跨文化适应理论模型分为恢复模式、学习模式、心理旅程模式和平衡模式。恢复模式以文化休克为中心，将对新文化的适应视为从休克到恢复的过程（如：Lysgaard，1955）；学习模式强调对新的社会文化体系的相关知识的学习和必要的社会技能的习得（如：Gallois et al.，1988）；心理旅程模式将跨文化适应视为从异文化的边缘逐步走向异文化的中心，从对异文化的否定、忽视转向理解、移情的心理旅程（如：Bennett，1986）；平衡模式将跨文化适应视为一个减少内在不平衡（如：焦虑、不确定性）的动态过程（如：Gudykunst，1995）。陈国明、余彤（2012）又在安德森的基础上区分了辩证模型，强调跨文化适应过程中积极与消极共存的双面性。他们对跨文化适应理论的分类虽已较为细致，也有助于贯通不同的学科视角，但是拘于理论表层差异的理论分类无法看清理论之间深层的、本质的差异，无法为理论的突破性进步指明方向，这使得他们对理论的梳理缺乏反思性。

其三，跨文化适应的单一学科研究多，跨学科研究少。跨文化适应虽是一个涉及人类学、社会学、心理学、跨文化交际学等众多学科的交叉领域，但是不同学科之间的对话与合作并不多。在我们梳理的国外文献资料中，心理学和跨文化交际学的跨文化适应研究存在不少交集，特别体现在文化习得和社会认同方面的研究上。两个学科共同关注跨文化适应的行为或认知变化，不仅建构了不少理论模型，而且引发了大量的实证研究。但是，除此之外便很难找到学科交叉的相关研究。即使是对跨文化适应理论的梳理也基本局限于学者自身的学科背景，很少涉及其他学科的理论成果。国内学者对国外理论模型的引介、对国外研究成果的综述，以及对中国国情的研究都有明确的学科界限。这当然与不同学科的研究内容、研究对象、研究方法等有很大的关系，且不同学科也确实为我们理解跨文化适应现象提供了不同的视角。但是，学科的界限也并非泾渭分明。况且，心理学与跨文化交际学交汇所产生的诸多成果也在一定程度上说明跨学科研究的优势所在。因此，跨学科研究的缺少不能不说是当前跨文化适应研究的不足。

正是基于跨文化适应研究的上述不足，本书选择跨文化适应理论作为研究对象，并着重对跨文化适应理论进行跨学科系统梳理和哲学反思。我们拟以库恩的范式理论为指导，从范式角度对各学科的跨文化适应理论进行系统梳理，透过令人眼花缭乱的理论表象，考察理论的本体论、认识论和方法论基本假设，进而从本质上区分纷繁复杂的跨文化适应理论，以明晰跨文化适应理论的发展脉络，把握理论未来的发展方向。在此基础上，我们拟以中国传统思想为渊源，建构中国本土跨文化适应理论，为本土理论创新提供借鉴。对跨文化适应理论的跨学科梳理和哲学反思，以及中国本土跨文化适应理论的建构，可以在一定程度上弥补目前跨文化适应研究的一些不足。

三　本章小结

本章界定了"文化""适应""跨文化适应"等与跨文化适应研究相关的学术概念，重点对人类学、社会学、心理学领域的"跨文化适应"概念进行了区分，并基于概念之间的共同之处，从最广义上定义"跨文化适应"为具有不同文化的个体或群体在相互接触过程中所导致的变化，包括群体层面的变化和个体层面的变化，其中个体层面的变化又涉及情感、行为和认知等方面。

鉴于跨文化适应研究所涉学科众多，本章重点回顾了国外人类学、社会学、心理学、跨文化交际学等领域的跨文化适应研究和国内心理学、人类学、民族学、社会学、教育学等领域的跨文化适应研究。虽然国内外的跨文化适应研究在研究对象、研究内容和研究方法上存在较大的差异，但都在各自的领域内取得了较为丰硕的研究成果。当然，研究的不足之处也在所难免，主要体现在跨文化适应调查研究多，理论研究少；理论建构、检验、修订多，理论的跨学科梳理、哲学反思少；单一学科研究多，跨学科研究少等方面。这也是本书要突破之处。

第三章

"范式"溯源与重塑

美国当代著名的科学史家、科学哲学家托马斯·库恩（Thomas S. Kuhn）的《科学革命的结构》（*The Structure of Scientific Revolutions*）（以下简称《结构》）自 1962 年出版以来，引起了国际学术界的广泛关注和强烈反响，被译成多国语言，并经过多次重印和再版。《结构》一书引入的"范式"（paradigm）概念和库恩用以描述科学发展动态图景的范式理论更是被当作一种分析学科发展和科学理论发展的有效工具，应用于当今各个不同的学科领域。无怪乎伊恩·哈金（Ian Hacking）在《结构》第四版导读中用"凤毛麟角"来形容这本著作。那么，范式究竟是什么？范式理论给我们展示了怎样一幅大异其趣的科学发展图景？库恩通过分析物理学、天文学等自然科学发展历史而提出的范式理论对于社会科学领域的适用性又如何？本章将对此逐一进行阐述。

一 库恩的范式理论

（一）库恩的"范式"

"范式"译自英语"paradigm"。"paradigm"的拉丁词源是晚期拉丁语"paradigma"，而后者又来自希腊语"paradeigma"，意为"范例

（example）、模式（pattern）、模型（model）"，主要是从语法角度来使用该词的。[1] 库恩引入"范式"的初衷也正是基于"范式"的语法意义，他将科学家学习解决问题的标准方式比作学生学习动词变位和名词、形容词的变格。

> 比方说，他们背诵 amo，amas，amat，amamus，amatis，amant，然后利用这一标准形式造出其他拉丁文动词的第一变位的现在主动时态。语言教学中所使用的这种标准事例，英文一般称之为"范式"。我把这个词扩大到斜面和圆锥摆一类标准科学问题上，显然也无甚不合之处。"范式"正是以这种形式进入《必要的张力》之中。（库恩[2]，2004a：IX）

按照库恩本人的说法，《必要的张力》（*The Essential Tension*）（1959）一文是他首次在出版物中使用"范式"。他在文中指出，"教科书只是提出专业人员作为范式而接受的具体题解，然后要求学生自己用纸笔或在实验室中解题"（库恩，2004b：226）。可见，库恩将"范式"引进他的理论之中时显然仅把"范式"看成"范例"，且没有对"范式"进行任何的界定。换言之，库恩没有将"范式"概念化。直到《结构》的出版，"范式""获得了自己独立的生命"（库恩，2004a：X），成为自《结构》出版以来一直饱受争议的概念化的"范式"。

在《结构》中，"范式"是一个与"常规科学"（normal science）密切相关的术语。库恩指出：

> "常规科学"是指坚实地建立在一种或多种过去科学成就基

---

[1] 参见《在线词源词典》（*Online Etymology Dictionary*）对"paradigm"的解释，http：//www. etymonline. com/index. php? allowed_in_frame = 0 & search = paradigm & searchmode = none。

[2] "库恩"为"Kuhn"的中译名。由于此书的原著未寻得，因此有关此书的引用全部采用译著和译名。

础上的研究，这些科学成就被某个科学共同体在一段时间内公认为是进一步实践的基础。现在，这些与原初形式鲜有相同的科学成就已由初级或高级的教科书详述。这些教科书阐述公认的理论，列举许多或所有成功的应用，并把这些应用与示范性的观察和实验进行比较。在 19 世纪初这些教科书流行以前，许多著名的科学经典起着类似的作用。……这些经典与其他著作都在一段时期内为以后几代实践者们暗暗规定了一个研究领域的合理问题和方法。这些著作之所以能起到这样的作用，就在于它们共同具有两个基本特征。它们的成就足以空前地吸引了一批坚定的拥护者，使它们脱离科学活动的其他竞争模式。同时，这些成就又足以无限地为重新组成的一批实践者留下有待解决的种种问题。凡是共有这两个特征的成就，我此后便称之为"范式"。（Kuhn，1996：10）

从库恩的这一说明来看，"范式"在此主要指的是"公认的科学成就"。这些公认的科学成就，也即范式，"在一段时间里为实践共同体提供典型的问题和解答"（Kuhn，1996：X），因此，"以共同范式为基础进行研究的人，都承诺以同样的规则和标准从事科学实践。科学实践所产生的这种承诺和明显的一致是常规科学的先决条件，亦即一个特定研究传统的发生与延续的先决条件"（Kuhn，1996：11）。同时，范式又给人们留下了许多有待解决的问题，这些问题被库恩称为"扫尾工作"（mop - up work），"大多数科学家倾其科学生涯所从事的正是这些扫尾工作"（Kuhn，1996：24），也正是这些工作构成了所谓的常规科学。换言之，"常规科学研究在于澄清范式所提供的那些现象和理论"（Kuhn，1996：24）。由此可见，通过"范式"，库恩意欲"提示出某些实际科学实践的公认范例——它们包括定律、理论、应用和仪器——为特定的、连贯的科学研究传统提供模型"（Kuhn，1996：10），也即为常规科学研究提供模型。因此，在库恩看来，"范式"对于常规科学而言具有先在性，它是"某一成熟的科学共同体在某段时间内所认可的研究方法、问题领域和解题标准的源泉"（Kuhn，1996：103），"不仅给科学家以地图，也给了他们绘图指南"（Kuhn，1996：109）。库恩对范式的这一认识是贯穿《结构》的基本观点。

然而，由于库恩自始至终都没有在《结构》中给予"范式"明确的定义，而且全书中用来解释范式的用语也不尽相同，如"公认的科学成就"（1996：X）、"一套公认的信念"（1996：4）、"一组反复出现的、半规范化的解说"（1996：43）、"仪器操作规范"（1996：59）等，最终导致《结构》出版后，人们对"范式"概念持续不断地批评和争论。马斯特曼（M. Masterman）（1970）认为，库恩至少以21种不同的意思在《结构》中使用"范式"一词，并将这21种意思归为三种不同的类型。第一类是形而上学范式（metaphysical paradigms）或元范式（metaparadigms），主要指一种形而上学的观念或实体，这也是批评库恩的哲学家们所指的范式含义。第二类是社会学范式（sociological para-digms），指把"范式"界定为公认的科学成就，或被科学共同体共同遵守的惯例和规约。第三类是人工范式（artefact paradigms）或构造范式（construct paradigms），指更为具体的工具、仪器设备，或具体的教科书、经典著作。在此基础上，马斯特曼进一步指出，社会学意义的范式是"一组科学习惯"（1970：66）。"依照这些习惯，成功的解题得以进行，因此这些习惯可能是智力的、语言的、行为的、机械的、技术的；解题依照某个习惯还是所有习惯，要根据所解问题的类型而定。"（Masterman，1970：66）她认为，在《结构》中，库恩对"范式"的唯一明确定义事实上就是着眼于这些习惯，只是库恩将之归并在一个具体科学成就的名称之下而已（Masterman，1970：66）。

库恩本人也承认，他在《结构》中对"范式"的表述不甚清晰。因此，在面对来自四面八方的批评时，库恩对"范式"概念进行了不遗余力的澄清。库恩对"范式"概念的廓清主要包括三个方面：一是将"范式"与科学共同体（scientific community）相结合；二是区分广义的"范式"和狭义的"范式"；三是用其他术语代替"范式"。

范式与科学共同体[①]的联系早在《结构》第一版中就已提出。库恩认为，"一个成熟的科学共同体的成员以一个单一的范式或一组密切相关的范式作为研究的依据"（1996：162）。但在《结构》中，库恩更加注重从常规科学的角度来解释范式，没有过多着墨于科学共同体。在《结构》第二版《后记》中，库恩明确表示，"一个范式就是一个科学共同体的成员所共有的东西，而反过来，一个科学共同体由共有一个范式的人组成"（1996：176）。在《对范式的再思考》（*Second Thought on Paradigm*）一文中，他再次重申："'范式'一词无论实际上还是逻辑上，都很接近于'科学共同体'这个词。一种范式是，也仅仅是一个科学共同体成员所共有的东西，反过来说，也正由于他们掌握了共有的范式才组成了这个科学共同体，尽管这些成员在其他方面也是各不相同的。"（库恩，2004c：288）。库恩对"范式"与科学共同体关系的这一解释实质上是一种循环论证，但库恩并不认为这一循环论证在逻辑上是错误的。他坚信，我们"能够，也应当无须诉诸范式就界定出科学共同体；然后，只要分析一个特定共同体成员的行为就能发现范式"（Kuhn，1996：176）。

除了通过科学共同体来澄清"范式"概念外，库恩还将"范式"作了区分。他认为，不管"范式"在《结构》中有多少种用法，实际上只有两种意义不同的使用方式。"一方面，它代表着一个特定共同体的成员所共有的信念、价值、技术等构成的整体。另一方面，它代表着

---

① 科学共同体在库恩的理论中指的是从事科学研究的实际工作者组成的团体，它在最广的层次上可以囊括所有的自然科学家。在稍低一些的层次上，科学共同体主要包括科学专业团体，如物理学家、天文学家、生物学家等。当然，这些科学共同体还可以继续细分成更小的专业团体。

那个整体的一种元素，即具体的谜题解答，它充当模型和范例，可以取代明确的规则以作为常规科学中其他谜题解答的基础。"（Kuhn，1996：175）而事实上，库恩始终倾向的都是"范式"的后一种用法。他在《必要的张力——科学的传统和变革论文选》（*The Essential Tension——Selected Studies in Scientific Tradition and Change*）的序言中花了大量的篇幅来解释"范式"一词。他认为，"范式"的意义在《结构》之后被不断地扩大，"首先包罗了最早提出这些公认事例的经典著作，最后又囊括了某一特定科学共同体成员所共有的一整套承诺"（库恩，2004a：X）。然而，"'范式'这个词只适用于第一种意义"（库恩，2004：X）。可见，库恩引入"范式"的初衷还在于"范式"的基本语法意义——"范例"。这一点在库恩的许多著作中都可以得到证实，如：

> 范式是共有的范例，这是我现在认为本书中最有新意而最不为人所理解的那些方面中的核心内容。（Kuhn，1996：187）
>
> 最基本的是，范式是指科学成就的某些具体的实例，是指某些实际的问题解答，科学家认真学习这些解答，并仿照它们进行自己的工作。（库恩，2004d：342）
>
> 我曾在别处引进"范式"这个词以强调科学研究依存于具体事例，它可以跨越科学理论内容的详细说明同理论应用之间的鸿沟。（库恩，2004e：276）
>
> 实例就是它的范式，而且是以后的研究所不可缺少的。但不幸我走得太远了，把这个词的应用扩展得太广，竟包括群体所有的共同承诺。（库恩，2004c：306）
>
> 我特别要强调具体的解难题方案，也就是科学家最早在学生实验室里、在科学文献的章末问题里以及在考试中遇到的种种标准的解难题案例。如果可以的话，我将把这些解难题方案称为范式，因为正是它们首先引领我选择这个术语。（Kuhn，2000a：168）

但是，库恩的种种努力似乎并没有获得成功，以至于他一度放弃了"范式"，而代之以"学科基质"（disciplinary matrix）。他指出：

> 用"学科"一词是因为它指一个专门学科的实践者所共有的财产；用"基质"一词是因为它由各种各样的有序元素组成的，每个元素都需要进一步的界定。所有或大部分我在原书中当作范式、范式的一部分或具有范式性的团体承诺的对象，都是学科基质的组成成分，它们形成一个整体并共同起作用。（Kuhn，1996：182）

库恩列举的"学科基质"的基本成分包括符号概括、模型和范例。符号概括是"符号化的普遍法则"（Kuhn，2000a：168），是科学共同体在科学研究活动中用公式概括的基本原理；模型是科学共同体认知对象的基本模式；范例则指"科学家最早在学生实验室里、在科学文献的章末问题里以及在考试中遇到的种种标准的解难题案例"（Kuhn，2000a：168）。从库恩对"学科基质"的这一描述来看，"学科基质"实际上是广义的"范式"，而"范例"则是狭义的"范式"。因此，库恩的这一"取而代之"实质上与他对"范式"的广义和狭义区分殊途同归，但也同样没有取得预期的效果。后期，库恩又尝试使用"科学的解释学基础""词典""概念词汇表"等术语取代"范式"。他在《自然科学与人文科学》（*The Natural and the Human Science*）一文中提道：

> 迄今为止，我已经论证了任何阶段的自然科学都基于一个概念集，该概念集是当代研究者从他们的直系前辈那里继承下来的。这个概念集是历史的产物，根植于当代研究者通过培训才能进入的文化，并且它只有通过历史学家和人类学家用来理解其他思维模式的解释学方法才能被非成员所理解。有时，我称它为特定阶段之科学的解释学基础，你们可能注意到，它与我曾称为范式的东西的其中

一种意义具有相当大的相似性。(Kuhn, 2000b: 221)

另外，他也提出生物发展和科学发展的类比，关注经历物种形成 (speciation) 的单元 (unit)。他指出，"在生物发展中，单元是一个生殖性的孤立种群，其成员共同包含一个基因库 (gene pool)，且这个基因库确保了种群的自我繁衍和持续孤立。在科学发展中，单元是互相交流的专家共同体，其成员共有一本词典，该词典为实施和评价他们的研究提供了基础；同时，单元还通过阻碍共同体成员与共同体之外的人的充分交流来维持他们与其他专业从事者的分离"(Kuhn, 2000c: 98)；"如果两个共同体有不同的概念词汇表，那么它们的成员将以不同的方式描述世界，并且提出不同的普遍理论"(Kuhn, 2000d: 233)。郑杭生和李霞认为，库恩采用这些术语"与西方人文社会科学的语言学转向大趋势一致"(2004: 123)，但"和早期提出的范式概念仍有一脉相承性……是范式的深化"(2004: 123)。库恩虽然放弃了"范式"一词，但并没有放弃与范式相关的思想，正如他自己所说，"省掉'范式'这个词，但省不掉引进这个词所根据的想法"(2004c: 307)。

不管怎样，无论是用"常规科学"还是"科学共同体"来解释"范式"；无论是对"范式"意义进行广义和狭义的区分，还是用"学科基质""科学的解释学基础""词典""概念词汇表"等来代替"范式"，库恩的最终目的都是在对"范式""加以澄清，并使人们领会"(库恩, 2004c: 307)。可惜的是，库恩的解释并没有使长期的争论平息，"范式"的多重解释依然顽固存在。

(二) 库恩的科学发展观

"历史如果不是仅仅被我们看成是轶事或年表的话，它就能对我们现在的科学形象产生一个决定性的转变。"(Kuhn, 1996: 1) 库恩的范式理论向我们呈现的正是一个与既往截然不同的科学观。他通过对物理学、

天文学、化学等传统自然科学发展历史的研究，为我们勾画了科学发展
的内在结构，即科学发展遵循"前科学→常规科学→反常→危机→科学
革命→新的常规科学"的动态发展模式。这一发展模式也就是"一种
范式通过革命向另一种范式转变"（Kuhn，1996：2）的过程。

　　库恩认为"取得一个范式和范式所容许的那类更深奥的研究是任何
一个已知科学领域在发展中达到成熟的标志"（1996：11）。因此，前
科学时期在范式理论中指的是任何科学成熟前的早期发展阶段，也就是
尚未形成公认范式之前的科学阶段。① 处在某学科前科学时期的科学工
作者对研究的共同问题缺乏一致的观点，没有形成统一的理论，也没有
标准的研究方法，因此这一阶段往往"以许多竞争学派的出现为特征"
（Kuhn，2000a：169）。这些相互竞争的学派各执一词，对各种问题争
论不休，直到出现重大的科学成就，也即取得公认的范式，前科学时期
才会过渡到常规科学时期。

　　常规科学是"建立在一种或多种过去科学成就基础上的研究"
（Kuhn，1996：10），也就是基于范式的研究，库恩称之为"解谜"
（puzzle‑solving）。"当范式被认为理所当然时，科学共同体获得了一个
范式也就获得了选择问题的标准，而这些问题被认为是有解的。从很大
程度上来说，这些问题是科学共同体唯一认可为科学的或鼓励其成员从
事的。"（Kuhn，1996：37）换言之，"如果一个问题被看成是一个谜，
它必须有一个以上确定的解，也必须有规则来限定可接受的解的性质和
解题的步骤"（Kuhn，1996：38）。因此，常规科学的目的既不是发现
新现象，也不是发明新理论，而在于"扩大范式所能应用的范围和精确
性"（Kuhn，1996：36），即"通过扩展范式所展示出来的特别有启发

---

　　① 在库恩思想的后期发展中，他不再将科学的成熟与首次获得一个范式相联系。他认
　　　为，前科学时期也存在范式，只是没有表现为统一的范式，而是表现为各学派的竞
　　　争。但是，他对科学成熟过程的描述并没有因此而发生变化（Kuhn，2000a：123 -
　　　175）。

性的事实，提高这些事实与范式预测之间的吻合度，丰富范式本身的诠释来实现范式的承诺"（Kuhn，1996：24）。常规科学的这一本质决定了它往往"要压制重要的新思想，因为新思想必定会颠覆常规科学的基本承诺。然而，只要这些承诺仍保有随意性，常规科学的真正本质就会保证新思想不会被长期压制"（Kuhn，1996：5），最终形成危机，并引发革命。

虽然常规科学的目的不在于新现象的发现和新理论的发明，但是科学工作者却不可避免地在常规科学时期遇到与所依据的范式不符的反常（anomaly）现象。库恩认为，这是因为"每一个被常规科学看成是谜的问题，从另一个角度来看，都可以被看成是反例"（1996：79），"不存在没有反例的研究"（1996：79）。因此，当科学工作者遇到反常现象时，并不会立刻抛弃现有的范式，而是会在意识到反常后继续对反常现象进行扩展性探索，直到调整范式使反常现象与预期相符为止。只有当反常现象"变得似乎不只是常规科学的另一个谜"（Kuhn，1996：82），而是对现有范式的核心知识体系的挑战时，常规科学才会陷入危机。这时，范式的调整对于不断涌现的反常现象已无济于事，唯一的解决途径是寻求一种新的范式来取代旧范式。"危机的意义就在于：它指出更换工具的时机已经到来了。"（Kuhn，1996：76）

旧范式到新范式的转换"远不是可以通过旧范式的诠释或扩展来实现的累积过程"（Kuhn，1996：84－85），而是通过科学革命来实现过渡的。"科学革命始于科学共同体中某一部分人越来越意识到，现有的范式在探索自然的某一方面时已不能起到充分的作用，……那种能导致危机的机能失灵的感觉就是革命的先决条件。"（Kuhn，1996：92）革命的过程是科学共同体对竞争范式作出选择的过程，而这种选择不仅依赖于精确性、一致性、广泛性、简单性、富有成果性等客观的价值评价标准，而且还受到个人经历、个性等主观性因素的影响。革命最终"迫使科学共同体抛弃一种盛极一时的科学理论，而赞成另一种与之不相容的理论"（Kuhn，1996：6），继而使科学所探讨的问题以及"专家用以确定什么是可接受的问题或可算作是合理的问题解决标准"（Kuhn，1996：6）也发生转变。不仅如此，革命也改变了科学研究的思维方式，也即改变了"科学家对他们研究所及的世界的看法"（Kuhn，1996：111），以至于库恩认为，"革命之后，科学家面对的是一个不同的世界"（1996：111）。简言之，革命是科学共同体专业承诺的重建。革命一经完成便意味着科学共同体对旧范式的抛弃和新范式的建立，科学再次进入常规科学时期，即在新范式指引下的科学研究。

科学发展就是通过上述阶段周而复始的运作而不断推进向前。先是取得一个范式，接着是基于范式的常规科学，随后出现反常现象，迫使范式进行调整，直至范式对于反常现象无能为力而引发危机，最后通过革命使危机得以平息，新范式取代旧范式，科学发展进入新的常规科学时期。在新的常规科学时期，反常现象相伴而生，危机蓄势待发，革命必将到来，范式转变再次发生。库恩的这一科学发展观凸显了革命在科学发展中的作用，"革命通过摆脱那些遭遇到重大困难的先前的世界框架而进步"（库恩，2012：xxxiv）。这一科学因革命而进步的观点是库恩理论中最具创见性的思想之一，是对一直以来将科学发展视为知识累积的传统科学观的持久冲击（Shapere，1964：383）。但是库恩"并没有挑战常规科学的进步概念，他的分析恰恰是以一种原创性的方式，说明常规科学这种社会建制何以能以自身的方式如此快速地进步"（库恩，2012：xxxiv）。他认为，常规科学的目的是解决它的范式所规定的问题，而"解决这些问题的结果必然是进步"（Kuhn，1996：166）。因此，在库恩看来，科学革命的跃进和常规科学的累积是科学进步的两个相互补充的方面。

（三）范式理论的认知功能和方法论意义

作为范式理论的核心概念，库恩最初引入"范式"是基于它在语言学上的意义。他认为，科学家只要学习足够多的标准事例，就能通过模仿这些事例来进行科学研究工作，就如同语言学习者通过范例来学习动词变位和名词、形容词变格一样。但是，由于库恩在《结构》中没有对"范式"进行明确的定义，导致"范式"一词有多重解释。事实上，库恩在《结构》之后的数次澄清都表明，他引入"范式"的本意是基于其所包含的"范例"内涵。

在库恩的范式理论中，"范例"主要指"具体的谜题解答，……可以取代明确的规则以作为常规科学中其他谜题解答的基础"（1996：175）。从这个意义上来说，作为"范例"的"范式"对常规科学具有类似于规则的规范功能。然而，库恩所要强调的并不是"范式"与规则的相似性，而恰恰是两者的区别。

> 一般来说，科学哲学家并不讨论一个学生在实验室里或在教科书中遇到的问题，因为这些问题被认为不过是提供练习给学生以应用他们所学习到的东西。也就是说，除非学生先学会理论及若干应用它的规则，否则他们根本不会解题。科学知识蕴含在理论和规则中；问题被用以熟悉其应用。然而，我已试图论证科学认知内容的这种定位是错误的。（Kuhn，1996：187）

库恩认为，学生在做完许多习题后，继续做题的作用可能仅仅只是增加熟练性而已，而在做题之初，学生的做题行为是一个学习自然界知识的过程。学生或者科学家都是通过模仿以往的谜题解答来解题的，也即依照范例来解题。他们把当下遇到的问题和先前遇到过的问题相联系，学会从不同的问题中看出彼此间的相似性，并将其看作"同一科学定律或定律概括的应用对象"（Kuhn，1996：190）。因此，科学知识也蕴含在范例之中。另外，通过范例学习知识的认知模式在系统性和分析性方面并非比通过规则学习知识的认知模式要差。由此可见，库恩引进范式的用意更在于范式的认知功能，而非范式的规范功能。

更为重要的是,库恩写作《结构》最根本的目的是要"敦促学术界改变对熟悉资料的看法和评价"(1996:x – xi),意在通过范式来重构科学史。在库恩的理论中,范式是划分科学发展阶段的标准。众所周知,范式的形成是科学进入常规科学阶段的标志,范式是常规科学的特征,旧范式到新范式的转变则是科学革命的本质。因此,范式是作为一个重新认识科学史的分析性概念而被引入的。从这一角度来讲,范式对于科学史研究来说有重要的认知功能和方法论意义。这也正是不同学科的研究者在研究自身学科发展或理论发展时所借鉴的。

二 范式理论应用于社会科学的合理性和可能性

范式理论基于库恩对物理学、天文学等传统自然科学发展历史的研究,然而范式理论一经提出却遭到了自然科学家们的强烈质疑和批判,反而为社会科学家们所推崇。范式理论可以用于分析自然科学的发展似乎是毋庸置疑的,但它对于社会科学发展分析的适用性却一直是一个未被确切阐明的问题。那么,范式理论在社会科学领域的应用究竟是一种正确的借用还是一种误用?这不仅涉及范式理论本身是否具有被应用于社会科学的合理性,或称之为内在合理性;同时也涉及社会科学应用范式理论的可能性,或称之为实践可能性。

(一)范式理论应用于社会科学的合理性

1. 库恩对科学的界定

范式理论旨在重构科学发展史。因此,范式理论是否具有应用于社会科学的合理性首先涉及的是库恩对科学的界定问题。

库恩在《结构》中指出,"'科学'这个术语在很大程度上是留给那些以明显的方式进步的领域的"(1996:160)。也就是说,科学的首要特征是进步性。科学的进步在库恩的理论中主要体现在常规科学的累积和科学革命的跃进两个方面。在常规科学时期，科学共同体接受了一个共同的范式，并以该范式为依据从事库恩所谓的解谜活动，"稳定地扩大科学知识的广度和精度"（Kuhn，1996：52）。在这一时期的大部分时间里，由于"没有竞争学派质问彼此的目标和标准"（Kuhn，1996：163），科学共同体可以全神贯注于范式所留下的"扫尾工作"，因此科学共同体的进步变得显而易见。科学革命的本质是旧范式向新范式的转变。尽管新范式不可能或几乎不可能在所有方面都优于旧范式，但是被科学家接受的新范式一定"能解决一些用其他方式难以解决的、突出的和普遍认可的问题"（Kuhn，1996：169），并且新范式还"保留了旧范式所拥有的大部分具体的解题能力"（Kuhn，1996：169）。因此，新范式在总体上一定是优于旧范式的，旧范式向新范式的转变也一定是趋于进步的。

但是，库恩也同时指出，把进步作为科学的标志并不能完全解决科学的界定问题，因为在科学的"前范式时期①中有许多竞争的学派，这时除非在同一学派的范围内，否则很难找到进步的证据"（1996：163）；而非科学领域中的单个学派也并非毫无进步。所以，库恩认为，一门学科成为科学是在"对过去和目前的成就取得共识之时"（1996：161）。换言之，一个学科是否是科学，取决于取得公认的科学成就——范式。这一观点实质上与科学的进步特征是殊途同归的。常规科学因为有了一个范式而获得了稳定的、明确的进步，科学革命由于新范式的获得而突飞猛进。

那么，社会科学有无范式呢？

关于这个问题，库恩在《结构》中并没有给予明确的回答，他认为"像数学和天文学这些领域早在史前时期就有了第一个坚实的范式，像生物化学这样的领域是由已经成熟的专业分化和重新组合而形成范式

---

① 前范式时期即科学发展中的前科学时期。

的……而社会科学中的哪些部分已经取得这些范式，至今还是一个悬而未决的问题"（Kuhn，1996：15）。然而，在《必要的张力》一文中，库恩曾经提到"本世纪①所表现的特点，是少数社会科学中第一次出现了部分的一致意见"（库恩，2004f：228）。这里的"一致意见"即《结构》中被概念化了的"范式"。因此，在范式理论提出之初，库恩不但没有完全否定社会科学中存在范式，而且承认在少数社会科学中已经出现了范式。不仅如此，从库恩对自然科学各学科的描述中，我们也不难看出，他并不认为所有自然科学一开始就是具备范式的。这与库恩的"前科学→常规科学→反常→危机→科学革命→新的常规科学"的科学发展模式是一致的。正因为科学的发展都经历了前科学时期，所以任何学科发展之初都是不具备范式的，只有当一门学科取得了范式，才会进入成熟的常规科学研究。

但是，在库恩思想的后期发展中，他又对自己的这一前科学时期不存在范式的观点进行了修正。在《结构》第二版的后记中，库恩明确表示，"所有科学共同体的成员，包括'前范式'时期的各学派，都共有那些我把它们集合起来称作'范式'的各种要素。伴随着向成熟的转变，改变的不是范式的出现与否，而是范式的本质"（1996：179）。这一点是库恩在谈到当代社会科学发展时特别加以说明的。他认为，一门学科向着成熟的转变是不需要也不应当与首次获得一个范式相联系的，因为范式一直存在。在《回应我的批评者》（*Reflections on My Critics*）中，库恩甚至完全放弃了所谓的"前范式"之说。他在一个脚注中写道，"刚才我在文章中所概述的变化使我不能在描述一个科学专业的成熟过程时诉诸'前范式时期'和'后范式时期'这两个词组。……因为在该术语的两种意义上②，范式始终都为任何科学共同体所拥有，包

① 本世纪指的是 20 世纪。
② 该术语的两种意义指的是"范式"的广义和狭义两种意义。

括我以前称之为'前范式时期'的那些学派"（Kuhn，2000a：168 - 169）。也就是说，任何学科在任何发展阶段都拥有范式。那么，社会科学显然也是拥有范式的。

从库恩思想的前后发展变化来看，他始终没有否定过社会科学存在范式，而后期对社会科学拥有范式的肯定更是相当明确。从库恩对科学的划界角度来说，社会科学无疑是拥有范式的科学。因此，范式理论显然是具有应用于社会科学的内在合理性的。

2. 范式理论的社会科学基础

范式理论应用于社会科学的合理性还体现在范式理论的社会科学基础。首先，库恩在《结构》的序言中提到，他在《结构》的最后孕育阶段主要是和由社会科学家组成的共同体一起度过的，并在这一过程中意识到社会科学家和自然科学家对科学问题和科学方法的认识差异。也正是这种差别意识使得库恩认识到范式在不同科学研究中的作用。因此，范式理论的起源与社会科学有着直接的联系。

其次，库恩范式理论的核心概念——"范式"以及他对科学发展模式的描绘都借自社会科学。库恩对"范式"的借用在上文已经详述，在此不再赘述。库恩将科学发展描绘成"由一系列受传统制约的时期所组成的前后相继的过程，这些时期之间有着非累积性的间断"（1996：208）。他坦言，他的这些观点之所以在自然科学以外的领域受到广泛应用，是因为这些观点原本借自其他领域。"文学史家、音乐史家、艺术史家、政治发展史家以及许多其他人类活动的历史学家，早就以同样的方式来描述他们的学科。"（1996：208）而他的创见仅只是将这些观点"应用到科学这一过去广泛被认为是以不同方式发展的领域"（1996：208）。这不仅说明库恩思想的社会科学基础，同时也表明库恩认为自然科学和其他领域有同样的发展方式。因此，不管是库恩借用了其他领域描述学科发展的观点，还是其他领域借用了库恩的范式理论，既然库恩认同自然科学和其他领域有同样的发展方式，那么他用以描述科学发展的范式理论很显然是适用于描述其他领域的学科发展的，当然也包括社会科学。

再次，库恩对科学革命的解释部分地依赖于社会科学相关领域的成果。例如，在解释为什么将范式的转换称之为革命时，库恩将科学革命和政治革命这一社会现象做了类比。他认为"政治革命通常是由于政治共同体中某一部分人越来越意识到现存制度已无法有效应付当时环境中的问题而引发的"（Kuhn，1996：92），政治革命的目的就是要"以现有政治制度本身所禁止的方式来改变现有的政治制度"（Kuhn，1996：93），革命的成功必然是一套制度让位于另一套制度。科学革命的发生也同样源于"科学共同体中某一部分人越来越意识到，现有的范式在探索自然的某一方面时已不能起到充分的作用"（Kuhn，1996：92），科学革命的本质就是新范式代替旧范式，而范式的选择也不是依据现有范式的评估程序的。无独有偶，在解释为什么科学革命是世界观的改变时，库恩采用了心理学领域广为人知的视觉格式塔转换实验来说明范式改变是如何改变科学家对世界的看法的。他将拥有新范式的科学家比作戴了反相眼镜的人。因此，科学家在革命之后看到的是一个与革命前不同的世界，而科学革命就是格式塔转换式的实践。这样的类比毫无疑问地说明，库恩受到了社会科学的启示。

最后，库恩后期对范式理论的修正也不乏社会科学的影子。受到西方人文社会科学语言学转向的影响，在对"范式"一词的澄清上，库恩借用语言学的"词典""概念词汇表""概念集"等术语来代替"范式"，用以避免学者们对范式理解的多重性。他还表示，用以替代范式的"概念集""只有通过历史学家和人类学家用来理解其他思维模式的解释学方法才能被非成员所理解"（Kuhn，2000b：221）。这种对社会科学研究方法的借鉴在当时的自然科学领域也是极为罕见的。

因此，我们有理由相信，范式理论是有着坚实的社会科学基础的。如果在借鉴社会科学来阐释范式理论的同时，又将社会科学排除在范式理论的适用范围之外的话，那将是一个悖论。

（二）范式理论应用于社会科学的可能性

尽管范式理论应用于社会科学的适用性问题尚未尘埃落定，但是事实上它在社会科学领域的应用已是非常普遍的现象。社会学、心理学、图书馆学、法学等各门社会科学的学者们将范式理论成功地用于解读自身学科的发展，无疑为范式理论在社会科学领域的实践可能性提供了积极的证据。

国外社会学界和心理学界是较早引入范式理论的学科。社会学界对范式的考察存在社会学无范式说和多范式说两种截然不同的观点。无范式说学者认为，社会学尚处于多种学派竞争的前范式阶段，因此无范式可言。这一观点显然不符合库恩后期所承认的前范式时期也同样存在范式的思想。多范式说的主要代表有弗里德里克斯（R. Friedrichs）和瑞泽尔（G. Ritzer）。弗里德里克斯（1974）认为，社会学领域存在两个不同层次的范式。一级层次上的范式基于学者对自我形象的认知，分为牧师型（priestly）范式和先知型（prophetic）范式。牧师型的社会学家认为自己是价值无涉的科学家，而先知型的社会学家则将自己视为变化的主体。二级层次上的范式基于基本意象（fundamental image），分为系统理论（system theory）和冲突理论（conflict theory）两个主要的范式（Friedrichs, 1974：3）。瑞泽尔认同社会学领域的范式区分应以基本意象为依据，但他认为弗里德里克斯对系统理论和冲突理论的区分是错将理论等同于范式。因此，他提出指导社会学理论研究的三种范式：社会事实范式（social facts paradigm）、社会定义范式（social definition paradigm）和社会行为范式（social behavior paradigm）（Ritzer, 1975：158），每种范式在范例、主题意象、理论和研究方法等方面各不相同。他的这一区分"既与人们在学理上的常规认识一致，也与社会学中的现实相仿"（周晓虹，2002：35），因此在学界获得了高度的认可。

心理学界对范式理论的反响和应用也非常普遍。心理学家巴勒莫（D. S. Palermo）（1971）将范式理论应用于实验心理学的分析，他认为实验心理学领域已然存在两个范式，且已实现从内省主义（introspectionism）范式到行为主义（behaviorism）范式的过渡，目前正处于酝酿另一场革命的反常和危机之中。沃伦（N. Warren）（1971）对此提出了质疑，他认为巴勒莫关于实验心理学已从内省主义范式过渡到行为主义范式的观点只在美国范围内成立，在更大的范围内则是诸多范式平分秋色的局面，不存在任何主导范式。布里斯克曼（L. B. Briskma）（1972）则从根本上否定了行为主义作为一种范式的存在，因此他认为巴勒莫所谓的科学革命尚未发生。巴斯（A. R. Buss）（1978）对心理学革命的论述较为系统，他认为实验心理学已经历了结构主义（structuralism）、行为主义、认知心理学（cognitive psychology）、精神分析（psychoanalysis）和人本主义（humanism）五种范式之间的四次相继革命，每一次革命都是一次主客关系转换的过程。因此，他认为心理学界需要一场辩证的革命来结束这种恶性的革命循环，使心理学家摆脱对于主客关系的片面看法。

国内学者对范式理论的应用也不在少数。在中文社会科学引文索引（CSSCI）来源期刊中，检索篇名含"范式"一词的学术论文就能找到3975条记录[①]，并呈逐年递增的趋势。其中，2000年之后，每年的论文数量都在百篇以上，最多的一年（2009年）竟达394篇，可见我国学者对范式应用的广泛程度。这些论文包含政治学（如：陈振明，2000；唐兴军、齐卫平，2013）、图书馆学（如：陈业奎，2004；张力，2005；傅荣贤，2009a、2009b；傅荣贤、马海群，2010）、法学（如：张文显、于宁，2001）、教育学（如：陈时见、刘捐建，2006；张应强，2010；任翔、田生湖，2012）等领域学者对所属学科的范式划分及转换的讨论。此外，

---

① 检索的时间区间为1982年至2013年。

近年来也有不少研究专著问世，如：刘凤义《企业理论研究的三种范式》（2008）、陈祖芬《档案学范式的历史演进及未来发展》（2011）、丁华东《档案学理论范式研究》（2011）、刘宇伟《营销学范式变迁研究》（2012）、陈俊杰《国际政治经济学范式论》（2013）等。在我国外语界，学者们也已开始应用范式理论：杨永林（2005）考察了英语写作教学研究的范式转变；吴宗杰（2008）考察了外语教师发展的研究范式；胡加圣（2012）从范式转换的角度考察了外语教育技术学的学科构建问题。

综观社会科学领域对范式理论的应用，我们不难发现，学者们对范式概念的理解各不相同：有的学者将范式视为一门学科形成的标志，有的学者将范式作为划分不同理论学派的依据，也有的学者将范式理解为不同的研究方法。但是，不管怎样，学者们在不同层次上对范式概念和范式理论的应用都使我们确信范式理论在社会科学领域的实践可能性。

三 "范式"的重塑

范式理论本身具有应用于社会科学的内在合理性，并在社会科学研究中得到了广泛的实践。但是，范式理论在社会科学领域的应用需要对"范式"概念进行适应性的重塑。这一方面是由于库恩没有对"范式"进行明确的界定，使得"范式"概念具有广泛的包容性；另一方面也是由于社会科学和自然科学之间存在天然的差异。当然，"范式"的重塑必须避免游离其核心内涵。因此，我们对"范式"的界定仍需从库恩的"范式"出发，并考虑社会科学区别于自然科学的独特之处。

（一）"范式"的本质内涵

库恩在《结构》中首次将"范式"概念化，而"范式"却因库恩未对其作出明确而统一的定义招致了诸多质疑。《结构》出版之后，库恩在《结构》第二版后记、《对范式的再思考》、《回应我的批评者》等多处对"范式"的澄清，我们可以发现，"范式"在库恩那里有两种意义不同的使用方式。"一种意义是综合的，包括一个科学群体所共有的全部承诺"（库恩，2004c：288），"代表着一个特定共同体的成员所共有的信念、价值、技术等构成的整体"（Kuhn，1996：175），也就是后来库恩称之为"学科基质"的"范式"。另一种意义是指整体中的一种特别重要的元素，即具体的谜题解答，库恩称之为"范例"的"范式"。因此，库恩的"范式"是一个由形而上要素和形而下要素构成的具有层次性的概念系统。

那么，关键的问题是："范式"的本质内涵究竟是形而上的还是形而下的？

库恩写作《结构》的目的是为我们描绘一幅大异其趣的科学发展图景。他认为，科学发展的模式是"一种范式通过革命向另一种范式转变"（Kuhn，1996：2）的过程，而革命在库恩看来是一种世界观的改变。因此，从库恩思想的整体来说，"范式"的核心内涵无疑是形而上的。马斯特曼（1970）也认为"范式"的首要含义是形而上学意义上的世界观。然而，库恩却一再强调他引进"范式"一词的初衷是基于它在语言学上的"范例"意义，似乎暗示"范式"的核心内涵是形而下的。解决这一矛盾的关键在于厘清"范式"两层意义之间的关系。"范例"在库恩的理论中指"科学家最早在学生实验室里、在科学文献的章末问题里以及在考试中遇到的种种标准的解难题案例"（Kuhn，2000a：168）。也就是说，"范例"是科学家在接受专业教育过程中所观摩和练习的实例。"这些实例既包括了基本原理和答案/结论，也包括了操作过程、方法以及思维方式"（李勇，2012：3）。通过"范例"，"某个人就能像其专家团体中的其他成员一样，用一个处于同一'格式塔'中的科学家的眼光去观察所遇到的情形"（朱爱军，2007：51）。那么，我们可以说，"范例"所蕴藏的也就是科学家看待世界的方式，即科学家的世界观。因此，"范例"所提供的是处理问题的一个范本，而"形而上学范式"就是蕴含在具体"范例"之中的某一特定科学共同体成员所共有的一整套承诺。"范例"是"'形而上学范式'或'范式的形而上学部分'的物化载体，也是将科学共同体共有的'世界观''输入'即将成为科学共同体成员的人头脑中的'媒介'"（朱爱军，2007：51），而"形而上学范式"则是蕴含于"范例"之中的"范式"内核。因此，"形而上学范式"是我们重塑"范式"所应紧扣的本质内涵。

（二）"范式"的界定

库恩"范式"的本质内涵是形而上学意义上的世界观。社会科学领域对"范式"的适应性改造也基本围绕库恩"范式"的这一核心内涵，倾向于从形而上学意义上来理解"范式"。

社会学家巴比（E. Babbie）认为，"范式是组织我们的观察和推理的基本模型或是参考框架"（2010：33），是隐含在我们的观察和推理之中的被假定为理所当然的东西。他的这一定义没有区分社会科学范式和自然科学范式，但他指出社会科学范式有不同于自然科学范式的特征。社会科学范式很少像自然科学范式那样出现前后更替的现象，而是更多地表现为多种范式并存的状态。社会学家瑞泽尔将"范式"理解为"存在于某一学科领域内关于研究对象的基本意向"，"是一个学科领域内获得最广泛共识的单位，……它包含、定义和联结着存在于该学科领域内的范例、理论、方法和工具"（1975：157）。虽然他的"范式"定义与巴比一样没有对社会科学范式和自然科学范式进行区分，但他建议在不同层次上灵活使用范式概念。如果说范式在自然科学领域内主要用来区分不同的科学共同体的话，那么在社会科学领域内则可用于区分同一学科内的亚共同体。[①] 考虑到科学共同体在库恩理论中本身就具有层次性，我们

---

① 瑞泽尔将同一学科的科学家视为一个科学共同体，如物理学家、生物学家，将同一学科内不同分支或流派的科学家视为不同亚共同体。

认为瑞泽尔的这一区分并非必需。我国学者徐明明从社会科学的角度视
"范式"为"隐含在社会科学理论体系和研究活动中，关于研究对象和研
究活动的一组基本观念"（1996：18），主要包括：

　　（Ⅰ）关于研究对象属性和作用过程的本体论社会历史观念；

　　（Ⅱ）关于如何认识和把握研究对象的认识论方法论观念；

　　（Ⅲ）由（Ⅰ）（Ⅲ）所影响决定的作为理论体系和研究活动
出发点的基本的理论假设；

　　（Ⅳ）研究领域和理论的兴趣主题；

　　（Ⅴ）（某些学科中的）基本政策纲领。（1996：18～19）

　　在这五个基本观念中，本体论社会历史观念和认识论方法论观念影
响和决定着其他三个因素，而理论假设、兴趣主题和基本政策纲领则体
现着本体论社会历史观念和认识论方法论观念。因此，本体论社会历史
观念和认识论方法论观念是范式所包含的基本观念。

　　综上所述，我们认为，社会科学领域的范式很少是从形而下学的角
度来理解的，而主要是指指导研究活动的基本信念体系或世界观，涉及
本体论、认识论、方法论三个层面，表现为对以下三个根本问题的回
答。①本体论问题：实在的形式和本质是什么？②认识论问题：知者与
被知者关系的本质是什么？③方法论问题：知者如何发现他们认为能被
了解的事物？同时，社会科学范式也表现出与自然科学范式不同的特
征。社会科学领域目前还没有取得像自然科学中牛顿力学一样的统一范
式，而是存在许多互相竞争的范式。社会科学范式的更替模式也不同于
自然科学范式。在自然科学领域，"一个范式向另一个范式的更替意味
着从错误观念到正确观念的转变"（Babbie，2010：34），而在社会科学
领域，范式"只有是否受欢迎的变化，很少会被完全抛弃"（Babbie，
2010：34）。因此，相互竞争的社会科学范式之间并不像自然科学范式

之间那样是不可通约的（incommensurable）[1]。相反，每种社会科学范式都为我们提供了观察和理解社会世界的一种独特的视角，它们之间并不存在对错之分，而是互为补充、相得益彰，为我们认识社会世界打开了不同的窗户。

四 本章小结

库恩的范式理论一经提出便在西方学术界产生了巨大的震动，形成了对科学发展的全新认识。库恩的"范式"概念及范式理论应用于社会科学的适用性问题也成了学术界争论的焦点。

本章追溯了"范式"一词的起源，从库恩在《结构》中引入"范式"的初衷开始探讨"范式"在库恩思想中的具体含义。基于"范式"的语法意义，库恩在《结构》中把"范式"看成"范例"，且没有对"范式"进行概念化，以至于《结构》出版后引起了学术界对"范式"的争议。面对争议，库恩对"范式"进行了澄清。他将"范式"与科学共同体相结合，指出"范式"是一个科学共同体成员所共有的东西。他区分了广义的"范式"和狭义的"范式"，指出"范式"在广义上代表一个特定科学共同体成员所共有的信念、价值、技术等构成的整体，而在狭义上只是解题的范例。他也尝试用"学科基质""科学的解释学基础""词典""概念词汇表"等术语来取代"范式"。但是，库恩的努力并没有平息争论。

尽管如此，从库恩的澄清中我们可以发现他在使用"范式"时的双层含义，一是作为科学共同体共有的"世界观"的"形而上学范

---

[1] 库恩的不可通约性是指不同范式支持者在观点上难以进行完全的沟通，主要体现在三个层次上：一是不同范式之间的标准不一样；二是新旧范式间即使存在相同的术语，其内涵也不会完全相同；三是不同范式的支持者在不同的世界中从事他们的事业（Kuhn，1996：148-150）。

式",二是作为解题范本的"形而下学范式"。其中,形而上的要素才是"范式"的本质内涵。由此,我们将"范式"界定为指导研究活动的基本信念体系或世界观,包括本体论、认识论、方法论三个层面。

在库恩的科学发展观中,"范式"的转变意味着科学革命的发生。但是,科学的进步不仅仅体现在科学革命的跃进,也体现在常规科学的累积。科学发展遵循"前科学→常规科学→反常→危机→科学革命→新的常规科学"的发展模式。这种发展模式的提出基于库恩对传统自然科学发展历史的研究,却也为社会科学家们所推崇。这一方面是因为库恩的思想与社会科学有千丝万缕的联系,他对科学革命和"范式"一词的解释都部分地依赖于社会科学领域的相关成果,这说明范式理论应用于社会科学本身就具有内在合理性。另一方面,社会学、政治学、法学等诸多社会科学领域的学者将"范式"应用于学科发展、理论学派划分等方面的研究,佐证了范式理论应用于社会科学的实践可能性。

第四章

跨文化适应理论研究的主要范式

范式是指导研究活动的基本信念体系或世界观，是某一科学共同体所共同遵从的基本原则。目前，范式被广泛应用于理论研究、方法研究、实践研究等各个方面，范式也因此被赋予理论范式、研究范式、实践范式等各种不同的称谓。实际上，范式作为一种形而上学的世界观，它必然影响和决定研究活动的各个方面。所谓理论范式、研究范式、实践范式其实是范式在研究活动中的不同表现形式，是研究者不同研究旨趣的体现，因此本书对此不做区分。

本章将根据社会科学领域和跨文化交际领域现有的范式分类，结合跨文化适应理论研究的学科背景和跨文化适应的本质，区分跨文化适应理论研究的主要范式，并对各范式的基本假设和表现特征做概括性说明。

一 社会科学领域的范式分类

社会科学的研究对象是人参与其中的社会世界，它有自然界所无法比拟的复杂性，使得社会科学研究极易形成不同的研究范式。再加上学者们对范式的理解不同，对范式的划分标准不一，社会科学研究范式呈现出种类繁多的景象，如实证主义、后实证主义、女性主义、马克思主义、文化研究等。库巴（E. G. Guba）和林肯（Y. S. Lincoln）认为，如果我们将范式视为"处理基本原则的一组基本信念（或形而上学）"
（1994：107）的话，那么社会科学的研究范式主要包括实证主义、后
实证主义、批判理论和建构主义（见表 4–1）。

表 4–1　研究范式的基本信念（形而上学）

	实证主义	后实证主义	批判理论	建构主义
本体论	朴素的现实主义——现实是"真实的"、可理解的	批判的现实主义——现实是"真实的"，但只能被不完全地、可能性地理解	历史现实主义——虚拟的现实是由社会、政治、文化、经济、种族和性别等价值观念塑造而成的；是在时间中结晶而成的	相对主义——现实是地方性的、被具体建构的
认识论	二元论的/客观主义的；研究结果是真实的	修正的二元论的/客观主义的；批判传统；研究结果可能是真实的	交互的/主观主义的；研究结果是有价值介入的	交互的/主观主义的；研究结果是创造出来的
方法论	实验的/操控的；对假设的证实；主要采用量的方法	修正的实验的/操控的；批判的多元论；对假设的证伪；可能包括质的方法	对话的/辩证的	阐释的/辩证的

资料来源：Guba and Lincoln，1994：109.

　　实证主义在本体论上持朴素的现实主义态度，认为现实是客观存在
的，并受到永恒不变的普遍规律和机制的驱动。因此，科学研究的目的
就是发现客观存在的现实及其运作规律。该本体论表现在认识论上，是
坚持研究者与研究对象之间的主客二分，强调研究者对研究对象进行价
值无涉的客观研究。在方法论上，实证主义以命题的形式提出假设，通
过实验的、操控的程序对假设进行检验，以证实假设。

　　后实证主义在本体论上持批判的现实主义态度。它虽与实证主义一
样认同现实的客观存在，但它认为人们对现实的理解受到人类智力水平
和现实的不可操控的本质的影响。因此，人们只能无限接近现实的真实

性，却无法实现对现实的完全理解。在认识论上，后实证主义基本放弃了主客二分的二元论，但仍坚持研究的客观性，并认为研究结果的真实性取决于证伪。因此，后实证主义在方法论上强调通过实验的、可操控的方法对假设进行证伪而非证实。同时，后实证主义增加质的研究手段的应用，主张采用主位的研究视角来帮助确定人们行动的意义和意图。

批判理论在本体论上持历史现实主义的态度，认为现实是由社会、政治、文化、经济、种族和性别等价值观念塑造而成的，并具体化为一系列不变的社会结构，因此现实是可理解的。在认识论上，批判理论持交互的/主观主义的立场，认为研究者与研究对象之间是交互作用的，研究者的价值观不可避免地影响研究活动本身，因此研究中所获得的知识也必然是价值有涉的。研究的目的就是通过研究者和研究对象之间的辩证对话，"改变研究对象对现实的无知和误解"（Guba and Lincoln，1994：110），表现在方法论上是通过辩证对话的方式"对现有的建构进行重构"（Guba and Lincoln，1994：112）。

建构主义与实证主义、后实证主义和批判理论的最大差异在于其本体论上的相对主义态度。建构主义认为现实是地方性的、被具体建构的，因建构者的不同而呈现不同的内容和形式，因而是多元的，有时甚至是相互冲突的，但也是可理解的。它是人类智力的产物，因此会随着人类智力的发展而发生相应的变化。在认识论上，建构主义同批判理论一样持交互的/主观主义的立场。但是，建构主义更为激进，认为知识是在研究者与研究对象的交互过程中创造出来的，不仅是价值有涉而已。在方法论上，建构主义也强调对话的重要性，但多采用阐释学的方法来解释各种现实建构，旨在"对现有的建构进行重构"（Guba and Lincoln，1994：112）。

库巴和林肯（2005）认为，这四种范式虽处于一种竞争的状态，但范式之间的边界并非泾渭分明，而是呈现合流的趋势，因此，他们又提出参与/合作范式（participatory/cooperative paradigm）。我们认为，参与/合作范式主要涉及的是研究者对现有范式的态度问题，它并不是一种真正的研究范式。因此，从最普遍意义上来看，实证主义，后实证主义、批判理论和建构主义可以概括目前社会科学研究的基本范式。当然，除实证主义范式已获得普遍认可外，其他的范式尚在形成之中，学者们对范式的名称，范式涉及的本体论、认识论、方法论问题的回答还未达成完全一致。同时，由于社会科学领域学科众多，不同学科对范式的具体分类也会有所差别。

二　跨文化交际领域的范式分类

"跨文化交际学是一门在传播学等学科理论的基础上，与人类学、心理学、语言学、文化学以及社会学等相互交叉而发展起来的学科"（胡文仲、贾玉新，"外教社跨文化交际丛书"总序）。作为众多学科交叉汇集的十字路口，跨文化交际研究不可避免地受到不同学科的研究范式的影响，呈现多元范式并存的局面。范式的分类，以及不同范式的整合已经引起了跨文化交际领域不少学者的关注。

（一）古迪昆斯特和西田的分类

古迪昆斯特和西田（1989）从社会科学的本质和理论来源两个维度对跨文化交际研究的理论视角进行划分。尽管他们用"视角"一词代替"范式"，但是他们将"视角"理解为一组元理论假设，实则等同于"范式"。

就社会科学的本质而言，古迪昆斯特和西田（1989）认为存在主观主义和客观主义两组对立的元理论假设，涉及本体论、认识论、人类本质和方法论四个方面。主观主义在本体论上持唯名论①的立场，在认

---

① 唯名论认为个体之外不存在真实的世界，名称、概念、标记都只是人们创造出来构建现实的（冯契，2007）。

识论上持反实证主义的立场，在人类本质上持唯意志论①的立场，并采用描述科学②的方法论。客观主义在本体论上持现实主义的立场，在认识论上持实证主义的立场，在人类本质上持决定论③的立场，并采用规范科学④的方法论。在主观主义和客观主义两种理论视角下，他们又根据理论的来源，将跨文化交际理论分为改编的交际理论、借自其他学科的理论和跨文化交际原创理论三类。按照古迪昆斯特和西田（1989）的这一划分标准，现有的跨文化交际理论绝大多数都属于客观主义理论，只有少数理论归属于主观主义理论，且理论多来自交际理论或其他学科理论，较少有原创理论。

当然，从范式作为指导研究活动的基本信念体系或世界观来看，古迪昆斯特和西田（1989）实际上只区分了主观主义和客观主义两种范式，理论来源的划分隶属于主观主义范式和客观主义范式。虽然很少有学者持绝对的主观主义或客观主义立场，但是主观主义和客观主义的二分法还是可以帮助我们区分跨文化交际研究在理论视角上的差异，有助于我们认知多元的理论视角，促进理论视角的融合。

（二）史密斯的分类

史密斯（L. R. Smith）将范式理解为"指导学术研究的元理论假设"（1999：630）。他认为，人类交际研究的主要范式包括逻辑经验主义⑤、社会解释主义和修辞学，而在跨文化交际研究中逻辑经验主义和社会解

---

① 唯意志论将意志作为宇宙的本质基础，认为意志"创造"世界万物（冯契，2007）。
② 描述科学，也称历史科学，它利用对特殊的、具体的事件进行描述的方法，把过去的历史事件再现于当前的观念中（冯契、徐孝通，2000）。
③ 决定论认为世界上的一切事物普遍存在因果制约性、必然性和规律性（冯契，2007）。
④ 规范科学，也称自然科学，它利用从特殊到一般的方法，寻找事物的"规律性""齐一性""共相""不变的形式"（冯契、徐孝通，2000）。
⑤ 逻辑经验主义也称逻辑实证主义、后实证主义或新实证主义（冯契、徐孝通，2000）。

释主义是占主导地位的研究范式。这两种范式之间的差异体现在本体论、认识论、方法论、研究者与研究对象的关系四个方面。

逻辑经验主义在本体论上认为自然是机械的、有规律的，现实是逻辑的和可通过经验证实的。在科学研究中，现实被视作独立于研究者经验之外的研究对象。在认识论上，逻辑经验主义认为知识是通过逻辑推理获得的，科学研究的目标就是发现因果关系以达到控制的目的。逻辑经验主义的方法论基础是经验。社会解释主义在本体论上同样认为现实是经验的，但是社会解释主义认为自然是相互关联的。因此，在科学研究中，研究者不是对现实作出反应，而是处在与现实的关系网中。在认识论上，社会解释主义寻求对人类行为的意义解释，旨在获得对人类行为的理解。因而，社会解释主义在方法论上强调通过语言建构意义。

在跨文化交际研究中，逻辑经验主义范式较多关注研究对象个体的、心理的特征，而社会解释主义范式更强调挖掘语境的意义和研究对象在创造语境过程中的作用。社会研究是研究语境中的行动者，行动者和环境之间是一种动态的关系。因此，史密斯（1999）认为，个体的特征和个体与环境的动态关系都应当成为跨文化交际研究关注的焦点，并主张建立跨文化网络理论以跨越范式之间的沟壑。史密斯（1999）虽然没有通过范式来审视跨文化交际研究的现状，而是关注如何建构新的理论，弥合不同范式，但是他的范式分类还是值得借鉴的。

（三）马丁和中山的分类

马丁（J. N. Martin）和中山（T. K. Nakayama）（1999、2008）起初对跨文化交际研究范式的划分完全基于伯勒尔（G. Burrell）和摩根（G. Morgan）（1979）对社会学理论范式划分的框架体系，即根据对社会科学本质和社会本质两个维度的元理论假设，区分功能范式、解释范式、批判人文范式和批判结构范式。但在《社会、历史背景下的跨文化交际》（*Intercultural Communication in Contexts*）最新版中，他们根据对人类本质、人类行为、知识本质等方面的基本假设,将跨文化交际研究分为社会科学/功能范式、解释范式和批判范式(见表4-2)。

表4-2 跨文化交际研究的三种范式

	社会科学/功能范式	解释范式	批判范式
学科基础	心理学	人类学、社会语言学	综合不同学科
研究目标	描述和预测行为	描述行为	改变行为
对现实的假设	外在的、可描述的	主观的	主观的、物质的
对人类行为的假设	可预测的	创造的、自愿的	可变的
研究方法	调查、观察	参与观察,实地调查	媒介文本分析
文化与交际的关系	文化影响交际	交际创造和传承文化	文化是权力斗争的场所
贡献	指出交际中的文化差异,但常对语境因素考虑不够	强调交际与文化及文化差异在语境中的研究	意识到文化与交际中的经济和政治力量,断言所有的跨文化交互行为都以权力为特征

资料来源:Martin and Nakayama, 2010.

功能范式是基于心理学和社会学的研究范式。它假定现实是外在的、可以描述的,人类行为是可预测的,因此科学研究的目标是描述和预测行为,在跨文化交际研究中便是描述和预测文化对交际行为的影响。这一范式常采用问卷调查等量的研究方法收集资料,将文化视为同个性品质一样可以测量的变量,通过比较群体间的文化差异,对跨文化交际过程进行预测。但由于研究者所能发现的变量的有限性,以及研究者对所研究的目标文化的理解的有限性,研究者对跨文化交际行为的预测不可能完全精确。

解释范式扎根于人类学和社会语言学。它不仅假定现实是外在的,同时认为现实是人类建构的。人类行为,包括交际行为在内,都是主观的,既不是预先设定的,也不是可以预测的。研究的目的是描述和理解人类行为,在跨文化交际研究中即描述和理解某一特定文化群体的交际模式。解释范式不再将文化视为影响交际行为的变量，而是认为文化是依靠交际行为而创造和传承的。这一范式主要采用源自人类学和语言学的质的研究方法，如实地调查、参与观察等。由于解释范式侧重对某一特定文化群体的深描，因此在这一范式指导下的研究很少是真正的跨文化交际研究。同时，由于研究者对于所研究的目的文化来说是局外人，他/她不可能对该目的文化作出精确的描述和理解。

批判范式与解释范式有许多共同的假设，如假定客观现实的主观性，强调交际行为所发生的语境。但是，批判范式感兴趣的是对交际行为造成影响的政治、社会等宏大语境，尤其关注语境中的权力关系。对于以批判范式为指导的研究者而言，在揭示交际行为中的文化差异时，只有与权力差异有关的才是重要的，因此，文化成了权力斗争的场所。研究的目的不仅在于理解交际行为，而且在于帮助交际者对抗权势和压迫，改变交际者的日常生活。研究者的研究对象也转向媒介等文化产品，研究方法以媒介文本分析为主。这也意味着批判范式忽视了面对面的跨文化交际，从而削弱了研究的实践价值。

这些范式都为我们提供了理解跨文化交际行为的独特视角，也不可避免地存在各自的局限。马丁和中山认为，如果我们局限于某一范式，就无法准确理解跨文化交际现象……就如同摄影一样，没有哪个拍摄角度能够展示风景的全貌，只有综合各个角度才能较为完整地呈现原貌（2010：73）。因此，他们提出采取辩证的视角去理解跨文化交际的复杂性。这并不意味着各种范式的杂糅，而是需要我们同时看到现实的外在性和内在性，人类行为的可预测性、创造性和可变性。他们的范式分类以及新的研究视角基于对人类本质、人类行为、知识本质等方面的基本假设，同时紧密结合这些基本假设在跨文化交际这一特殊研究领域的表现形式，能够很好地帮助我们理解跨文化交际的现状，并指出可能的发展方向。

三 跨文化适应理论研究的主要范式

学术界对跨文化适应现象的研究始于人类学家对土著居民和欧洲殖民统治地区人民适应殖民文化的关注，发展于社会学家对移民适应迁入国文化的研究，鼎盛于心理学家对移民、留学生、难民、外派商务人士、外派专业技术人员、外交人士、旅游者等不同个体的跨文化适应研究。此外，跨文化交际学等其他学科领域也有不少相关的研究。由于所涉学科的研究范式不尽相同，再加上跨文化适应现象本身的复杂性，使得跨文化适应研究必然呈现范式多元化的局面。因此，对跨文化适应理论研究的主要范式的区分既要考虑跨文化适应研究与社会科学研究、跨文化交际研究的共性，同时也要考虑其特殊性。

（一）主要范式的区分

库巴和林肯（1994）虽然将社会科学领域的研究范式分为实证主义、后实证主义、批判理论和建构主义四种，但实证主义范式和后实证主义范式的差异实际上仅表现在对知识本质的认识上。实证主义认为被证实的假设是事实或规律，而后实证主义认为未被证伪的假设可能是事实或规律。另外，后实证主义是由实证主义发展而来的，是实证主义在现代的表现形式，为与实证主义区别而命名为后实证主义。因此，在范式分类中，学者们一般都不对实证主义和后实证主义进行区分，注重实证主义/后实证主义与其他范式的差异，强调两者的相同之处而非相异之处。如前文所述，跨文化交际领域的学者对跨文化交际研究范式的分类均未对实证主义和后实证主义进行区分。因此，社会科学领域的研究范式可以概括为实证主义、批判理论和建构主义三种。

在跨文化交际研究领域，古迪昆斯特和西田（1989）对主观主义范式和客观主义范式的区分在马丁和中山（2010）看来实际上就是对功能范式和解释范式的区分。而现代社会理论中所谓的功能主义，实质上就是源于社会学家孔德的实证主义。此外，马丁和中山（2010）还把史密斯（1999）对跨文化交际研究范式分类中的修辞学归入了解释范式。考虑到主观主义和客观主义的区分太过极端，且古迪昆斯特和西田（1989）也承认完全属于主观主义或客观主义的研究事实上是很少的，因此，跨文化交际领域的研究范式可以采用马丁和中山（2010）的分类方法，即跨文化交际领域的研究范式包括实证主义、解释主义和批判理论。

那么，跨文化适应理论研究究竟以哪些范式为指导呢？

区分跨文化适应理论研究的主要范式，一方面需要考虑跨文化适应研究与社会科学研究、跨文化交际研究的共同之处；另一方面也要考虑跨文化适应研究的独特之处。

跨文化适应研究与社会科学研究、跨文化交际研究的共同之处主要取决于跨文化适应研究的学科背景。跨文化适应研究是社会科学研究和跨文化交际研究的一个分支，因此社会科学领域和跨文化交际领域的诸多范式会在一定程度上影响跨文化适应研究。我们知道，从学科视角来看，跨文化适应研究主要涉及人类学、心理学、社会学、跨文化交际学等学科领域，而跨文化交际学本身是在传播学的基础上，与人类学、心理学、语言学、社会学等结合而形成的交叉学科。因此，这些学科的研究范式都有可能影响跨文化适应研究。马丁和中山（2010）认为，实证主义是基于心理学和社会学的研究范式，解释主义扎根于人类学和社会语言学，批判理论侧重媒介等文化产品的研究，刚好契合跨文化适应研究的学科基础。因此，从跨文化适应研究所涉及的学科角度来看，跨文化适应理论研究的主要范式可能包括实证主义、解释主义和批判理论。但值得注意的是，人类学虽然是最早涉足跨文化适应研究的学科，人类学家奥伯格提出的"文化休克"概念也是跨文化适应研究的核心概念之一，影响尤为深远，但是人类学家侧重对文化体验和文化理解的

"深描"，几乎没有提出具体的跨文化适应理论。同时，马丁和中山（2010）也承认，由于解释主义范式侧重描述和理解某一特定文化群体的交际模式，因而在解释主义范式下很少有真正的跨文化交际研究。因此，从本书理论研究的主旨和解释主义范式的侧重点两个角度出发，我们认为解释主义范式可以排除在跨文化适应理论研究的主要范式之外。

跨文化适应研究的独特之处主要取决于跨文化适应研究对象的特殊性。因此，我们需依据跨文化适应的本质来推断跨文化适应理论研究的主要范式。从跨文化适应的本质来看，跨文化适应是具有不同文化的个体或群体在相互接触过程中所发生的变化。个体层面的变化主要指个体与异文化接触过程中在情感、行为、认知上的变化。心理学家对跨文化适应个体的心理健康问题、压力与应对方式、族群认同以及群际关系的研究，和跨文化交际学者从交际行为角度对交际适应的研究大都属于个体层面的跨文化适应研究。群体层面的变化主要指来自不同文化背景的群体在相互接触后导致的一方或双方原有文化模式发生的变化，这些变化主要发生在习俗、传统、信仰和价值观方面。人类学家对土著居民适应殖民文化的研究，以及社会学家对移民同化入主流社会的政治、经济和社会体系的研究都属群体层面的跨文化适应研究。

不论是个体层面的研究，还是群体层面的研究，学者们最为关注的是个体或群体在与异文化接触时发生的变化，尤其是变化的规律，如情感波动的规律、行为的倾向、同化的模式等，以期通过探索影响跨文化适应的各种预测因素来帮助跨文化适应的个体或群体更好地适应新的文化环境。因此，从这一角度来看，跨文化适应研究带有明显的实证主义范式的特点。当然，学者们也注意到，跨文化适应并不是一个被动应对异文化冲击的过程，也不仅仅涉及情感、行为的变化，它还是一个学习、成长的过程，是个体认知发生变化的过程。跨文化适应既是个体或群体对环境需求作出的反应，也是个体或群体在与环境相互作用过程中建构新的认知的过程。因而，跨文化适应研究也或多或少会带有建构主义范式的色彩。不仅如此，跨文化适应并非发生在真空中，任何个体或群体的跨文化适应都受制于一定的历史文化环境。在特定历史环境下，跨文化接触双方在政治、经济、社会地位等方面的不平等会导致接触双方在相互影响的同时发生不等量的变化，表现为一方所受的影响远远大于另一方。从这一角度来看，我们认为跨文化适应研究还需要考虑跨文化适应的具体历史文化环境，并探讨跨文化适应个体或群体与主流社会及其成员在社会结构中所享有的资源、权力、威望等方面的不平等分配，以及这种不平等分配对跨文化适应造成的影响。因此，批判理论范式也应当是跨文化适应研究的主要范式之一。

综上所述，从跨文化适应研究的学科背景和跨文化适应的本质出发，我们认为实证主义范式、建构主义范式和批判理论范式是指导跨文化适应理论研究的主要范式。

（二）范式与理论的关系

范式是指导研究活动的基本信念体系或世界观。不同范式指导下的科学研究活动有不同的研究目标、研究评价标准、研究伦理和研究者培训方法，不同范式对知识本质、知识增长方式、价值作用、范式间关系也有不同的认识（Guba and Lincoln，1994：112）。理论作为对研究活动所得知识的归纳和整理，理论的方方面面也必然受到范式的影响，并体现范式的本体论、认识论、方法论假设。范式与理论的关系可以简单地用图4-1来表示。范式影响和决定理论的表现特征，理论体现范式的基本假设。

首先，理论是一种人为的建构。理论家有不同的理论建构目标，包括解释、理解、预测和改变社会。因为概念及概念之间的关系在理论中有详细的说明，所以我们能够对现象进行解释；因为我们采用了理论的思维方式，所以我们能够理解现象；因为理论暗示了事物的发展模式，所以我们能够预测事物的发展；通过理论的探索，我们还可以有效地改

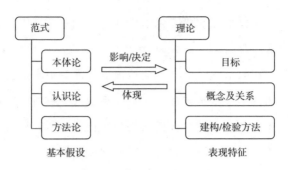

图 4-1　范式与理论的关系

资料来源：笔者根据相关资料整理而成。

变社会或拥有改变社会的力量（West and Turner，2010：49）。这些不同的理论目标反映了理论家观察和思考世界的不同方式。如果理论家认为世界是一种不以人的意志为转移的客观存在且有其运作的普遍规律，那么理论家建构理论的目标就会是对这种客观存在及其规律的解释，以帮助人们对事物的发展作出预测；如果理论家认为世界是由人的主观意志建构出来的，且从来不是客观唯一的，那么理论家就会强调主观理解而非寻求对普遍法则的精确解释和预测；如果理论家认为世界充满了矛盾，并在矛盾中变化发展，那么理论家的目标就不会只是认识世界，而是在于改变世界。因此，我们说理论的目标反映了理论家看待世界的不同方式，也即体现了理论家所持的范式思想。

　　其次，理论是由一组概念及其关系构成的抽象系统（West and Turner，2010：46）。尽管学者们对理论的分类方式不同，有的学者根据理论的组织方式，将理论分为思辨理论、分析理论、演绎理论和模型理论；有的学者根据理论的抽象程度，将理论分为宏观理论、中观理论和微观理论；也有的学者根据理论的目标，将理论分为普遍性理论和实践性理论，但是学者们对理论构成要素的看法却颇为一致。李特约翰（S. W. LittleJohn）和福斯（K. A. Foss）（2009）提出了理论的 4 个维度：哲学假设、概念、解释和原则。哲学假设是理论背后的基本信念，也就是本书所说的范式；概念是理论的基石；解释是理论所形成的动态关系；原则是行动指南。"一个名副其实的理论至少应包括前三个维度。"（LittleJohn and Foss，2009：13）由于哲学假设是理论的基础，从严格意义上说并非理论的构成要素，因此，韦斯特（R. West）和特纳（L. M. Turner）（2010）认为理论最重要的组成部分是概念和关系。"概念是给理论中最重要的元素贴标签的词语或术语"（West and Turner，2010：48），研究中对关键概念的不同理解可以使理论家进行完全不同的研究。"关系是理论中概念的联结方式"（West and Turner，2010：49），也即对概念间关系的解释。范式作为理论的哲学假设蕴含在概念和关系之中。

最后，理论家建构理论的方式也因范式的不同而不同。"所有的解释几乎无一例外地具有因果性"（LittleJohn and Foss，2009：20），以解释为目的的理论家通常会对各种概念进行准确的测量，并采用统计学的方法来寻找不同概念之间的因果关系，从而建构具有普遍解释力的理论。以理解为目的的理论家通常只想表达对世界的理解，因而他们往往采用实地调查、参与观察等方法深入现实生活，通过自身的领会对现象进行描述而不是解释。以改变社会为目的的理论家则主要采用辩证对话的方式，"通过研究者与被研究者之间的平等交流，逐步去除被研究者的'虚假意识'（false consciousness）"（陈向明，2000：16）。不同的理论目的决定了理论建构的不同方式，而理论目的又反映了理论家的范式思想，因此理论的建构方式也体现了范式的基本假设。理论建构方式上的这些差异也同样体现在理论的检验方式上。

综上所述，从根本上来说，各种范式之间的差异体现在理论上，是理论所蕴含的基本假设的差异，也就是理论所蕴含的本体论、认识论、方法论差异。但由于基本假设是理论背后不被言说的部分，它往往通过理论的目标、理论的概念及关系，以及建构或检验理论的方法等方面表现出来。在本书中我们将范式在理论中的这些具体表现称为"表现特征"。简言之，范式是理论的基本假设，理论是范式的表现特征。对于各种理论之间差异的全面把握不仅需要关注理论在表现特征上的差异，更需要理解理论在基本假设上的差异。

（三）主要范式的基本假设及表现特征

如前文所述，范式是理论的基本假设，理论是范式的表现特征。范式的本体论、认识论、方法论假设决定理论的表现特征，而理论的目标、概念及关系，以及建构/检验方法等表现特征体现了范式的基本假设。下文将概述实证主义、批判理论和建构主义三种范式的基本假设和表现特征。

1. 实证主义范式

实证主义范式在本体论上持朴素的现实主义态度，承认在人的外部存在一个独立于人的感官和意识，但又可以被人认识的真实世界。相对应地，实证主义坚持客观主义的认识论，强调认识主体与客体、知者与被知者的分离，坚持科学研究的价值中立，认为存在不受人类认识影响的客观真理，但通过科学的方法，人类可以发现这一客观真理。实证主义坚持科学主义的方法论，主张自然与社会的统一，采用自然科学的方法研究社会现象，注重客观性、真实性、准确性。

以实证主义范式为指导的跨文化适应研究将跨文化适应现象视作与自然现象一样独立于人的认识之外的客观存在，且和自然现象一样存在规律。研究者对跨文化适应现象的认识可遵循自然科学的研究思路，通过问卷调查等量的研究方法来发现跨文化适应的普遍规律。因此，跨文化适应理论的建构目标是对跨文化适应现象进行解释，即揭示跨文化适应与其他因素之间的因果关系，以帮助预测个体或群体的跨文化适应过程和结果。精确的跨文化适应研究要求概念必须具有较强的可操作性，即可具体化为可测量的量化指标，并通过统计学的方法寻找概念之间的关系，建立具有普遍性的因果法则。

2. 批判理论范式

批判理论在本体论上也承认客观现实的存在，但它认为客观现实是历史的产物，"是在历史发展进程中被社会、政治、文化、经济、种族和性别等因素塑造而成的"（陈向明，2000：16）。因此，批判理论坚持主观主义的认识论，认为人们对客观现实的认识必须考虑具体的政治、社会等历史语境，而不是追求永恒不变的真理。批判理论以实现社会弱势群体的解放为目标，具有鲜明的行动取向和价值立场，因此研究者的价值观念会不可避免地影响研究活动本身。在方法论上，批判理论主张人文主义的方法论，认为自然和社会不具有统一性，社会科学不能直接移植自然科学的研究方法，而应当注重描述人的经验。

以批判理论范式为指导的跨文化适应研究也将跨文化适应现象视为一种客观存在，但它强调对跨文化适应现象产生影响的语境因素，尤其是政治、经济等宏大的历史语境。跨文化适应理论的目标不再是解释跨文化适应的普遍规律和预测适应的过程、结果，而是通过研究者与研究对象之间的对话寻求研究者对不同历史语境下的跨文化适应现象的理解。因此，以批判理论范式为指导的跨文化适应理论建构/检验的方法常以访谈、观察为主，概念和概念之间的关系也是描述性的而非操作性的。同时，由于跨文化适应研究的对象大多数是移居的个体或群体，相对于居住国社会而言是少数群体和弱势群体，因此跨文化接触的双方在政治、经济地位上是不平等的。这种不平等关系或多或少会对跨文化适应的过程和结果产生影响。批判理论家们也常以揭示这种不平等的关系为己任，旨在对影响跨文化适应的各种历史语境因素进行变革。因而，从这一角度来看，批判理论范式视域下的跨文化适应理论显然也是规范性的。

3. 建构主义范式

建构主义范式在本体论上持相对主义的态度，认为"不存在独立于人的智力活动和符号语言之外的真实世界"（Schwandt，1994：125），现实的形式和内容都是依赖于个体而存在的，因而它是多元的、可变的。所谓的客观知识和真理也不是人类的发现，而是人类的创造。从这个意义上来说，建构主义消解了本体论和认识论的界限。研究者与研究对象之间不再是主体与客体的关系，而是互为主体的关系，"研究结果是由不同主体通过互动而达成的共识"（陈向明，2000：16）。和批判理论一样，建构主义也主张人文主义的方法论。

以建构主义范式为指导的跨文化适应研究不再将跨文化适应现象视作一种外在于人的客观存在，而是视为跨文化适应个体与环境相互作用不断建构经验世界的主观活动。跨文化适应个体由于置身于一个新的环境中，其在原有的熟悉环境中建构的知识结构不再合适，需要根据新的环境体验来重新组织自己的经验世界，对原有的知识建构进行重构，以提高自身在新环境中的适应能力。研究者的研究目的不是寻求跨文化适应的普遍规律和对跨文化适应过程、结果的预测，也不是为了改变现实，而是为了理解跨文化适应个体如何通过与环境的互动来组织经验世界。当然，"研究者要做的不是进入被研究者的头脑"（陈向明，2000：17），而是通过研究者与研究对象之间的对话，理解"互为主体的'主观'"（陈向明，2000：17）。因此，以建构主义范式为指导的跨文化适应理论建构/检验的方法也常以访谈、观察为主，概念和概念之间的关系也是描述性的。

4. 小结

实证主义、批判理论和建构主义三种范式的基本假设及表现特征如表 4 - 3 所示。

表 4 - 3　主要范式的基本假设及表现特征

主要范式	基本假设			表现特征		
	本体论	认识论	方法论	理论的目标	概念及关系	建构/检验理论的具体方法
实证主义	朴素的现实主义	客观主义，价值中立	科学主义	解释、预测	操作性、普遍性	问卷调查等

续表

主要范式	基本假设			表现特征		
	本体论	认识论	方法论	理论的目标	概念及关系	建构/检验理论的具体方法
批判理论	历史现实主义	主观主义，价值介入	人文主义	理解、改变社会	描述性、规范性	参与观察、深度访谈等
建构主义	相对主义	主观主义，价值介入	人文主义	理解	描述性	参与观察、深度访谈等

资料来源：笔者根据相关资料整理而成。

在本体论上，实证主义和批判理论都认为存在一个客观的现实，不同的是后者认为这个现实受到历史语境的影响；建构主义与实证主义、批判理论最大的区别在于本体论上的相对主义，不承认存在客观的现实。在认识论上，实证主义秉持客观主义的认识论，坚持主客二分和价值中立，追求客观真理；批判理论和建构主义则坚持主观主义的认识论，认为主客密不可分，价值观念的过滤也是不可能实现的。在方法论上，实证主义采取科学主义的做法，强调研究的客观性、真实性和准确性；批判理论和建构主义采取人文主义的方法论，强调通过对话来实现理解。

不同范式在基本假设上的差异在跨文化适应理论上表现为：实证主义主张通过问卷调查等量的研究方法寻求对跨文化适应现象的解释和预测，建立普遍适用的理论；批判理论和建构主义都主张通过深度访谈、参与观察等质的研究方法寻求对个体跨文化适应行为的理解，建构描述性的理论，不同的是批判理论还致力于改变社会现实，建构规范性的理论。

四　本章小结

跨文化适应研究涉及人类学、社会学、心理学、跨文化交际学等不同的学科领域。作为多学科的交叉地带，跨文化适应理论研究难免受到不同学科范式的影响。同时，跨文化适应本身也是一个涉及跨文化接触的个体和群体多方面变化的过程，对这一复杂过程的研究侧重不同也会涉及不同的研究范式。本章主要依据跨文化适应理论研究的学科背景和跨文化适应的本质两个维度区分了指导跨文化适应理论研究的实证主义范式、批判理论范式和建构主义范式；阐述了范式的本体论、认识论、方法论基本假设与理论的目标、概念和关系，以及检验/建构方法等表现特征的关系；并对实证主义范式、批判理论范式和建构主义范式的基本假设和表现特征做了概述。

第五章

跨文化适应理论研究的实证主义范式

实证主义的兴起与近代自然科学的进步，尤其是经典物理学的成功有密切的关系。可以毫不夸张地说，自然科学的进步"使得所有其他科学毫无例外地都以各种方式来效仿自然科学的形式和方法，以便达到科学之地位和学科之合法化"（米俊绒、殷杰，2008：21）。跨文化适应研究也同样受到了实证主义的巨大影响。在人类学、心理学、社会学、跨文化交际学等学科领域产生的众多跨文化适应理论中，绝大多数秉承了实证主义的基本假设。本章将分类介绍以实证主义范式为指导的主要跨文化适应理论，并通过分析理论的目标、概念及关系，以及建构/检验方法等表现特征来揭示理论背后共同的范式基本假设。

一　实证主义范式概述

（一）实证主义的起源及发展

"实证主义"一词首先于19世纪初为法国哲学家圣西门（Saint - Simon）所使用，指科学方法及其在哲学上的推广。法国哲学家孔德（Comte）从1830年起陆续出版了六卷《实证哲学教程》，标志着实证主义作为一个哲学流派的创立（冯契、徐孝通，2000：567）。实证主义的最大特征是强调经验事实，反对"形而上学"①，表现为注重"事实"，即直接的感觉经验或现象，排斥思辨的观念和抽象的原则。实证主义认为经验、事实或现象才是"确实""真实""有用"的，亦即"实证的"；实证的经验、事实或现象是知识的唯一可能的对象，科学只是描述这些经验、事实或现象之间的关系，亦即"规律"；探究现象之外的事物的"内在本质""初始因""最终实体"等都是办不到的，是应予以反对的"形而上学"（冯契、徐孝通，2000：567）。

19 世纪以来，实证主义在发展过程中依次经历了以孔德、穆勒（Müller）、斯宾塞（Spencer）为代表的早期实证主义，以马赫（Mach）、阿芬那留斯（Avenarius）为代表的经验批判主义和 20 世纪的逻辑实证主义三个阶段。早期的实证主义通过寻求实证的知识，试图把人类的认识从虚幻的神学和抽象的形而上学中解放出来，并实现科学的统一和科学等级秩序的确立。孔德认为人类的整个认识过程经历了三个阶段，即神学（或虚构）阶段、形而上学（或抽象）阶段和科学（或实证）阶段。神学阶段的人类无法摆脱超自然力量的影响；到了形而上学阶段，人类虽然不再寻求事件的超自然原因，但仍然探寻事物的本质；只有当人类的理智发展到实证阶段时，纯粹的想象才让位于观察，不再追问事物的隐蔽本质，转而通过对现象的研究来探求规律，即被观察现象之间的恒定关系。孔德还由此将人类理智的发展与科学分类相结合。他认为，科学本身是一个有机体，各门具体科学只是这个有机体分化出来的部门。横向来看，各门具体科学相互联系而构成统一的整体；纵向来看，各门具体科学都经历了相似的发展阶段。但是，各门具体科学并非完全按照同一速度前进，因此形成了科学的等级秩序，依次为数学、天文学、物理学、化学、生物学和社会学。"这是一个从基础学科

---

① 本小节的"形而上学"指研究超验的东西（神、灵活、意志自由等）的学问（冯契、徐孝通，2000）。

到复杂学科所构成的金字塔结构"（米俊绒、殷杰，2008：22），学科的排列顺序表明人类的认识在各学科领域里到达实证阶段的顺序。

19世纪末20世纪初的经验批判主义秉持了早期实证主义的基本思想，认为感觉经验是认识的界限和世界的基础，物质、因果性、必然性、主体等都是超经验的"形而上学"，必须从经验中"清洗"掉，要从纯粹经验和感觉要素出发建立世界图景（冯契、徐孝通，2000：581）。科学"理论并没有把任何东西增加到最初并不包含于其中的经验之上，它们的作用在于选择和符号化"（张彤，2011：15）。因此，科学理论并不反映客观世界及其规律，只是对感觉经验的描述。

20世纪的逻辑实证主义从严格意义上来说是分析哲学，但是逻辑实证主义前期坚持实证原则，主要倾向于实证主义，被称为继孔德和经验批判主义之后的第三代实证主义，也称为新实证主义（冯契、徐孝通，2000：777）。实证主义的革命性意义在于以实证哲学代替神学和形而上学，逻辑实证主义在这一点上比实证主义更进一步。逻辑实证主义认为科学知识是由有意义的命题组成的，而只有经由经验加以检验的命题才是有意义的。形而上学命题表述的是有关经验之外或经验之上的事物的知识，是无法经由经验来检验的，因而是无意义的命题。因此，逻辑实证主义"在确立有意义的命题的同时，也就清除了作为无意义命题的形而上学"（冯契、徐孝通，2000：777）。除经验外，逻辑经验主义还将逻辑分析作为确立科学知识的途径，对科学语言进行分析。但是，逻辑经验主义对科学语言的分析只注重语言形式而不涉及具体内容，实际上是对语言逻辑句法的研究，属于分析哲学范畴。

概而言之，实证主义虽然经历了不同的发展阶段，但其核心主张是基本不变的，包括：①实证的科学阶段是人类认识发展的最高阶段；②科学在本质上是统一的；③科学知识建立在经验基础之上，有关经验之外或经验之上的形而上学是伪科学。时至今日，实证主义的主要思想渗透在人类思维的各个层面，可以说，实证主义已不再仅仅是一个哲学流派，从广义上来说，实证主义是在思想界、科学界颇具影响力，甚至占据主导地位的思维方式或基本立场，是科学研究的基本范式之一。

（二）实证主义的社会科学

实证主义的社会科学恐怕可以追溯到社会学创始人孔德。孔德认为，科学在本质上是统一的，社会现象虽然特殊而复杂，但我们仍然可以用实证的自然科学方法来研究人类社会，发现社会现象之间的不变规律。因此，孔德希望能够建立一个如同物理学一样的实证的社会学。这一点从孔德最初将社会学命名为"社会物理学"就可见一斑。孔德认为社会学和物理学本质上是一样的，并按照物理学的动力学和静力学提出社会静力学和社会动力学，前者研究社会恒定的结构特征，后者研究社会的发展进步。在孔德看来，社会就像生物有机体一样有自己的结构和结构性特征，"这些从未变化，并且历史进步也不会废除它。"（科拉科夫斯基，2011：59）同时，社会有机体也像生物有机体一样有自己的历史进化。人类认识发展经历的神学、形而上学和实证三阶段同样可以用来解释社会的发展。与神学阶段对应的是君主专制的社会，相信"君权神授"；与形而上学阶段对应的是契约社会，空谈"民主、自由、平等"等抽象原则；与实证阶段对应的是工业社会，注重借助自然科学规律来调节社会秩序。孔德的社会学将社会现象视作独立的客观存在，并借用生物学来解释社会的秩序和变革，为社会科学的实证研究奠定了基础。

孔德有关社会研究的实证主义思想在斯宾塞和涂尔干（Durkheim）[①]那里得到了继承和发扬。斯宾塞和孔德一样主张用自然科学的方法研究

[①] 涂尔干（Emile Durkheim）译名众多，最常见的有涂尔干和迪尔凯姆，下文引用译著为"涂尔干"。

社会，将社会与生物有机体做类比，但斯宾塞将"结构"和"功能"作为解释社会现象的基础。他认为，社会有机体是由相互依赖的部分构成的，各部分担负不同的功能，并以一种维持社会有机体稳定的方式运行着。因此，通过研究社会各组成部分及其交互协调的运作方式，我们就可以理解社会有机体的自我调节机制。斯宾塞还将生物进化观点引入社会研究，认为进化是普遍规律，"物竞天择，适者生存"的自然法则同样适用于人类社会。在他看来，"社会的变化首先来自于社会结构的变化"（舒晓兵、风笑天，2000：82），即社会结构由简单变得复杂，同时社会各组成部分的功能也相应地出现分化，而这种分化又导致社会各部分之间的依赖性进一步增强，从而推动社会进化。这一社会进化过程与生物进化无疑是极为相似的。斯宾塞关于社会结构和功能的观点对20世纪的结构功能主义产生了重要影响。

涂尔干秉承孔德和斯宾塞的实证主义思想，确立了社会实证研究的对象和规范，并为实证研究提供了范例。涂尔干认为，社会是不依赖于个人的客观实在，它的实在性必须由其整体性加以说明，因而社会研究的对象是具有集体属性的社会事实，即"能从外部给予个人以约束的"（涂尔干，2007：34）一切行为方式，包括政党、组织、道德、社会潮流等。换言之，社会事实是一种客观存在，它外在于个人而独立存在，同时又对个人有约束力。社会研究的基本原则就是要将社会事实当作客观事物来对待，排除先入为主的成见，对社会事实进行客观的、价值中立的观察并进行测量、统计。涂尔干还强调在观察结果的基础上寻求社会事实之间的因果关系，并认为对社会事实的解释不能依靠主观推衍，而要遵守用一个社会事实去解释另一个社会事实的原则。他对自杀、社会分工的研究为他确立实证研究的规范树立了典范。如果说孔德是社会科学领域实证研究的首创者的话，那么涂尔干可以被认为是社会科学领域实证研究的首位实践者。

（三） 实证主义范式的基本假设

从孔德到斯宾塞再到涂尔干，有关社会研究的实证主义思想逐渐形成并付诸实践。实证主义的核心主张在社会科学领域得到了具体的阐释，主要包括以下几个方面。

（1）客观世界的统一性：实证主义认为存在统一的客观世界，社会事实和自然事实一样都是不依赖于人而独立存在的客观存在，它们的发展变化都遵循客观规律，因此社会事实可以还原为物理的或生物的自然事实。

（2）科学方法的一致性：由于客观世界是统一的，因此社会科学的研究方法在本质上与自然科学的研究方法并无二致。我们对社会事实的研究可以移植自然科学的研究方法。

（3）强调感觉经验：实证主义强调感觉经验，反对"形而上学"，把观察作为科学的基础，要求以价值中立的方式对客观事实进行观察，并获得"一种具有解释、推测能力的因果关系"（德兰逊，2005：2）。

从范式角度来讲，实证主义的上述核心思想体现了实证主义范式在本体论、认识论、方法论上的基本假设。其一，本体论上的朴素的现实主义，承认在人的外部存在一个独立于人的感官和意识，但又可以被人认识的统一的真实世界；其二，认识论上的客观主义，强调认知主体与客体的分离，以价值中立的方式进行科学研究，发现客观真理；其三，方法论上的科学主义，采用自然科学的方法研究自然界和人类社会，注重客观性、真实性、准确性。

二　以实证主义范式为指导的跨文化适应理论

本章开头我们已经提到，绝大多数的跨文化适应理论秉承了实证主义范式的基本假设。因此，为了分析的方便起见，我们根据跨文化适应理论的不同侧重将以实证主义范式为指导的众多跨文化适应理论分成跨文化适应的阶段理论、跨文化适应的策略理论、跨文化适应的过程理论和跨文化适应的交际理论四类。

（一）跨文化适应的阶段理论

1. U 型曲线假说和 W 型曲线假说

U 型曲线假说和 W 型曲线假说从心理适应角度对旅居者在短期跨文化适应过程中的适应阶段进行了描述。

莱斯加德（1955）的 U 型曲线假说是根据对旅美的 200 位富布莱特（Fulbright）学者的调查研究而提出的。莱斯加德的调查发现，旅美的富布莱特学者在跨文化适应过程中基本经历了最初调整阶段（initial adjustment）、危机阶段（crisis）和再调整阶段（regained adjustment），即从刚开始的欣快乐观到满意度下滑再到逐渐复原，整个过程呈现 U 型曲线模式，从而提出了跨文化适应的 U 型曲线假说。

约翰·格拉霍恩和珍妮·格拉霍恩（1963）进一步将 U 型曲线模式拓展为 W 型曲线模式，认为旅居者在适应了新的文化环境后，当回到自己的祖国时往往需要重新适应母国文化，即经历新一轮的跨文化适应。对母国文化的适应与旅居时的跨文化适应在本质上并没有区别，因此归国后新一轮的跨文化适应也将呈现一个 U 型曲线模式。将旅居时的跨文化适应 U 型曲线与归国后的 U 型曲线连接在一起便构成了一个完整的跨文化适应的 W 型曲线模式（见图 5 - 1）。

2. 帕克的种族关系循环论

20 世纪 20 年代，基于对美国东北部和中西部城市中不同族群的研究，帕克提出种族关系循环论。

这一理论认为，移民处于一种"边缘人"（marginal man）的处境之中，一方面受到迁入国文化的吸引，另一方面又受到迁出国文化的牵绊。但是，这一对立的、痛苦的过程最终会以移民被迁入国文化同化而

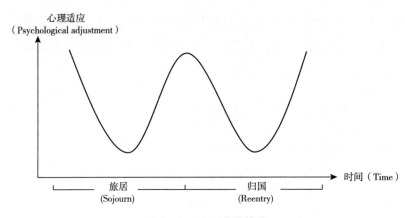

图 5 - 1　W 型曲线模式

资料来源：J. T. Gullahorn and J. E. Gullahorn, 1963.

告终。"种族关系的发展需要经历接触、竞争、适应和同化四个阶段，这一过程显然是递进的且不可逆转的。……种族间的壁垒或许会放慢种族关系发展的脚步，但不会改变它的发展方向……"（Park，1950：150）不同群体一开始通过迁移得以接触，而竞争便是群体之间接触带来的最初的、不稳定的结果，如就业、居住空间等的竞争。竞争阶段往往持续较长的时间，其结果是达到相对稳定的适应阶段，通常是迁移群体不断调整自身以适应新的环境。但是"无论多么稳定，这种适应终将被跨群体的人际关系所破坏"（Alba and Nee，1997：828），最后导致同化。这是"一个无处不在的循环"（Park，1950：150）。以移民群体为例，随着新移民的不断到来，新的接触不断开始，种族关系发展的几个阶段也就随之不断重复。

帕克的种族关系循环论一经提出，引发了社会学家们长达数十年的检验和分析。帕克作为同化理论的开创者，他的理论在很大程度上影响了其后同化理论的发展，其中影响力较大的当属戈登的理论。

3. 戈登的同化理论

戈登的研究极大地完善了帕克的同化理论，使同化理论形成了一个比较完整的体系。他将同化这一复杂过程分为 7 个不同的类型或阶段：

文化或行为同化、结构同化、婚姻同化、认同同化、态度接受性同化、行为接受性同化和国民同化（见表5-1）。

表5-1　同化的类型或阶段

子过程或条件 （Subprocess or Condition）	同化的类型或阶段 （Type or Stage of Assimilation）	术语 （Special Term）
向主流社会的文化模式转变 （Change of cultural patterns to those of host society）	文化或行为同化 （Cultural or behavioral assimilation）	跨文化适应（Acculturation）
在初级群体层面上大规模进入主流社会的团体、俱乐部和机构 （Large-scale entrance into cliques, clubs, and institutions of host society, on primary group level）	结构同化 （Structural assimilation）	无 （None）
大规模通婚 （Large-scale intermarriage）	婚姻同化 （Marital assimilation）	混合（Amalgamation）
主流社会民族感的发展 （Development of sense of peoplehood based exclusively on host society）	认同同化 （Identificational assimilation）	无 （None）
偏见的消失 （Absence of prejudice）	态度接受性同化 （Attitude receptional assimilation）	无 （None）
歧视的消失 （Absence of discrimination）	行为接受性同化 （Behavior receptional assimilation）	无（None）
价值和权力冲突的消失 （Absence of value and power conflict）	国民同化 （Civic assimilation）	无（None）

资料来源：Gordon，1964：71.

文化或行为同化即跨文化适应（acculturation），指的是对主流社会文化模式的接受，包括语言、宗教、信仰等。在不同族群的接触过程中，文化同化通常最先发生，即使其他类型的同化都没有发生，文化同化仍可照常进行。结构同化是指少数族群完全进入主流社会的社会网络或社会结构，结构同化是同化过程中的关键一环，一旦结构同化完成，其他所有类型的同化将随之自然发生。婚姻同化表现为族际通婚，族际通婚的后代不仅会遗传父母的生物学特征，也会习得父母的态度、情感和记忆，从而促进同化的发生。认同同化强调民族意识，指对主流社会文化的认同和接受。态度接受性同化指的是少数族群不再遭遇带有偏见的态度。而行为接受性同化指少数族群不再遭遇歧视性行为。最后，国民同化指族群间权力冲突和价值冲突的消失。

在这 7 个类型或阶段中，文化或行为同化、结构同化、婚姻同化和认同同化是"就被同化者的变化而言的"（高鉴国，1998：6），态度接受性同化、行为接受性同化和国民同化是"以主体社会的承认程度为标准的"（高鉴国，1998：6）。戈登的这一同化多维模型预设了大多数的种族群体在经历了同化的各个阶段后必然会最终失去本民族文化的独特特征以至于无法作为一个族群而存在。

（二）跨文化适应的策略理论

1. 贝里的跨文化适应策略理论

贝里从 20 世纪 70 年代开始致力于跨文化适应研究，提出了较为完整的跨文化适应框架（见图 5 - 2），对跨文化适应的概念、过程、策略和结果进行了系统的解析，他的跨文化适应策略理论（见图 5 - 3）影响尤为深远。

贝里认为，"跨文化适应是两个或两个以上的文化群体及其成员在接触后发生的文化和心理上的双重变化"（2005：698）。"在群体层面上，它涉及社会结构和制度中的变化以及文化实践的变化；在个体层面上，它涉及个人行为的变化。"（Berry，2005：698 - 699）群体层面上的文化变化受到跨文化适应双方原文化、双方所属的不断发生变化的族群和双方接触关系性质的影响。个体层面上的变化可能是群体成员所经

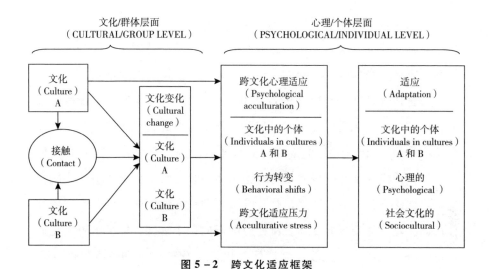

图 5-2 跨文化适应框架

资料来源：Berry，2005：703.

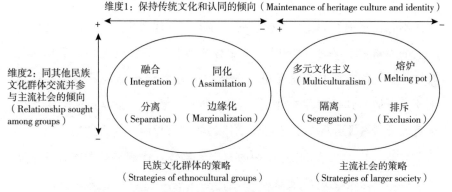

图 5-3 民族文化群体和主流社会的跨文化适应策略

资料来源：Berry，2005：705.

历的一系列容易实现的行为转变，包括文化脱落（cultural shedding）、文化习得（culture learning）和文化冲突（cultural conflict），也可能是跨文化适应过程中各种问题所造成的跨文化适应压力，主要表现为"心理健康状况下降（尤其是困惑、焦虑、抑郁）、边缘感、疏离感、身体精神症状增多和认同混乱"（Berry et al.，1987：492）。跨文化适应过程的最终结果是适应。这个意义上的适应并不必然是个体对新环境的契合，它也包含了对新环境的抵触或疏远。换言之，适应可以是积极的，也可以是消极的。同时，适应是多面的，它包括心理适应和社会文化适应两个方面，它们受到不同因素的影响并呈现不同的发展进程。

贝里认为，并不是所有的群体和个体都经历同样的跨文化适应过程，人们对跨文化适应过程的参与存在很大的差异，这些差异即"跨文化适应策略"。跨文化适应策略包括态度和行为两个要素，前者指个体关于如何适应新文化的偏好，后者指个体在日常跨文化交往中的实际行动。依据跨文化适应个体对保持传统文化和认同的倾向，以及个体同其他民族文化群体交流并参与主流社会的倾向两个维度，贝里将跨文化适应策略分为四类，并从非主流群体（民族文化群体）和主流群体（主流社会）两个角度对四类跨文化适应策略加以区分。

从非主流群体（民族文化群体）的角度来看（见图5-3左），当个体不想保持他们的传统文化认同，寻求与其他文化的交往时，他们所采取的策略被定义为"同化"；当个体重视他们的传统文化，希望回避与其他文化的交往时，就采用"分离"策略；当个体既希望保持传统文化又希望与其他群体交往时，就出现了"融合"策略；最后，当个体对保持传统文化和与其他群体交往都缺乏兴趣时，就是"边缘化"策略。但是，考虑到跨文化适应中的非主流群体（民族文化群体）并不能自由地选择跨文化适应策略，主流群体（主流社会）会对非主流群体（民族文化群体）的选择施加影响，再加上跨文化适应从本质上来说是交互性的，贝里又增加了"主流群体（主流社会）在跨文化适应过程中所扮演的强大角色"这一维度，从主流群体（主流社会）角度来考察跨文化适应策略（见图5-3右）。从主流群体（主流社会）角度来看，当主流群体（主流社会）寻求非主流群体（民族文化群体）同化时，便是采取"熔炉主义"策略；当主流群体（主流社会）对非主流群体（民族文化群体）强加分离策略时，便是"隔离"；当主流群体（主流社会）对非主流群体（民族文化群体）强加边缘化策略时，是"排斥";当主流群体（主流社会）接受文化多样性时，则会采取"多元文化主义"策略。

跨文化适应策略是贝里跨文化适应框架的中心，它在很大程度上影响了群体层面和个体层面的跨文化适应结果。在群体层面上，两种相接触的文化各自所采取的跨文化适应策略将影响文化变化的类型。在个体层面上，个体的行为转变、跨文化适应压力以及长期的心理适应和社会文化适应也与他们的跨文化适应策略相对应。具体来说，个体如果采用分离策略，其行为将做最小范围的改变；采用同化策略则行为转变最大；采用融合策略将做有选择的改变，即选择性地保留传统文化和选择性地采纳主流社会的新行为；采用边缘化策略则"将在失去许多原有文化传统的同时，难以在新社会立足"（戴晓东，2011：171）。对于个体所经历的跨文化适应压力而言，采用融合策略的个体经历的跨文化适应压力最小，采用边缘化策略的个体经历的压力最大，采用分离策略和同化策略的个体所经历的压力介于两者之间。跨文化适应策略对心理适应和社会文化适应的影响基本与对跨文化适应压力的影响一致。采用融合策略的个体适应得最好；相反，采用边缘化策略的个体适应得最差；采用分离策略的个体心理适应得较好而社会文化适应得较差；采用同化策略的个体心理适应和社会文化适应得都不好。因此，贝里认为采用融合策略的个体将比采用其他策略的个体适应得更好。

贝里的理论对跨文化适应研究领域一直占统治地位的同化模式提出了挑战。它超越了同化理论单向、线性的跨文化适应模式，"从宏观层面上为我们揭示了文化适应过程的复杂性与多维性"（戴晓东，2011：173）。在过去的几十年中，贝里的理论引发了跨文化适应研究领域大量的实证研究和理论探索，成为目前最受推崇的跨文化适应理论之一。

2. 交互式跨文化适应模型

布里、莫伊塞和佩罗等（1997）在贝里的基础上提出交互式跨文化适应模型，力图呈现多元文化社会中移民和迁入国社会的动态关系。

围绕迁入国社会中移民群体的跨文化适应倾向、迁入国主流社会对某移民群体所采取的跨文化适应倾向、移民群体和迁入国主流社会跨文化适应倾向结合后所形成的人际和群际关系三个核心要素，布里、莫伊塞和佩罗等（1997）提出了如下理论主张。

首先，布里、莫伊塞和佩罗等（1997）认为，贝里的跨文化适应策略中所涉及的个体对保持传统文化和认同的倾向与本群体文化认同的价值有关，而个体同其他民族文化群体交流并参与主流社会的倾向与跨文化接触的价值有关。因此，他们修改贝里的两个维度为"是否值得保持移民的文化认同"和"是否值得采纳主流社会的文化认同"，并以此来区分移民的跨文化适应倾向。同时，他们认为，贝里模型中的边缘化策略也可能是"个人主义"倾向，因为移民脱离民族文化群体和迁入国主流文化群体并不一定是出于感到被边缘化，也可能仅仅是因为他们倾向于把自己看作个体而不是归属于任何一个群体。因此，交互式跨文化适应模型中，移民群体的跨文化适应倾向包括融合、同化、分离、边缘化/个体主义。

其次，与移民群体的跨文化适应倾向区分类似，迁入国主流社会对某移民群体所采取的跨文化适应倾向也取决于迁入国主流社会成员对"是否接受移民保持自己的文化认同"和"是否接受移民采纳主流社会的文化认同"两个维度的态度（见图5-4）。

维度1：是否接受移民保持自己的文化认同？
（Do you find it acceptable that immigrants maintain their cultural identity?）

维度2：是否接受移民采纳主流社会的文化认同？（Do you accept that immigrants adopt the cultural identity of the host community?）	是（Yes）	否（No）
是（Yes）	融合（Integration）	同化（Assimilation）
否（No）	隔离（Segregation）	排斥（Exclusion） 个人主义（Individualism）

图5-4　主流社会的跨文化适应倾向

资料来源：Bourhis, Moïse, and Perreault, et al., 1997: 380.

当迁入国主流社会成员既接受移民保持自己的文化传统，又接受移民采纳主流社会文化时，就是一种融合的倾向；当迁入国主流社会成员期望移民放弃自己的传统文化而采纳主流社会文化时，就是同化的倾向；当迁入国主流社会成员接受移民保持自己的传统文化，但不希望移民采纳或改变主流社会文化时，就是隔离的倾向；当迁入国主流社会成员既不容许移民保持自己的文化传统又不允许移民采纳主流社会文化时，就是排斥的倾向。类似地，如果迁入国主流社会成员将自己和他人定义为个体而非群体成员时，他们所采取的就是个体主义倾向。

此外，交互式跨文化适应模型指出，移民和迁入国主流社会跨文化适应倾向的一致与否将产生和谐的、有问题的和冲突的三种不同的人际和群际关系结果。从表 5 - 2 可以看出，和谐的关系结果只有当移民和迁入国主流社会成员都采取融合、同化或个体主义的跨文化适应倾向时才可能实现。当移民和迁入国主流社会成员在跨文化适应倾向上存在部分一致和部分不一致时，就会产生有问题的关系结果。采取分离策略的移民会与大多数迁入国主流社会成员产生冲突的关系结果，而采取隔离和排斥策略的迁入国主流社会成员也容易与移民产生冲突的关系结果。布里、莫伊塞和佩罗等（1997）还指出，国家的融合政策①对移民群体和迁入国主流社会的人际和群际关系结果具有很大的调节作用。多元文化政策和公民政策可以削弱冲突，而同化主义的、种族主义的融合政策则会加剧冲突。

交互式跨文化适应模型的最大贡献在于考虑到国家的不同融合政策对移民，尤其是迁入国主流社会成员跨文化适应倾向的影响，以及移民和迁入国主流社会成员的交互作用对人际和群际关系的预测，架构了国家政策、迁入国主流社会和移民群体三者之间的桥梁。

---

① 此处的融合政策（integrative policies）指国家机构为帮助移民融入东道国社会所采取的方法和措施，与跨文化适应策略中的融合策略并非同义（Bourhis, Moïse, and Perreault, et al., 1997: 369 - 386）。

表 5 - 2　主流社会和移民跨文化适应倾向的关系结果

主流社会	移民群体				
	融合	同化	分离	边缘化	个人主义
融　合	和谐的	有问题的	冲突的	有问题的	有问题的
同　化	有问题的	和谐的	冲突的	有问题的	有问题的
隔　离	冲突的	冲突的	冲突的	冲突的	冲突的
排　斥	冲突的	冲突的	冲突的	冲突的	冲突的
个人主义	有问题的	有问题的	有问题的	有问题的	和谐的

资料来源：Bourhis, Moïse, and Perreault, et al., 1997：382.

3. 跨文化适应一致模型

跨文化适应一致模型是对交互式跨文化适应模型的进一步修订，旨在"整合主流群体和非主流群体的视角以作出对双方来说都合理的预测"（Piontkowski et al., 2002：230）。

皮昂科夫斯基、罗曼（A. Rohmann）和弗洛拉克（2002）认同布里、莫伊塞和佩罗等（1997）的观点，认为主流群体和非主流群体跨文化适应态度的匹配程度是决定双方群际关系的一个重要因素。但是，他们认为交互式跨文化适应模型的不足在于没有区分主流群体和非主流群体在传统文化保持和主流社会参与两个不同维度上的跨文化适应态度匹配情况，而在有些群际关系中，特别是当接触双方的文化差异十分严重的时候，传统文化保持维度上的差异和主流社会参与维度上的差异对群际关系的影响是不同的。因此，皮昂科夫斯基、罗曼和弗洛拉克（2002）提出跨文化适应一致模型，区分了主流群体和非主流群体在跨文化适应态度上的四个层次的一致性。当移民和迁入国主流社会的跨文化适应态度相匹配，就达到了和谐的层次（consensual level）；当移民和迁入国主流社会的跨文化适应态度在某一维度上存在差异时，就出现了有问题的层次（problematic level）；而当移民和迁入国主流社会的跨文化适应态度在两个维度上都不匹配或者迁入国主流社会采取排斥的跨文化适应态度时，就会出现冲突的层次（conflictual level）。有问题的层次又进一步区分为文化—问题的不和谐（culture – problematic discordance）和接触—问题的不和谐（contact – problematic discordance），前者指移民和迁入国主流社会在传统文化保持维度上跨文化适应态度的不一致，后者指双方在主流社会参与维度上跨文化适应态度的不一致。

跨文化适应一致模型还进一步指出，主流群体和非主流群体跨文化适应态度的不匹配伴随着群际感知威胁。群际感知威胁主要从主流群体的角度来探索群际关系，它不仅仅指双方跨文化适应态度上实际存在的不一致，也指主流群体的跨文化适应态度和主流群体感知的非主流群体的跨文化适应态度之间的不一致。这就意味着某些看似会引发冲突的跨文化适应策略实际导致的是和谐的群际关系，而某些看似和谐的跨文化适应策略却容易诱发群际感知威胁。

跨文化适应一致模型对传统文化保持和主流社会参与两个维度上跨文化适应态度匹配情况的区分，以及对群际感知威胁的强调是这一模型的贡献所在。

（三）跨文化适应的过程理论

1. 跨文化适应过程模型

跨文化适应过程模型最早由沃德（1996）在总结前人跨文化适应研究成果的基础上提出。此后，随着跨文化适应研究的发展和深入，该模型也得到了完善和细化（见图 5 – 5）。

跨文化适应过程模型将跨文化适应理解为涉及跨文化接触和变化的重要生活事件，并将之区分为心理适应和社会文化适应两个方面，前者指情感上的满足感和幸福感；后者指获得融入新的文化并在新的文化中成功应对的技能（Searle and Ward，1990：450）。沃德、博赫纳和弗恩海姆（2001）认为，跨文化经历对个体来说也许是充满刺激的、富有挑战的、令人困惑的或是使人迷失方向的，但是，无论个体的体验如何，个体在跨文化接触的最初阶段并不具备有效应对情境要求的能力和

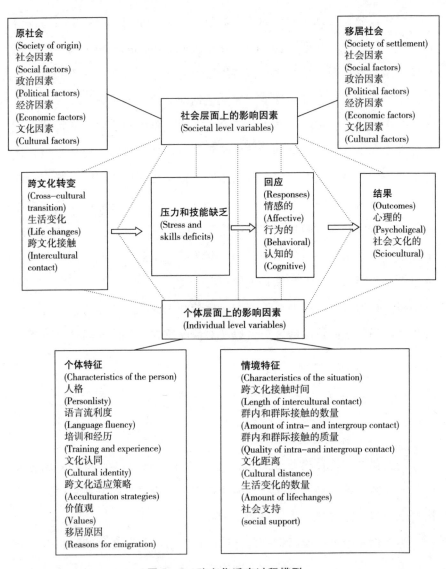

图 5-5 跨文化适应过程模型

资料来源：Ward, Bochner, and Furnham, 2001: 44.

应对新的、陌生的社会交往方式的能力。这个阶段的情况常被形容为
"令人衰弱的压力"（debilitating stress）或是"社会技能缺乏"（social skills deficits）。在任何一种情况下，个体都需要在情感、行为、认知三方面对压力管理和社会文化技能的习得作出回应，即对面临的情况进行

评价并采取行动。评价和行动，以及最终的跨文化适应结果都会受到个体层面和社会层面诸多因素的影响。社会层面的影响因素来自原社会和移居社会，包括社会因素、政治因素、经济因素和文化因素，比如民族构成、对待民族文化群体和民族外来群体（Cultural Outgroup）的态度等。个体层面的影响因素包括个体特征和情境特征两个方面，前者指个体的语言能力、人格、文化认同、跨文化适应策略等，后者指跨文化接触时间、文化距离、群际关系和社会支持等。跨文化适应的最后结果包括心理适应和社会文化适应两个方面。这两个方面虽然是相互关联的，但却受制于不同因素的影响。心理适应主要受到人格、生活变化、社会支持等因素的影响，而社会文化适应主要受到语言水平、文化距离、在新文化中的居住时间、与移居社会成员的接触等因素的影响。

跨文化适应过程模型综合考虑了影响跨文化适应的宏观变量和微观变量，兼顾了心理适应和社会文化适应两个方面，为我们理解跨文化适应过程以及进行跨文化适应研究提供了一个比较全面系统的参照模型。

2. 跨文化适应的多维个体差异模型

萨夫达尔（Safdar）、雷（Lay）和斯特拉瑟斯（Struthers）（2003）从个体角度探索移民的跨文化适应过程，建构跨文化适应的多维个体差异模型，以解释跨文化适应预测变量和结果变量的关系。

他们认为，在多元文化社会中，移民的跨文化适应目标，即跨文化适应的结果变量包括传统文化保持、主流社会参与以及生理和心理健康三个方面。其中，传统文化保持是群内行为，主流社会参与是群外行为，而生理和心理健康指的是一种健康状态。在整个跨文化适应过程中，跨文化适应目标的实现受制于个体差异，包括个体的社会心理适应、与家庭和族群文化的联系以及经历的日常困难等预测变量。这些预测变量反映了个体的基本特征以及个体在新的社会中的经历，对于理解和预测他们的群内行为、群外行为以及生理和心理健康状态十分重要（Safdar et al.，2003：558－559）。个体的跨文化适应策略在萨夫达尔、雷和斯特拉瑟斯（2003）的模型中起到了连接预测变量和结果变量的中介作用。按照萨夫达尔、雷和斯特拉瑟斯（2003）的话说，这一模型目前只是探索性的，还有待于实证研究的进一步检验。但是，他们认为这一模型的核心变量都不具有文化特殊性。因此，他们相信这一模型是具有文化普适性的，能够"极大地促进我们对于跨文化适应这一复杂过程的理解"（Safdar et al.，2003：575）。

荷兰学者阿伦滋－托斯和范·德·维杰威（2006）也提出了一个类似的理解跨文化适应过程的框架，但是他们对跨文化适应预测变量的考量兼顾了个体层面的因素和群体层面的因素。他们将跨文化适应研究的变量归为跨文化适应条件（acculturation conditions）、跨文化适应倾向（acculturation orientations）和跨文化适应结果（acculturation outcomes）三类。跨文化适应条件指的是"跨文化适应过程的要求和语境限制"（Arends－Tóth and Van de Vijver，2006：35），它对跨文化适应过程起主要影响作用。从群体层面上来看，跨文化适应条件包括移居的类型、原社会特点、移居社会特点和移民群体特点。从个体层面上来看，跨文化适应条件主要指个人的居住时间、年龄、社会地位等个人特征。在赛尔和沃德（1990）区分心理适应和社会文化适应的基础上，阿伦滋－托斯和范·德·维杰威（2006）又进一步将跨文化适应结果区分为心理适应、民族文化群体的社会文化能力和主流社会的社会文化能力。跨文化适应倾向则起到了连接跨文化适应条件和跨文化适应结果的作用。

（四）跨文化适应的交际理论

1. 埃林斯沃思的跨文化适应理论

埃林斯沃思的跨文化适应理论于 1983 年提出，并在 1988 年进行了修订。该理论旨在描述和预测来自不同文化的人们如何在人际交往中相互适应。

埃林斯沃思认为，以任务为导向的二元交际是整个跨文化适应过程的缩影。因此，他从狭义角度将跨文化适应理解为来自不同文化的两个个体在以任务为导向的、实时的、面对面交际时可能发生的可观察的行为。他的理论包括参与者、环境、目的、过程、结果五个基本要素。参与者在跨文化适应理论中是两个彼此感觉相异的人，他们的交际风格代表着两个不同的文化信仰体系（Ellingsworth，1988：267），且他们必须在一定程度上共享一种语码以便于符号交际能够顺利进行。环境包括自然环境和社会环境，是一个对双方而言中立的场所，且使用中立的语言。目的因素和环境因素会进行交互作用。埃林斯沃思认为相遇不是偶然的，如同人际交流一样，跨文化交际的一方或双方在相遇之前必然有明确的交际目的。跨文化交际的过程以适应为中心，功能性的交际风格适应不太可能使潜在的信仰差异显现，而非功能性的交际风格适应则相反。另外，当交际双方的交际目的一致时，交际双方会采用合作的交际策略，从而实现相互适应；而当一方采用说服的交际策略时，说服者就要承担更多的适应行为。适应的结果可以是强化或改变已有的文化刻板印象，也可以是自我反省。

围绕这些基本要素，埃林斯沃思以交际风格适应为中心，提出了7条规律来解释交际风格适应与各个要素之间的关系：

（1）交际风格适应与目的的实现有关；

（2）交际风格适应与文化信仰的调用有关；

（3）交际目的的兼容与适应责任的分担有关；

（4）当参与者一方的需求对于另一方来说没有或很少有利益，且得不到补偿时，适应的责任主要由发起人承担；

（5）当参与者一方拥有地域优势时，另一方承担适应责任；

（6）当参与者一方在地位或权力方面明显高于另一方时，适应的压力在地位或权力较低的一方；

（7）交际风格的适应与参与者的认知、自我形象和未来感知有关。

基于此，埃林斯沃思推理出相关的11个命题（见附录1），对交际适应行为进行预测。

2. 交际适应理论

交际适应理论源于贾尔斯对口音变动的研究，其前身是言语适应理论（Speech Accommodation Theory）。该理论强调动机在说话者语言和交际风格选择中的重要作用，认为说话者在交际过程中运用趋同（convergence）、分化（divergence）、维持（maintenance）等不同的语言策略以达到博取赞同或显示个性的不同动机。加卢瓦、富兰克斯·斯托克斯和贾尔斯等（1988）将交际适应理论应用于跨文化交际，并与民族语言认同理论相结合。此后加卢瓦等学者又对交际适应理论进行了修订（如：Gallois et al.，1995；Gallois et al.，2005）。

交际适应理论的基本组成部分包括社会历史语境（sociohistorical context）、适应倾向（accommodation orientation）、即时情境（immediate situation）、评价与未来意图（evaluation and future intentions）（见图 5 - 6）。社会历史语境指交际双方的群际和人际关系历史以及社会/文化规范和价值。适应倾向即交际者将与外群体成员的交际视为群际交际、人际交际或两者结合的交际倾向。适应倾向受到个人因素（如：社会身份）、群际因素（如：感知的内群体活力①、群际边界）和交际初衷（如：感知的潜在冲突和威胁、适应外群体的动机）的影响。社会历史语境和适应倾向共同决定交际的即时情境，即交际者的社会心理状态（如：交际者即时的人际交际或群际交际的倾向）、目标和焦点（如：交谈需要、关系需要）、社会语言策略（如：近似语策略、语篇管理策略）、行为和技巧（如：语言、话题、会话风格），以及标记与归因（指对社会心理状态、目标、策略、行为的反馈）。评价与未来意图则从长远的角度考虑特定的交际行为对长期的身份认同和未来交际的影

---

① 群体活力（group vitality）是一个概念框架，常被用来比较在多元文化环境中移民和东道国社会的相对优势和弱点（Bourhis, Moïse, and Perreault et al.，1997：369 - 386）。

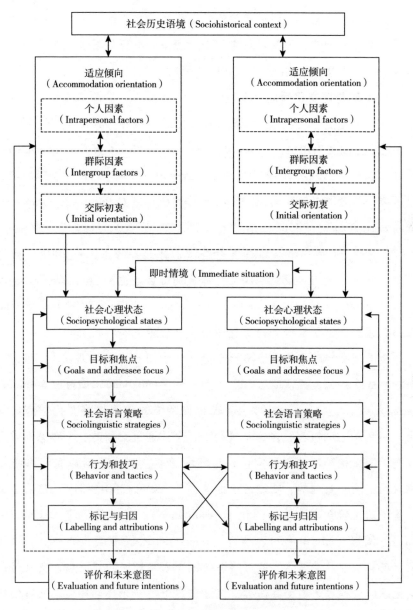

图 5 - 6　跨文化语境中的交际适应理论

资料来源：Gallois, Giles, Jones et al., 1995: 138.

响。加卢瓦、贾尔斯和琼斯等（1995）围绕这 5 个基本组成部分提出了 17 个命题（见附录 2），较为系统地揭示了交际者相互适应的动机。

从整体上来看，交际适应理论的主要目的在于建立一个适用于所有跨群体交际的理论，但是对跨文化交际现象的解释只限于在相关命题中涉及了个体主义/集体主义这一文化变量时。

3. 交际与跨文化适应整合理论

金从 20 世纪 70 年代开始研究跨文化适应问题，其论文《交际—跨文化适应互动理论初探》（*Toward an Interactive Theory of Communication - Acculturation*）（1979）可视为其跨文化适应理论的基础，而《交际与跨文化适应：整合理论》（*Communication and Cross - Cultural Adaptation：An Integrative Theory*）（1988）则"是其理论真正形成的标志"（戴晓东，2011：176）。而后，金对原有理论进行了补充和修正，于 2001 年出版专著《跨文化能力：交际与跨文化适应的综合理论》（*Becoming Intercultural：An Integrative Theory of Communication and Cross - Cultural Adaptation*），系统阐述了交际与跨文化适应整合理论。

金的交际与跨文化适应整合理论（以下简称"整合理论"）包含三个核心概念：跨文化适应（cross - cultural adaptation）、交际（communication）和陌生人（stranger）。金从开放系统的角度将跨文化适应定义为"一个动态的过程，在这个过程中，个体通过对新的、不熟悉的或是改变了的文化环境的重新定位，与环境建立（或者重新建立）和维持相对稳定的、互利的、功能健全的关系"（Kim，2001：31）。这一定义涵盖了前人研究中涉及的同化（assimilation）、跨文化适应（acculturation）、调整（adjustment）、整合（integration）等术语，是一个包罗万象且更具一般性的概念。通过将适应置于人与环境的交汇点，金又将跨文化适应过程理解为交际过程。交际在这里指"个体与环境的所有信息交换活动"（Kim，2001：32）。陌生人在金的理论中指"跨越文化边界并在异文化中安顿下来的个体"（2001：32）。任何陌生人的跨文化适应旅程都是在经历了与新环境交互的压力后，逐步从"局外人"向"局内人"迈进的过程。

　　基于跨文化适应、交际和陌生人三个核心概念构成的概念框架，金构建了压力—适应—成长动态模型（见图 5 - 7）和影响跨文化适应的结构模型（见图 5 - 8），分别用以描述与陌生人现实经历相符的跨文化适应过程的本质和解释个体的跨文化适应差异。

　　金认为，陌生人进入新的文化环境时，他们惯常的思维习惯和行为方式遭到质疑，文化身份被迫悬置或放弃，使得他们不得不学习新的文化体系。陌生人希望保持旧的文化习俗、文化身份的愿望和寻求与新环境和谐共生的愿望形成内在冲突，从而使得跨文化适应必然导致陌生人的心理压力。压力下的陌生人常常处于一种失衡的状态，表现为情绪低落、困惑、焦虑等。但是，金并没有将压力视为一种疾患，而是将压力视为驱使陌生人克服困境和积极参与新文化学习的原动力。由于人类思维的可塑性，陌生人具有面对挑战和习得新知识的能力，他们通过对新环境的回应和应对，将新环境的某些方面融入自身的内部结构，逐渐提升与外部现实间的整体契合度，随之而来的便是个体的成长。压力、适应、成长构成了跨文化适应的动态过程。但是，这一过程并非呈平滑的线性发展态势，而是呈螺旋上升的发展轨迹。陌生人在面对压力的

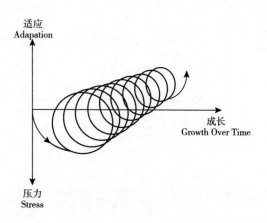

图 5 - 7　压力—适应—成长动态模型

资料来源：Kim，2001：59.

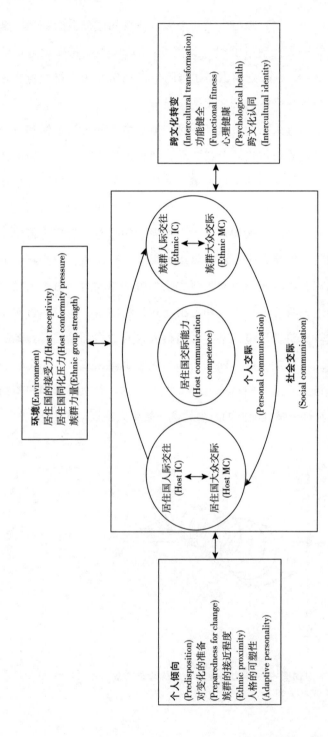

图 5-8 影响跨文化适应的因素：结构模型

注：IC = Interpersonal Communication；MC = Mass Communication。

资料来源：Kim，2001：87.

时候会退缩，但这又反过来促使他们重新组织自我，并向前跃进。因此，适应的过程总是前进与后退并行的过程。同时，陌生人在与新的文化环境接触之初面对的适应困难会相对较大，经历的变化也会相对较大。因此，压力与适应之间的波动幅度会更大。随着时间的流逝，陌生人经历了一定的内在变化发展后，压力与适应之间的波动幅度逐渐减小。

当然，并不是每个陌生人在压力—适应—成长这一跨文化适应转变过程中都同样成功，平衡体系的保持和修复取决于诸多因素的影响，主要包括个人交际、居住国社会交际、族群社会交际、环境、个人倾向和跨文化转变 6 个方面。

陌生人的交际活动包括个人交际和社会交际两个基本的维度，后者在金的整合理论中又被进一步区分为居住国社会交际和族群社会交际。个人交际是"私有的符号化"，指个体在现实社会情境中的所有内在思维活动；社会交际是"公共的符号化"，是两个或两个以上个体间的交流。个人交际主要表现为居住国交际能力，是陌生人按照居住国社会的交际系统，恰当、有效地处理信息的能力。社会交际从其发生的层面来看，可以分为人际交往和大众交际两类，前者指在社会环境中直接的、面对面地与人交往，后者指通过电台和电视节目、杂志和报纸文章、电影、博物馆展览、剧院演出、海报等传播媒介与更为广阔的社会环境进行的交往。居住国人际交往是陌生人获取文化信息、了解居住国社会成员思维方式和行为模式的重要渠道；居住国大众交际则对陌生人学习居住国文化和参与居住国社会起到至关重要的作用。族群社会交际主要指陌生人与自己同胞的人际交往以及陌生人通过族群媒介获取的信息、教育、娱乐等方面服务。尽管在跨文化适应的最初阶段，族群社会交际能给缺乏居住国交际能力的陌生人提供支持，但是从长远来看，族群社会交际会限制陌生人参与居住国社会交际，不利于他们融入居住国社会。

与个人交际和社会交际进行交互作用的是新的环境，包括居住国的接受力、居住国同化压力和族群力量。居住国的接受力反映在居住国社会成员对陌生人的开放程度和欢迎程度，以及接受陌生人参与当地社会交际、提供社会支持的意愿等方面。一个社会对陌生人的接受力往往受到文化差异、历史关系、相对地位等多种因素的影响。居住国同化压力是指陌生人面临改变原有的行为模式、采纳居住国社会的交际体系等挑战的难度，表现为居住国社会对陌生人的容忍度、偏见和歧视水平。居住国的接受力和居住国同化压力与陌生人的族群力量紧密相关。族群力量是一个族群给予其成员的相对地位和权力。强大的族群力量有助于陌生人在居住国社会中的初期适应，但是从长远看，族群力量与其成员的跨文化适应会呈负相关关系。

除外部环境外，陌生人内在的个人倾向也会影响跨文化适应过程，主要包括对变化的准备、族群的接近程度和人格的可塑性。对变化的准备指陌生人对跨越文化边界、理解居住国社会及其交际体系的准备程度，可以经由教育、培训或跨文化经历等来加强。族群的接近程度指陌生人的族群性与居住国主流群体成员的族群性的相似度和兼容度。人格的可塑性对跨文化适应的影响主要表现为开放性、力量和积极性。

上述 5 个因素影响并受制于跨文化转变，即功能健全、心理健康和跨文化认同 3 个方面的内在变化。陌生人在新文化环境中经过一段时间的努力和调整，其内在能力与环境的外部要求逐渐契合，即功能健全。伴随功能健全出现的是心理健康水平的提高，"陌生人的心理健康与他们的交际能力和功能健全有着直接的联系" (Kim，2001：63)。因此，当陌生人具备了一定的交际功能后，他们的心理健康状态就会得到改善。最后，跨文化转变体现在跨文化认同上。跨文化认同既不是对原文化的认同，也不是对居住国文化的认同，而是超越特定文化的认同，将个体与一种以上的文化相联系，将个体置于与永远更新的文化环境持续协商的位置，使个体通过内化新的环境因素从文化认同转向跨文化认同。跨文化认同的建构包括两个辩证统一的要素：自我—他人定位的个体化和普遍化。前者意味着陌生人不再以社会群体范畴来界定自我和他人，而是从个体的独特性出发，以人类一员来定义自我和他人；后者指陌生人意识到价值的相对性和人性的普遍性，克服文化上的狭隘性，超越外显的文化差异，以非二元的、超越语境的、整合的视角来体验共有的人性。

图 5-8 表明，个人交际、居住国社会交际、族群社会交际、环境、个人倾向和跨文化转变呈现一个交互的模型，各因素之间互为因果，体现了开放系统中各组成部分之间互惠互利的健全关系。金认为，这一结构模型可以解释和预测跨文化适应的成功或失败，并据此提出了 21 个原理（见附录 3）对 6 个因素之间的正负相关关系进行详细说明。

整合理论站在人类适应普遍性的角度来理解跨文化适应，将跨文化适应视为一个普通的环境适应过程，并阐明了影响这一适应过程的主要因素及其相互之间的关系，是目前为止较为全面的跨文化适应理论。

4. 安德森的跨文化适应模型

安德森（1994）认为，现实生活中的适应就是实现个人与环境的契合。"这是一个双向互动的过程。个体给予环境，并向环境索取；环境对个体提出要求，并满足个体的需求。"（Anderson，1994：301）跨文化适应也是一般意义上的适应。因此，安德森的跨文化适应模型试图打破学科的界限，跨越跨文化适应研究和一般适应研究的沟壑，建立一个适用于所有旅居者（Sojurners）[①] 的跨文化适应模型。

该跨文化适应模型以心理驱动理论为基础，其核心是挫败条件的出现，也即障碍的出现。对于旅居者来说，他们在与异文化遭遇时所闻所见任何事物都会构成障碍。适应就是为了消除障碍而产生的反应，不同的反应方式代表了不同的适应方式。驱动力或动机是促使个体朝着克

[①]　在安德森的理论中 "旅居者"（Sojurners）一词可以理解为所有经历跨文化适应的个体，不同于贝里（2006）对跨文化适应个体或群体的分类。

服障碍这一目标前进所必需的。当个体感受到个人与环境要求之间的不平衡时，驱动力或动机就会产生，它不仅能激发行为，同时也会引导行为。换言之，旅居者对环境中事件的感知以及评价决定了"适应什么"和"怎么适应"。跨文化适应的过程如图 5 - 9 所示。

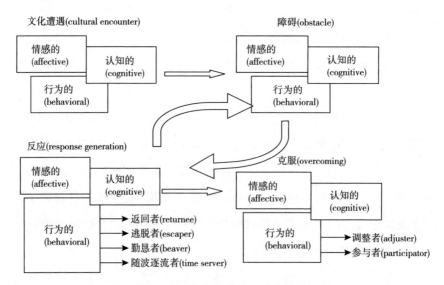

图 5 - 9　简化的跨文化适应过程

注：根据安德森的跨文化适应过程图简化，跨文化适应过程中每一阶段在情感、认知、行为上的表现各不相同。

资料来源：Anderson，1994：293 - 328.

安德森的跨文化适应模型围绕六大原则展开。

（1）跨文化适应涉及调整。在安德森看来，跨文化语境中的障碍主要包括原文化与居住国文化在价值观、态度、信仰上的差异，象征身份的熟悉符号的消失和旅居者社会能力的缺乏。因此，跨文化适应不仅仅是对社会技能的学习，同时也是对情绪、价值观、信仰和身份的调整。

（2）跨文化适应意味着学习。文化学习对于旅居者来说也是必需的。当旧有的规则、行为方式等在新环境中不再适用时，旅居者就需要通过学习来应对新的文化环境。

（3）跨文化适应包含陌生人与居住国成员的关系。陌生人与居住国成员的关系是跨文化适应区别于日常生活适应的显著特点。安德森从两个角度来理解旅居者的陌生人身份——新来者（newcomers）和边缘人（marginal persons）。陌生人作为东道国社会中的新来者，他们必须修正自己的参照体系来适应居住国社会的文化。陌生人作为边缘人，他们必须学习和适应居住国文化的突出特点以与居住国成员融洽相处。

（4）跨文化适应是循环的、持续的、交互的。适应是遭遇障碍和克服障碍的过程，在任何文化中的生活都会遭遇无止境的障碍，因此适应是个持续的过程。适应也是动态的和交互的过程。个体会影响和改变环境，同时也会受到环境的影响和改变。安德森的循环包括两层含义，她认为适应这一循环过程不仅体现在一次挑战的结束会蜕变成另一次挑战的开始，还体现在克服障碍的过程中既有沮丧又有欣快，既有成功又有失败，也即适应包括过程的重复和过程中的起伏。跨文化适应作为适应的一个特例，也同样是循环的、持续的和交互的。

（5）跨文化适应是相对的。跨文化适应可以发生在情感、认知、行为任何一个单独的层面上，也可以同时发生在几个层面上。跨文化适应的结果也不是唯一的，或是只有成功和失败两种结果，而是存在不同类别和程度的差异。安德森区分了返回者、逃脱者、勤恳者、随波逐流者、调整者和参与者6种跨文化适应的类别，用以标识6种不同的适应程度或适应方式。

（6）跨文化适应蕴含个体的成长。旅居者在跨文化适应过程中会发生显著的变化，因此安德森认为，跨文化适应"是一次文化旅行，以旅居者的再社会化而告终"（1994：320）。

安德森的跨文化适应模型追溯跨文化适应的社会心理根源，从个体与环境相适应的角度来理解跨文化适应，并将个体在环境变化中遭遇的障碍视为个体自我发展的"触发器"，与金的压力—适应—成长模型异曲同工。

5. 焦虑/不确定性管理理论

古迪昆斯特的焦虑/不确定性管理理论最初是有关跨文化适应的理论。1988 年，古迪昆斯特和海默扩展了伯杰（P. L. Berger）和卡拉布雷斯（R. Calabrese）的不确定性减少理论（Uncertainty Reduction Theory），将焦虑因素融入其中，并将之应用于跨文化适应，形成了焦虑/不确定性管理理论的雏形。1995 年，古迪昆斯特首次将完善后的理论命名为焦虑/不确定性管理理论，并于 2005 年将该理论分为有关有效交际的理论和有关跨文化适应的理论。本书仅就后者展开讨论。

焦虑/不确定性管理理论包含 5 个核心概念：陌生人、不确定性、焦虑、跨文化适应和留意。古迪昆斯特对陌生人的定义十分宽泛，他认为凡是属于其他群体的、与我们不同的人都是陌生人（1995：10）。由于我们不可能和任何一个人拥有一模一样的群体身份，因此我们所遇见的任何一个人都是陌生人，而与陌生人的交往就是以焦虑和不确定性为特征的。不确定性是一个认知现象，它可进一步分为预测性不确定性和解释性不确定性，前者指陌生人没有能力预测居住国社会成员的态度、情感、信仰、价值观和行为；后者指陌生人不确定如何去解释居住国社会成员的行为、态度、情感、思维和信仰。古迪昆斯特认为，当不确定性过高时，居住国社会成员的行为被认为是不可预测的，陌生人将没有信心去预测或解释居住国社会成员的行为；而当不确定性过低时，陌生人就会过度自信，很容易误解居住国社会成员的信息而毫不担心自己的预测或解释是否会出错。因此，只有当不确定性处于最大值和最小值之间的一个理想水平时，陌生人才有足够的自信去预测和解释居住国社会成员的行为而不至于产生误解。焦虑是一个情感现象，它源于陌生人在与居住国社会成员交往时由于结果不可预料而产生的不安、紧张、担忧或恐惧。焦虑过甚时，陌生人会由于过度不安而回避与居住国社会成员交往；而焦虑程度太低时，陌生人将失去与居住国社会成员交往的动力。因此，同不确定性一样，只有当焦虑处于最大值和最小值之间的一个理想水平时，陌生人才有动力去适应居住国文化。跨文化适应，在古迪昆斯特看来就是"个体与环境的契合"（1988：111）。他认为，成功的跨文化适应即是"在居住国社会中感觉舒适，能与居住国社会成员有效交际，并能恰当地参与居住国社会行为"（Gudykunst，2005：425）。然而，要实现有效交际和跨文化适应的最终目的，陌生人需要有意识地管理自己的焦虑与不确定性，这就需要留意。留意的概念来自兰格（E. Langer）（1989），它包括新范畴的建立、对新信息的开放和非单一性视角的意识。古迪昆斯特认为，如果陌生人懂得留意，他们就会看到更多的差异而去对较为宽泛的范畴进行更为具体的划分，会更多地关注交际过程中的细微处，也会意识到居住国社会成员与自己相异的视角。

除这些核心概念外，古迪昆斯特又引进了 8 个变量来解释如何减少焦虑/不确定性，这 8 个变量包括自我概念、交往动机、居住国成员的回应、居住国成员的社会分类、情境过程、与居住国成员的联系、伦理方面的交往、居住国文化条件（见图 5 - 10）。

古迪昆斯特认为，焦虑与不确定性是影响跨文化适应的基本原因，它们对跨文化适应的结果产生直接的影响，而自我概念等 8 个变量是表面原因，它们对跨文化适应结果的影响需要借助焦虑与不确定性这两个基本原因的中介作用。同时自我概念等 8 个变量又是影响焦虑与不确定性减轻的表面原因。围绕 5 个核心概念和 8 个变量，古迪昆斯特（2005）提出了 47 个定理（见附录 4）来解释它们之间的相互关系。

古迪昆斯特力图从个体、人际、群际、社会文化等多个层面寻找影响跨文化适应的因素。在他的焦虑/不确定性管理理论中，焦虑和不确定性这一心理因素被放在了影响跨文化适应的首要位置，"开辟了一条围绕心理焦虑问题而展开的分析途径"（戴晓东，2011：142）。庞大的命题数量使焦虑/不确定性管理理论在具有较强实用性的同时也显得较为复杂。

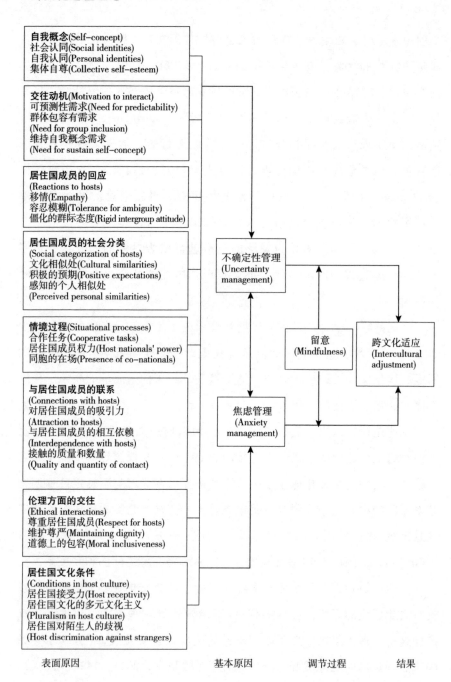

图 5-10 跨文化适应的 AUM 理论

资料来源：Gudykunst, 2005：293.

三　理论的表现特征分析

跨文化适应的阶段理论、策略理论、过程理论和交际理论各有不同的理论侧重，本节将采取以点带面的理论分析策略，以各类理论中的典型理论为分析重点，兼及其他相关理论，从而把握各类理论的理论目标、理论概念和关系，以及建构/检验方法等表现特征。

（一）跨文化适应的阶段理论

跨文化适应的阶段理论大多是学者们对跨文化适应现象的早期研究成果，侧重描述移居者在居住国社会中的跨文化适应阶段。但是，学者们的理论目标并不仅仅在于对跨文化适应现象的描述，而更在于对跨文化适应现象的解释和对跨文化适应过程、结果的准确预测。学者们对阶段理论的建构/检验大都采取问卷调查等量化的研究方法，将理论的关键概念转化为可操作的量化指标，通过测量和统计，寻找概念间的普遍因果关系。

以 U 型曲线假说为例，莱斯加德将旅居者的跨文化适应水平（主要为心理适应）描述为与新文化接触的时间结果，即旅居者的跨文化适应状况因与新文化接触的时间长短不同而波动。这一因果关系的解释可以帮助我们根据旅居者进入异文化的时间长短来预测旅居者所处的跨文化适应阶段和心理适应程度。该假说的提出基于对 200 位富布莱特学者的调查研究。莱斯加德将富布莱特学者进入美国的时间区分为 0 ~ 6 个月、6 ~ 18 个月和 18 个月以上 3 个时间阶段，并将跨文化适应概念具体化为职业—教育适应和个人—社会适应两个具有可操作性的指标。通过处于 3 个不同时间阶段的旅居者对职业—教育适应和个人—社会适应状况的报告，得出跨文化适应的 U 型变化曲线。

在 U 型曲线假说提出后的 30 多年里，它一直是跨文化适应领域的主要理论。学者们把它应用于移居者在居住国社会的学术表现、与居住国社会成员的交际、居住国文化感知，以及归国适应等方面的解释和预测。但是，由于 U 型曲线假说的提出是基于横断研究，缺少纵向研究的支持，因此也有不少学者对该假说提出质疑并进行检验。沃德、大仓裕隆（Yutaka Okura）和肯尼迪等（1998）以 35 名留学新西兰的日本学生为研究对象，采用宗氏（W. W. K. Zung）（1965）的抑郁自评量表（Self – Rating Depression Scale）对这些学生在进入新西兰后的 24 小时、4 个月、6 个月和 12 个月 4 个时间点的心理适应水平进行测量。量表包含的典型陈述有"我吃得和平时一样多""我无缘无故地感到疲乏"等。测量采用"没有或很少时间（1 分）""小部分时间（2 分）""相当多时间（3 分）""绝大部分或全部时间（4 分）"四级评分标准，要求留学生根据各种抑郁症状出现的频率对量表中的相关陈述进行评定。最后，根据留学生的得分情况来判断他们的跨文化适应水平。研究结果推翻了莱斯加德的 U 型曲线假说。与沃德、大仓裕隆和肯尼迪等（1998）的研究相似，基利（D. A. Kealey）（1989）的研究对加拿大派往 20 多个国家的 277 名技术顾问在国外入职后的 1 ~ 3 个月、3 ~ 6 个月、6 ~ 12 个月和 1 ~ 2 年 4 个时间阶段的跨文化适应状况进行了测量。不同的是，基利（1989）的研究将跨文化适应概念转化为各方面的满意度指标，并采用了十级评分标准。他的研究结果表明，只有 10% 的研究对象的跨文化适应状况是符合 U 型曲线假说的。

且不论 U 型曲线假说准确与否，从莱斯加德提出 U 型曲线假说，到学者们对 U 型曲线假说的应用和检验，学者们都在寻找跨文化适应状况与时间之间的关系，旨在通过对各种适应现象因时间而变化的规律的解释，来帮助预测移居者可能面临的跨文化适应过程和结果。在应用或检验 U 型曲线假说的研究中，学者们将跨文化适应概念转化为具有可操作性的抑郁、满意度等指标，通过量表测评等研究方法对移居者的跨文化适应状况进行测量和统计。因此，从 U 型曲线假说的理论目标、概念及关系，以及建构/检验的具体方法等方面的表现特征来看，U 型曲线假说具有明显的实证主义范式特征。

除 U 型曲线假说外的其他阶段理论，实证主义范式的表现特征也很明显。W 型曲线假说作为 U 型曲线假说的拓展自不必说。帕克的种族关系循环论和戈登的同化理论尽管区分了跨文化适应的不同阶段，但他们都把同化作为跨文化适应的最终结果，认为同化是一个自然的过程，是不可逆转的规律，预测了大多数经历跨文化适应的群体在时间的推移中最终都会被移居社会所同化。戈登更是将跨文化适应中的族群关系视为人类交流的基本过程，致力于建立一个包含社会变量和心理变量在内的普遍理论框架，用以解释和预测族群关系。戈登（1975）还尝试提出了生物—社会发展变量（bio - social development variables）、交流过程变量（interaction process variables）、社会变量（societal varia-bles）等自变量和同化类型（type of assimilation）、完全同化的程度（degree of total assimilation）、冲突程度（degree of conflict）、社会奖赏程度（degree of access to social rewards）等因变量，试图建立一个因果理论。

因此，尽管 U 型曲线假说、W 型曲线假说、种族关系循环论和同化理论区分了跨文化适应的不同阶段，但它们都认为跨文化适应存在普遍规律，理论的目标就是解释这一规律，并据此对跨文化适应过程和结果作出预测。相关的跨文化适应研究也采用了典型的自然科学方法，操作化相关概念，测量相关指标，并由统计分析得出因果关系。这些理论的目标、概念及关系，以及建构/检验方法等都体现了实证主义范式的表现特征。

（二）跨文化适应的策略理论

跨文化适应的策略理论主要源于心理学领域。心理学家们关注跨文化适应的个体或群体对跨文化适应策略的选择，即跨文化适应的个体或群体对传统文化保持和主流社会参与的态度。以策略理论为参照的跨文化适应研究或将跨文化适应策略作为静态的结果，考察对其产生影响的前因变量；或将跨文化适应策略作为预测变量，考察其对跨文化适应过程和结果的影响。这些研究以各种量表为研究手段，推断跨文化适应个体或群体的跨文化适应策略，寻找跨文化适应策略与其前因变量或结果变量的关系。贝里的跨文化适应策略理论是最广为人知的策略理论，我们以此为例对策略理论的目标、概念及关系，以及建构/检验方法等表现特征做一分析。

贝里的跨文化适应策略理论主要包括跨文化适应策略、文化变化、行为转变、跨文化适应压力、心理适应和社会文化适应等概念。跨文化适应策略是贝里理论的核心概念，指个体/群体在新文化中进行跨文化适应时的态度、行为、动机和目标。[①] 贝里理论的命题也主要围绕跨文化适应策略展开，概括了同化、融合、分离和边缘化等跨文化适应策略与群体层面的文化变化以及个体层面的行为转变、跨文化适应压力、心理适应和社会文化适应的因果关系。贝里理论的主要目标在于对跨文化适应策略和其他有关概念的关系作出解释，以预测采用不同跨文化适应策略的个体/群体可能经历的跨文化适应过程和结果。

以策略理论为参照的跨文化适应研究首先需要对个体/群体的跨文化适应策略选择作出评定。最普遍的方法是选择与跨文化适应相关的一系列领域（如：食物偏好、语言运用、父母—子女关系等），然后针对特定领域提出 4 种不同的陈述，分别对应跨文化适应的 4 种策略（如：Van de Vijver, 1999）。陈述的实例如下：

> 我喜欢阅读荷兰语的书，也喜欢阅读母语的书。（融合策略）
> 我喜欢阅读荷兰语的书，但我不喜欢阅读母语的书。（同化

---

① 贝里对跨文化适应策略内涵的这一界定出自肖珺和李加莉对贝里的访问（肖珺、李加莉，2014）。

策略）

　　我喜欢阅读母语的书，但我不喜欢阅读荷兰语的书。（分离策略）

　　我既不喜欢阅读荷兰语的书，也不喜欢阅读母语的书。（边缘化策略）

　　一般来说，每个陈述都会提供从"完全同意（5分）"到"完全不同意（1分）"共5种回答，分别对应不同的分值。通过统计被调查者的总分来判断被调查者所采用的跨文化适应策略。另外一种常见的方法是根据贝里区分跨文化适应策略的两个维度，分别提出与"传统文化保持"和"主流社会参与"相对应的两种陈述（如：Ryder et al.，2000），如"我的生活习惯和我的同胞相似""我的生活习惯和主流社会成员相似"，并按照同样的计分方法来统计被调查者的得分，判断被调查者的跨文化适应策略。不论研究者采用哪种衡量方法来判断被调查者的跨文化适应策略，他们都将跨文化适应策略这一抽象的概念转化为跨文化适应的具体实践内容，并采用数理的统计方法，带有显著的实证主义方法论特点。

　　除对跨文化适应策略的考察外，研究者们也以贝里的命题为基础考察跨文化适应策略对跨文化适应过程和结果的影响。沃德和拉纳·杜巴（A. Rana–Deuba）（1999）以104位在尼泊尔的国际救援人员为研究对象，考察跨文化适应策略和心理适应、社会文化适应的关系。她们采用上述第二种方法来评定被调查者的跨文化适应策略，采用宗氏（1965）的抑郁自评量表评估被调查者的心理适应情况，采用弗恩海姆和博赫纳（1982）的社会环境问卷（Social Situations Questionnaire）评估被调查者的社会文化适应情况，最终确定不同的跨文化适应策略和心理适应、社会文化适应的相关程度。弗恩海姆和博赫纳（1982）的社会环境问卷的检测项目主要包括结交当地的朋友、理解当地的语言、适应当地的居住环境等。研究者通过被调查者对这些项目难易度的评分来衡量被调查者的社会文化适应程度。

也有些研究者将跨文化适应策略作为静态的结果，着重考察促成跨文化适应策略选择的影响因素。内托（F. Neto）（2002）考察了人口统计学因素（如：性别、年龄、出生地）、跨文化接触因素（如：语言、身份、社会交往、歧视）和社会心理因素（如：自尊、掌控、心理症状出现频率）对青少年移民跨文化适应策略的影响。在内托考察的各类因素中，除人口统计学因素外，几乎都采用了量表的形式来对被调查者的各方面状况进行评估。最后，通过多元回归分析来确定各预测变量与跨文化适应策略之间的关系。

由此可见，在以贝里的跨文化适应策略理论为参照的相关研究中，研究者们几乎都力图找出跨文化适应策略与其他变量之间的因果关系；将抽象的概念转化为可操作的指标，如将跨文化适应策略转化为跨文化适应的具体实践内容，将心理适应转化为抑郁指标，将社会文化适应转化为在社会环境中与当地人交往、理解当地语言的程度等，将跨文化接触转化为与内群体成员或外群体成员共度空余时间的频率等；并以量化的方式对各指标进行测量，采用回归分析等科学方法找出各变量之间的数学表达形式。因此，从理论的目标、概念和关系，以及建构/检验的具体方法等方面的表现特征来看，贝里的跨文化适应策略理论是具有实证主义范式特征的。

布里、莫伊塞和佩罗等（1997）的交互式跨文化适应模型，皮昂科夫斯基、罗曼和弗洛拉克（2002）的跨文化适应一致模型也以跨文化策略为理论的核心概念，但他们的主要目的在于通过对移民群体和迁入国主流社会成员跨文化适应策略的考察来预测双方的群际关系。在以交互式跨文化适应模型或跨文化适应一致模型为参照的研究中，研究者也采用上述两种常见的方法对移民或迁入国主流社会成员的跨文化适应策略进行评定；而对群际态度的衡量主要采取量化的形式，如采用 0

（非常不喜欢）～100（非常喜欢）的计数方式要求被调查者就对外群体的喜好程度进行打分（如：Bourhis et al.，2009）。双方跨文化适应策略的匹配程度与群际关系的相关性也主要通过回归分析来确定。

因此，贝里的跨文化适应策略理论，布里、莫伊塞和佩罗等（1997）的交互式跨文化适应模型，皮昂科夫斯基、罗曼和弗洛拉克（2002）的跨文化适应一致模型虽然存在一定程度的差异，但是这些理论都以跨文化适应策略为理论的核心概念。在相关的跨文化适应研究中，研究者们将跨文化适应策略和相关概念转化为可操作的指标进行测量，旨在寻找跨文化适应策略与其他相关概念的因果关系，建立普遍性的因果法则，以帮助预测跨文化适应的过程和结果。这些理论的目标、概念和关系，以及建构/检验的具体方法等都体现了实证主义范式的特征。

（三）跨文化适应的过程理论

跨文化适应的过程理论着眼于整个跨文化适应过程，旨在解释跨文化适应预测变量和结果变量的关系，是典型的因果理论。这类理论一般都以心理适应和社会文化适应作为跨文化适应的结果变量，而预测变量则因理论的不同存在较大的差异。研究者们通过测量结果变量和不同的预测变量，以及使用零阶相关系数、多元回归分析或结构方程模型等方法建立、估计或检验预测变量和结果变量之间的因果关系。

以沃德（1996）的跨文化适应过程模型为例，该模型整合了众多的跨文化适应研究成果，较为全面地概括了对跨文化适应结果造成影响的社会层面因素和个体层面因素。沃德与其同事们为该模型的建立进行了大量的实证研究，对众多的预测因素和跨文化适应结果之间的关系进行了检验。赛尔和沃德（1990）以105位留学新西兰的马来西亚和新加坡学生为研究对象，以心理适应和社会文化适应为因变量，以预期困难、文化距离、人际关系、对主流社会成员的态度、内外向性、生活变化、跨文化经历和培训为自变量，试图建立针对心理适应和社会文化适应的预测模型。他们采用宗氏（1965）的抑郁自评量表评估被调查者的心理适应，并通过修订弗恩海姆和博赫纳（1982）的社会环境问卷来评估被调查者的社会文化适应。对自变量的测量也无一例外地采用了相对应的量表，如生活变化采用了社会再适应评定量表（Social Read-justment Rating Questionnaire），要求被调查者就搬家、转校、饮食习惯改变等 43 项生活事件引起的生活变化程度或达到社会再适应所需要的努力程度进行赋值，以此衡量被调查者的心理应激强度。然后，通过零阶相关系数，初步确定对心理适应和社会文化适应具有较好预测性的自变量，再通过多元回归分析最终确定与心理适应和社会文化适应显著相关的预测变量。沃德和赛尔（1991）又在此基础上进一步扩大了研究的样本，增加了不同的预测变量，力图验证先前的研究结果，并寻找更多与跨文化适应结果存在关联的预测变量。

萨夫达尔、雷和斯特拉瑟斯（2003）以及阿伦滋－托斯和范·德·维杰威（2006）的跨文化适应过程模型也力图解释预测变量和结果变量的因果关系，但他们的模型中增加了跨文化适应策略在预测变量和结果变量之间的中介作用。萨夫达尔、雷和斯特拉瑟斯（2003）对跨文化适应的多维个体差异模型的建构，以及萨夫达尔、卡尔韦（S. Calvez）和路易斯（J. R. Lewis）（2012）对模型的检验都采取了与赛尔和沃德（1990）类似的研究路径，差异仅在于因测量的变量不同而采用了不同的量表，且前者的研究增加了对跨文化适应策略的评定。

上述跨文化适应的过程理论都将跨文化适应结果（主要包括心理适应和社会文化适应两个方面）作为因变量，试图解释它与其他变量之间的因果关系，其理论目标即在于建立普遍的因果法则，以对跨文化适应现象作出解释和预测。在建构或检验理论模型的相关研究中，研究者采用各种不同的量表对涉及的预测变量和结果变量进行测量，即变量的操作化，并利用各种因果关系模型找出存在于变量之间的因果关系，确定因变量随自变量变化的普遍规律。因此，跨文化适应的过程理论是以实证主义范式为指导的典型理论。

（四）跨文化适应的交际理论

交际从狭义上讲是指人们之间通过共享的符号系统进行信息交换的活动，而从广义上讲它也是"个体与环境的所有信息交换活动"（Kim 2001：32）。学者们提出的跨文化适应的交际理论对交际概念有不同的理解，埃林斯沃思、古迪昆斯特、加卢瓦等侧重从狭义角度理解交际，而金、安德森的交际概念则从广义角度来理解。因此，我们对跨文化适应的交际理论的分析将根据理论对交际概念的不同理解分别选择古迪昆斯特的焦虑/不确定性管理理论和金的交际与跨文化适应整合理论作为典型理论。

1. 焦虑/不确定性管理理论

焦虑/不确定性管理理论从陌生人进入新的文化并且与当地人进行交流的角度来论述旅居者的短期跨文化适应。该理论包含陌生人、不确定性、焦虑、跨文化适应、留意 5 个核心概念，和自我概念、交往动机、居住国成员的回应、居住国成员的社会分类、情境过程、与居住国成员的联系、伦理方面的交往、居住国文化条件 8 个变量。其中，焦虑和不确定性作为影响跨文化适应的基本原因，是整个理论的核心，与跨文化适应存在直接的因果关系。同时，焦虑和不确定性也调解了跨文化适应的 8 个表面原因（即上述 8 个变量）对跨文化适应的影响。

围绕上述核心概念和变量，古迪昆斯特提出了 47 个定理，定理实例如下：

> 当焦虑与不确定性处于最大值和最小值之间的理想水平，且交际者不太留意时，交际者越是觉得自己与居住国社会成员相似，所感受的焦虑就越少，就越有信心预测居住国社会成员的行为。

　　当焦虑与不确定性处于最大值和最小值之间的理想水平，且交际者不太留意时，交际者对居住国社会成员吸引力的增加将使他所感受的焦虑减少，且越有信心预测居住国社会成员的行为。（Gudykunt，2005）

古迪昆斯特认为，定理的逻辑组合可以生成原理，如上述 2 个定理的组合便可生成如下原理：

　　我们感知到自己与居住国社会成员越相似，我们对居住国社会成员的吸引力就越大。

这些生成的原理或是与现存其他理论相一致，或是有待于将来研究的假设。它们的共同之处在于，这些定理和原理均是对变量之间直接因果关系的说明。定理和原理这两类陈述共同构成因果理论（Gudykunst，2005：426），对跨文化适应作出解释和预测。可见，古迪昆斯特构建焦虑/不确定性管理理论的目标是通过寻找诸多变量之间的因果关系，建立普遍的因果法则，以帮助预测个体或群体的跨文化适应过程和结果。

　　阿梅（M. R. Hammer）、怀斯曼（R. L. Wiseman）和拉斯穆森（J. L. Rasmussen）等（1998）曾对焦虑/不确定性管理理论的最早版本[1]进行验证。他们以留学美国的 291 名大学生为研究对象，考察人际因素、群际因素、与居住国接触条件和交际信息交换 4 类变量对焦虑和不确定性减少的影响，以及焦虑和不确定性减少在 4 类变量与跨文化适应结果之间的中介作用。研究对所涉及的自变量（影响焦虑和不确定性减轻的 4 类变量）、中介变量（焦虑和不确定性）和因变量（跨文化适应结果）均进行了操作化。以跨文化适应结果为例，海默、怀斯曼和拉

---

[1]　焦虑/不确定性管理理论的最早版本与古迪昆斯特（2005）版本之间没有原则性的差异，但是最早版本的变量数量少于 2005 版，且没有提出“留意”概念（Gudykunst and Hammer，1987：106 - 139）。

斯穆森等（1998）将跨文化适应具体化为态度满意度，要求被调查者就给出的 7 个问题作出回答。问题实例包括"你与美国人交流所感到的舒适度""你生活在美国文化中所感到的满意度"等，并采用七分制量表要求被调查者对主观感受进行量化评分。自变量、中介变量和因变量的数据分析经由路径分析来完成，以确定变量之间假设的因果关系，对焦虑/不确定性管理理论呈现的因果模型进行检验。

综上所述，焦虑/不确定性管理理论的目标在于对跨文化适应的解释和预测；构成理论的定理和原理解释了变量之间的因果关系，被认为是具有普遍性的规律；相关研究对理论中包含的关键概念或变量均进行了操作化，分解为可测量的指标，并采用因果关系模型定量预测变量之间的相互关系。因此，焦虑/不确定性管理理论具有实证主义范式的典型特征。

与焦虑/不确定性管理理论相似，埃林斯沃思的跨文化适应理论和加卢瓦等的交际适应理论也是从狭义角度理解交际概念的，但是他们理论中的适应仅指交际风格的适应。[①] 因而，埃林斯沃思和加卢瓦等的理论框架着重阐述在跨文化交际中对交际双方的交际风格适应产生影响的因素。他们的目的不仅在于描述跨文化交际适应的规律，同时也在于预测跨文化交际适应的过程和结果。埃林斯沃思表示，规律的生成以说明变量之间的因果或交互关系为目的，而依据规律逻辑生成的命题才能预测变量变化的本质和方向（1988：270）。加卢瓦、贾尔斯和琼斯等也明确表示，交际适应理论是预测性的，旨在提出连接交际初衷等因素与语言、行为结果的因果路径（1995：130）。因此，两者除阐述变量之间的关系外，还提出了可以经由量化方法检验的命题。加卢瓦等甚至对理论的具体操作化作出了详细的说明，并举证了相关的研究。

[①]　埃林斯沃思的跨文化适应理论将交际风格适应视为过程，加卢瓦等的交际适应理论将交际风格适应视为结果。

由此可见，尽管古迪昆斯特的焦虑/不确定性管理理论、埃林斯沃思的跨文化适应理论和加卢瓦等的交际适应理论在理论侧重上存在差别，但是这些理论都无一例外地致力于解释跨文化适应与其他影响因素之间的普遍因果关系，并提出了诸多可由量化研究方法和因果关系模型检验的命题。部分理论甚至对概念的操作化也作出了说明。可见，这些理论有典型的实证主义范式的表现特征。

值得注意的是，在古迪昆斯特和加卢瓦等提出理论模型时，他们都指出自己的理论克服了主观主义和客观主义的两极倾向。一方面，他们提出跨文化适应的普遍规律和相关命题；另一方面，他们又在理论中融入了主观主义的元素，如古迪昆斯特加入了"留意"这一主观概念，加卢瓦等强调了动机这一主观维度对跨文化交际风格适应的影响。但是，从理论的整体来看，无论是理论的目标，还是理论的概念及关系，乃至理论的建构/检验方法，古迪昆斯特的焦虑/不确定性管理理论和加卢瓦等的交际适应理论都体现了实证主义范式的表现特征。因此，我们认为，少量主观因素的融入实际上并不能从根本上改变理论的客观主义倾向。古迪昆斯特的焦虑/不确定性管理理论和加卢瓦等的交际适应理论仍是以实证主义范式为指导的理论。

2. 交际与跨文化适应整合理论

交际与跨文化适应整合理论以系统理论，尤其是开放系统理论为基础来探讨跨文化适应现象。系统理论被认为是社会科学领域内"实证主义范式发展的最纯粹形式"（Burrell and Morgan，1979：48），它的典型特点是在社会现象的研究中进行与物理学或生物学的类比分析。开放系统的这一特点体现在交际与跨文化适应整合理论的理论目标的整合、核心概念的界定、跨文化适应过程本质的描述和跨文化适应差异的解释等各个方面。

开放系统理论将开放系统视为生物有机体，强调开放系统与其环境的交互，和开放系统在此交互过程中发生的变化。因此，开放系统在本质上是过程性的，但在一定条件下可以达到一种稳定的状态或系统内的平衡。开放系统理论的目标即在于通过对开放系统及其与环境的关系的描述和解释，达到理解和预测开放系统运行方式的目标。整合理论以陌生人、跨文化适应和交际为核心概念。陌生人在整合理论中被视为开放系统；跨文化适应即是陌生人在新的文化环境中维持自身的内在平衡并与环境建立（或重新建立）稳定关系的动态过程；而陌生人与环境之间的信息交换活动——交际，则是实现跨文化适应的方式。整合理论的目标就是通过描述陌生人在新的文化环境中的经历以理解跨文化适应过程的本质，通过解释个体的跨文化适应差异以预测跨文化适应的过程和结果。因此，整合理论的理论目标以及对核心概念的界定实质上是对跨文化适应这一社会现象与生物学适应现象的类比。

整合理论将陌生人在新的文化环境中的跨文化适应过程描述为压力—适应—成长的动态模型。金认为，由于文化体系的差异，陌生人在进入新的文化环境后无法满足新的文化体系的要求，就会承受一定的心理压力，处于一种失衡的状态。为了生存的需要，陌生人必然要重新建立新的平衡，也就是所谓适应，即对环境的要求作出回应和应对。陌生人渐渐适应新环境的过程也就是陌生人逐渐成长的过程，因为个体与环境的交互最终会促成个体在结构和功能上的复杂化（Kim，2001：38）。可见，跨文化适应过程实质上是个体为满足环境的要求而作出回应的过程，类似于生物有机体对其生活环境的适应。

但是，生物有机体与其生活环境的关系并不是简单的单向适应，环境对有机体提出要求的同时也对有机体的索取给予满足，而有机体在满足环境要求的同时也会向环境索取。因此，跨文化适应的个体与其适应环境之间也是交互作用的，导致个体跨文化适应差异的各个影响因素之间的作用也是相互的。金就此提出 5 个定理来说明个体的跨文化转变与个人交际、居住国社会交际、族群社会交际、环境、个人倾向之间互为因果的关系，如：

（1）跨文化转变促进居住国交际能力，同时居住国交际能力也促进跨文化转变。

（2）跨文化转变促进居住国社会交际活动的参与，同时居住国社会交际活动的参与也促进跨文化转变。

（3）大量长期族群社会交际活动的参与阻碍跨文化转变，同时跨文化转变也阻碍大量长期族群社会交际活动的参与。

（4）环境条件影响陌生人的跨文化转变，同时跨文化转变也对环境条件造成影响。

（5）陌生人的个人倾向影响他/她的跨文化转变，同时跨文化转变也影响陌生人的个人倾向。（Kim，2001：90）

在此基础上，金又提出 21 个相关的原理来详细说明上述 6 个因素之间的正负相关关系，原理的实例如下：

居住国人际交往和居住国大众交际越多，跨文化转变（功能健全、心理健康和跨文化认同）越大。

族群人际交往和族群大众交际越多，跨文化转变（功能健全、心理健康和跨文化认同）越小。（Kim，2001：91）

金认为这些原理都是可由实证研究检验的预测性命题，并详细列出了 6 个因素的操作化指标，如居住国交际能力的操作化指标包括居住国交际系统知识、文化理解力、认知复杂度、适应动机、认同的灵活性、审美取向、操作熟练度（言语的、非言语的）等。金和其他学者的研究也对整合理论提出的原理进行了检验，如金、卢扬（Lujan）和狄克逊（Dixon）（1998）。在研究中，他们对跨文化认同与功能健全、心理健康之间的相关关系进行了检验。研究以美国俄克拉何马州的印第安人为研究对象，以一对一的访谈为主要研究方法，但访谈基本采用标准化的封闭式问题，如文化认同取向主要通过被调查者所拥有的各族群的朋友数量、熟人数量等指标来确定，功能健全主要由收入水平和教育水平等指标来确定，心理健康则由被调查者对快乐的自我评价来衡量。最后经由相关分析来确定跨文化认同与功能健全、心理健康之间的相关关系。

相比其他跨文化适应理论而言，整合理论的最大优势"在于它的全面性"（戴晓东，2011：186）。首先，整合理论平衡了社会科学领域向来不被兼容的理解和预测两个理论目标。一方面通过对跨文化适应本质的描述来促进我们对跨文化适应的理解；另一方面又通过对适应过程中各种因素之间相互关系的解释对跨文化适应过程和结果作出精确的预测。其次，整合理论将跨文化适应理解为个体在与环境交互过程中维持个体内在平衡、与环境重建稳定关系的动态过程，体现了个体与环境的交互作用，突破了个体对环境的单向适应。再次，整合理论将跨文化适应的本质描绘为压力—适应—成长的动态过程，化解了目前跨文化适应研究中问题论与成长论的争论。最后，整合理论在解释跨文化适应个体差异时，强调各种因素之间互为因果的交互关系，突破了线性因果关系的思维模式。可以说，金"集众学者研究之长，打破先前狭隘的视野，全面描绘跨文化调整①的宏大的立体图景"（戴晓东，2011：176）。

但是，如若从范式角度审视整合理论，我们会发现该理论与其他以实证主义范式为指导的理论并无二致。

其一，尽管金构建整合理论的目标在于通过描述来理解、通过解释来预测。但是，金也明确表示，对跨文化适应过程本质的描述是为了从不同个体的跨文化适应经历中抽象总结出统一的规律（Kim，2001：204）。因此，整合理论的理论目标实质上还是以解释和预测为主，具有典型的实证主义范式特征。

---

①　戴晓东的《跨文化交际理论》（2011）一书中将"cross - cultural adaptation"译为"跨文化调整"。

其二，整合理论对跨文化适应的理解体现了个体与环境的交互，具有一定的建构主义范式特征。但是，建构主义强调的是主体在与客体交互过程中对客体的建构，而非仅是交互的形式或过程。在整合理论中，跨文化适应是个体在与环境交互过程中逐渐与环境契合并实现个体转变的进化过程，而这一进化过程主要经由交际来实现，即包括了个体向环境输出信息和个体对环境所输入信息的意义生成。这就将跨文化适应这一社会现象视同为生物学的适应行为，暗含了世界统一性的本体论思想。与孔德、斯宾塞等实证主义学者的观点如出一辙。

其三，整合理论是以系统理论为基础而构建的，旨在强调个体与环境的交互。但是，整合理论的原理却只体现了环境对跨文化适应个体的作用，并未体现个体对环境的影响。与环境相关的原理如下：

> 居住国的接受力越高，同化压力越大，居住国交际能力越强。
>
> 居住国的接受力越高，同化压力越大，居住国人际交往和居住国大众交际越多。
>
> 居住国的接受力越高，同化压力越大，族群人际交往和族群大众交际越少。
>
> 族群力量越强，居住国交际能力越弱。
>
> 族群力量越强，居住国人际交往和居住国大众交际越少。
>
> 族群力量越强，族群人际交往和族群大众交际越多。（Kim，2001：91）

可见，"开放系统视角的采用只是强调了环境对开放系统的影响"（Burrell and Morgan，1979：60）。这也再次表明，整合理论对交互的强调有别于建构主义范式。相反，理论中提出的作为规律的定理和阐述各因素间普遍因果关系的预测性命题实则赋予了整合理论以浓厚的实证主义色彩。

其四，跨文化适应这一核心概念，连同理论所涉及的个人交际、居住国社会交际、族群社会交际、环境、个人倾向等也均被操作化为相关的指标以供实证研究检验。相关的研究也采用了以定量为主、定性为辅的研究方法，体现了实证主义方法论在研究中的主导作用。

综上所述，我们认为整合理论的目标、概念和关系，以及建构/检验方法等表现特征都体现了实证主义范式的特征。

安德森的跨文化适应模型与金的整合理论存在许多相似之处。安德森的模型虽然没有涉及交际概念，但是我们如果将交际从广义角度理解为个体与环境的交互活动的话，其模型显然也是基于交际的，因为她同金一样将跨文化适应理解为实现个体与环境的契合。安德森认为，个体在进入新的文化环境后会感受到原有的参照框架、行为模式与周围环境的不符，个体与环境要求之间的这种不平衡会促使个体采取各种适应行为以重建平衡。这一适应的过程是交互的，个体与环境之间的影响是相互的。适应也是动态的和持续的，只要个体与环境存在交互，就存在适应。同时，适应的结果蕴含着个体的成长。个体与环境的交互必会带来个体的显著变化，是一个自我实现和认同发展的过程。可见，安德森的模型实质上与金的整合理论一样是从开放系统理论的角度来理解跨文化适应的。因此，我们认为，安德森的跨文化适应模型也是以实证主义范式为指导的典型理论。

四　实证主义范式的基本假设及表现特征总结

实证主义范式在本体论上坚持朴素的现实主义，认为在人的外部存在统一的客观世界，社会事实和自然事实都是独立于人的感官和意识之外，但又可以被人认识的客观存在。与这一本体论相对应，实证主义范式在认识论上坚持客观主义和价值中立，强调认识主体与客体、知者与被知者的分离，要求以价值中立的方式对客观事实进行科学研究，发现客观真理。实证主义范式主张科学主义的方法论，强调科学方法的一致性，统一采用自然科学的方法研究自然事实和社会事实。以实证主义范式为基本假设的理论常以解释和预测作为构建理论的目标。理论以核心概念为基础，致力于解释概念之间的因果关系或普遍规律，并提出具有预测性的命题。相关概念在实证研究中常被转化为可测量的操作化指标，以便于采用数理统计方法寻找概念之间的相互关系，建立或检验理论中的因果法则及相关命题。

　　跨文化适应的阶段理论、策略理论、过程理论和交际理论在理论的目标、概念和关系，以及建构/检验方法等表现特征方面均体现了实证主义范式的基本假设。跨文化适应的阶段理论旨在解释跨文化适应因时间而变化的规律，以帮助预测旅居者或移民的跨文化适应过程和结果；跨文化适应的策略理论以跨文化适应策略为核心，旨在解释跨文化适应策略与其前因变量或后果变量之间的因果关系，对采用不同跨文化适应策略的个体/群体的跨文化适应以及群际关系作出预测；跨文化适应的过程理论着眼于整个跨文化适应过程，其理论的目标就是解释跨文化适应预测变量和结果变量之间的因果关系；跨文化适应的交际理论尽管对交际概念有不同的理解，但是交际理论几乎都提出了一定数量的定理或定律来说明跨文化适应和其他变量之间的因果关系，并提出了数量可观的原理来预测变量变化的本质和方向。可见，不同的跨文化适应理论尽管存在不同的理论侧重，但都无一例外地将跨文化适应现象视作与自然现象一样独立于人的认识之外的客观存在，且和自然现象一样存在普遍的运作规律。理论的目标即是对客观规律的解释，以帮助预测客观事实的发展变化。这无疑体现了实证主义范式的本体论假设。

　　除跨文化适应这一基本概念外，不同的跨文化适应理论所包含的核心概念不尽相同，但是这些概念在建构/检验理论的研究中均被分解为可测量的指标，如跨文化适应的阶段理论将跨文化适应具体化为抑郁或满意度指标，跨文化适应的策略理论将跨文化适应策略具体化为语言运用、食物偏好等指标，跨文化适应的过程理论将社会文化适应具体化为理解当地语言等指标，跨文化适应的交际理论将居住国交际能力具体化为居住国交际系统知识、文化理解力等指标。加卢瓦等的交际适应理论和金的整合理论甚至对概念的具体操作化指标进行了详细的说明。而概念之间的关系在理论中大多被描述为解释因果关系的定理和预测性的原理，如 U 型曲线假说描述了跨文化适应随时间而变化的规律，布里、莫伊塞和佩罗等（1997）的交互式跨文化适应模型，皮昂科夫斯基、罗曼和弗洛拉克（2002）的跨文化适应一致模型对移民和迁入国主流社会成员的群际关系做了预测，古迪昆斯特的焦虑/不确定性管理理论和金的整合理论更是详尽列举了几十个原理来构建因果理论。在实证研究中，这些定理和原理常借助于相关分析、回归分析、结构方程建模等自然科学方法来建立、估计或检验预测变量和结果变量之间的关系。概念的操作化以及建立、估计或检验概念之间关系的科学方法是在社会科学研究中对自然科学方法的移植，蕴含了科学方法的一致性思想，是实证主义范式客观世界统一性的本体论假设和科学方法统一性的方法论假设的表现。而视社会事实为客观存在的本体论假设和自然科学方法的移植必然要求研究者采取价值中立的立场，以客观主义的态度对跨文化适应现象进行研究，以发现跨文化适应的普遍规律。

因此，跨文化适应的阶段理论、策略理论、过程理论和交际理论在理论的目标、概念和关系，以及建构/检验方法等表现特征方面均体现了实证主义范式的基本假设。

五　本章小结

实证主义作为一种在科学界颇有影响的思维方式和基本立场被广泛应用于社会科学研究。社会科学领域的实证主义者认为社会事实是和自然事实一样独立于人而存在的、且能被人认知的客观存在，因此社会科学可以采用与自然科学一致的研究方法对社会事实进行研究，强调从感觉经验出发来描述事实。这些核心主张体现了实证主义作为一种范式的本体论、认识论和方法论基本假设，即本体论上的朴素的现实主义，认识论上的客观主义和方法论上的科学主义。跨文化适应研究也深受实证主义范式的影响，产生了众多以实证主义范式为指导的理论。

　　本章按照跨文化适应理论的不同侧重，分析了以实证主义范式为指导的跨文化适应的阶段理论、策略理论、过程理论和交际理论等 4 类理论，并采取以点带面的分析策略，重点分析了阶段理论中的 U 型曲线假说，策略理论中贝里的跨文化适应策略理论，过程理论中沃德的跨文化适应过程模型和交际理论中的焦虑/不确定性管理理论、交际与跨文化适应整合理论。从对这些理论的目标、概念及关系，以及建构/检验方法等表现特征的分析来看，这些看似不同的理论背后是共同的范式基本假设。首先，这些理论都将跨文化适应视作与自然现象一样的客观存在，且试图解释跨文化适应的客观规律，体现了实证主义范式的本体论假设。其次，这些理论的概念在具体的研究中都被分解为具有可操作性的量化指标，并通过一定的自然科学方法建立了概念之间的关系，具有典型的实证主义方法论特征。最后，与客观世界统一性的本体论假设和科学方法统一的方法论假设相呼应的是价值中立的客观主义认识论。

第六章

跨文化适应理论研究的批判理论范式

批判理论作为与传统理论相对应的概念，否定和排斥实证主义的本体论、认识论和方法论，认为现实是历史的产物，任何有关现实的研究都不可避免地带有相对性、主观性和价值判断。以批判理论范式为指导的跨文化适应理论着眼于深度理解不同时空中经历跨文化适应的个体或群体，以帮助他们更好地适应异文化环境。本章将介绍以批判理论范式为指导的主要跨文化适应理论，并通过分析理论的目标、概念和关系，以及建构/检验方法等表现特征来揭示理论背后共同的范式基本假设。

一 批判理论范式概述

（一）批判理论的起源

批判理论从广义上讲是指"人们对文明历史、社会现实进行批判性反思而形成的理论学说"（王凤才，2012：93）。狭义的批判理论特指"法兰克福学派以辩证哲学与政治经济学批判为基础的社会哲学理论"（王凤才，2012：93），它不是一个具有明确所指的理论，而是一个理论体系。

批判理论首先是作为与传统理论相对应的概念由法兰克福学派的创始人霍克海默（Horkheimer）在《传统理论与批判理论》（1937）一文中提出的（冯契、徐孝通，2000：391）。传统理论假定存在独立于人的、客观的、可观察的事实，科学研究要从这些客观事实出发，通过归纳或逻辑演绎等方法建立起事实之间的联系，即命题。理论就是命题的汇总，它的真正有效性在于与事实相符。因此，霍克海默认为传统理论起着肯定社会的作用，是论证社会合理性的工具。"传统理论的实质就是非反思的科学化的知识性理论。"（吴友军，2008：37）

批判理论追求社会的合理状态，旨在揭露社会矛盾并寻求解决途径，是"社会历史性的反思理论"（吴友军，2008：37），它与传统理论有本质的区别。批判理论认为，社会科学的研究对象——社会，是人类实践活动的产物，因而社会是不可能独立于人而存在的。换言之，社会科学研究中不存在外在于人的事实，作为认识主体的人与作为认识客体的社会不是绝对分离的。认识的客体是主体活动的产物，而认识的主体又存在于客体之中。从这一角度来说，社会既是客体又是主体，因此主体和客体是一种辩证统一的关系，而不是二元分离的关系。同时，社会本身是处在一定的历史背景下的，"它并不能由那些可以重复的经验分析科学的命题来表达"（夏巍，2010：12），所以批判理论强调在具体的历史语境中理解社会。理论的目的不是建立"能够包括一切可能对象的普遍系统的科学"（Horkheimer，1972：188），而是通过"揭露当下现实的秘密和矛盾"（仰海峰，2009：75），"为人们提供一种解放的理论"（陈振明，1990：112），为人类社会的未来提供发展的方向。这就决定了批判理论不是站在肯定现状、服务现状的立场上，而是站在否定和揭露社会现实的立场上，因此批判性的社会研究也就不可能是完全客观中立的，它必然是服务于一定群体的、价值介入的研究。

（二）批判理论的历史发展

自形成以来，法兰克福学派的批判理论经历了分别以霍克海默、哈贝马斯（Habermas）、霍耐特（Honneth）为代表的三个发展时期。

在以霍克海默为代表的第一代法兰克福学派成员看来，批判理论的主要思想集中体现在他们对现代工业社会的工具理性批判和技术理性批判中。霍克海默和阿多诺（Adorno）在《启蒙辩证法》中指出，"启蒙精神从一种启发民众的理性变成了统治自然，用科学、逻辑来统治人的'专制主义'的工具理性"（徐军，2002：66），原本服务于改造自然、改造社会的科学技术成为人类征服自然，甚至是一部分人实现对另一部分人的专制统治的工具。人类对自然的肆意掠夺和破坏造成自然对人类的无情报复，而科学技术转化为工业技术应用于社会生产使"人体成为机器的延伸"（白利军，2012：16）。这种过度膨胀的工具理性在促进社会进步的同时导致了人与自然的疏离和对人性的奴役。

霍克海默和阿多诺对工具理性的批判在马尔库塞（Marcuse）那里发展成为对技术理性的批判。马尔库塞认为，在发达的工业社会中，科学技术的飞速发展满足了人们对物质的需求，使人们在虚假的幸福中接受和顺从现有的社会秩序，从而沦为"物役的生产工具而不自觉"（白利军，2012：16）。技术理性在发达工业社会中实质上已成为"统治制度的驯服工具"（陈贻新，2000：81），它通过对人们物欲的满足来泯灭人们对社会现实的批判意识，从而把人变成丧失了否定性的"单向度的人"。

哈贝马斯肯定和继承了第一代法兰克福学派成员对工具理性和技术理性的批判，承认工具理性和技术理性给现代工业社会带来了诸多弊端。但哈贝马斯认为，工具理性和技术理性批判已"不可能为社会的发展提供一个切实可行的现实方案"（徐军，2002：67），晚期资本主义社会的问题不在生产领域，而在人的社会生活和人际交往的公共领域

（李思，1990：130）。他通过对科学知识和人类认识的全面分析指出，人类的知识可以分为经验分析知识、历史—解释性知识和批判—解放的知识三类，分别对应人类支配或控制外部世界的技术兴趣、维护人际间相互理解的实践兴趣和寻求自由独立的解放兴趣。在资本主义的历史发展中，技术兴趣长期压制实践兴趣和解放兴趣，造成了资本主义社会的动机危机和合法性危机尤甚于经济危机和合理性危机。[①] 也就是说，资本主义的主要矛盾在于生活中的意义沟通和信任危机，而非生产和政治决策。因此，哈贝马斯提出交往行为理论，旨在通过对人际交往形式，尤其是语言的批判分析，建立起理想社会的模式。由此，哈贝马斯为批判理论建构了"一套理性的分析框架和批判的规范参照"（李思，1990：132），并实现了批判理论的语言转向。

霍耐特认为，以霍克海默为代表的第一代法兰克福学派成员过分强调工具理性对自然的宰制，并将社会行动看成人类对自然统治的延伸，忽视了"社会冲突和斗争的实践维度"（转引自刘光斌、童建军，2007：53）；哈贝马斯虽然将视线转向了社会行动分析，但他的交往行为理论过分局限于语言分析而没有给予主体间的承认关系及其内部规范性内涵以足够的重视。因此，霍耐特提出承认理论，认为主体间的相互承认关系是社会发展的动力机制。承认一方面使交往行为的各方达成一致，另一方面也使各方在相互承认中发现自己的独特性，进而使自己与交往的其他成员产生对立和冲突。这种矛盾运动就是交往行为的自然状态。由此，"交往行为就获得了不是由外在的语言而是由内在的机制支撑的规范性内涵"（王才勇，2009：70）。

法兰克福学派的第三代批判理论家在各自的时代背景中阐发了对社

---

① 哈贝马斯认为在经济、政治和社会文化系统中存在 4 种不同的危机形式，即经济危机、合理性危机、动机危机和合法性危机。经济危机指经济系统不能生产必要数量的消费价值；合理性危机指行政系统（的产出）不能提供必要数量的合理决策；动机危机指社会文化系统不能产生必要数量的行为动机意义；合法性危机指行政系统（的投入）不能提供必要数量的普遍动机机制（尤尔根·哈贝马斯，2009）。

会的理解。19世纪飞速发展的工业文明造成了人类对自然的掠夺以及对人性的奴役，引发了以霍克海默为代表的第一代批判理论家对工具理性和技术理性的批判；二战以后，资本主义社会的自我调适使得工具理性批判和技术理性批判与现实逐渐脱节，以哈贝马斯为代表的第二代批判理论家将焦点转向社会交往行为，实现了批判理论的现代转型；而霍耐特的承认理论又使现代批判理论日臻完善。他们的最终目标都不是追求知识的累积，而是通过对当下社会现实的揭露，力图寻找改变社会的有效途径。因而，批判理论有别于非反思性的知识性的传统理论，极具历史性和反思性。

（三）批判理论范式的基本假设

从霍克海默到哈贝马斯再到霍耐特，从批判理论的最初构建到交往行为理论再到承认理论，从工具/技术理性批判到交往行为的语言分析再到交往行为的规范性内涵分析，批判理论家们不拘一格地阐发了各自的主张和见解。尽管不同代际的批判理论家们有不同的研究侧重，但是批判理论的核心主张都在他们的思想中得到了很好的诠释，并为社会研究提供了崭新的视角，成为指导社会研究活动的全新范式。批判理论的核心主张主要包括以下几个方面。

（1）社会是历史性的存在：批判理论认为社会是人类实践活动的产物，因而社会不是外在于人的事实，而是一种历史性的存在。

（2）认识的主体与客体是辩证统一的：认识的客体是主体实践活动的产物，认识的主体是客体的成员，因而认识的主体与客体不是二元分离的，而是辩证统一的。

（3）社会研究是价值介入的：由于社会本身是历史性的存在，批判理论并不追求具有解释力和预测力的客观真理，而是强调历史地研究社会，通过揭露当下社会的现实问题，寻求改变的途径，着眼于未来社会的更好发展。批判理论的这一研究目标决定了研究本身必然蕴含一定的价值取向，而非客观中立的。

从范式角度来讲，批判理论的上述核心思想体现了批判理论范式在本体论、认识论、方法论上的基本假设，即本体论上的历史现实主义，认为客观现实是历史的产物，是被历史环境中的各种因素塑造而成的；认识论上的主观主义，强调在具体的政治、社会等历史语境中认识社会，不追求所谓的绝对真理，同时反对认知主体与客体的二元分离，强调主体性的发挥，以寻求解放为目标，具有鲜明的行动取向和价值立场；方法论上的人文主义，不以自然科学为榜样而移植自然科学的研究方法，不追求解释力和预测的有效性。

二 以批判理论范式为指导的跨文化适应理论

以批判理论范式为指导的跨文化适应理论包括相对跨文化适应扩展模型和多向分层同化理论。由于这两个理论分别与以实证主义范式为指导的跨文化适应的策略理论和经典同化理论有一定程度的联系，本节将在简述这一联系的基础上介绍相对跨文化适应扩展模型和多向分层同化理论的主要内容。

（一）相对跨文化适应扩展模型

相对跨文化适应扩展模型同贝里的跨文化适应策略理论，布里、莫伊塞和佩罗等（1997）的交互式跨文化适应模型，皮昂科夫斯基、罗曼和弗洛拉克（2002）的跨文化适应一致模型一样，是有关跨文化适应的策略理论。贝里首次区分了跨文化适应的不同策略；布里、莫伊塞和佩罗等（1997）在贝里理论的基础上考察了移民群体和迁入国主流社会跨文化适应倾向的匹配程度对群际关系的影响；皮昂科夫斯基、罗曼和弗洛拉克（2002）又进一步考察了主流群体和非主流群体在文化传统保持和主流社会参与两个不同维度上的跨文化适应态度匹配情况对群际关系的影响。相对跨文化适应扩展模型则是对上述理论研究成果的综合和细化。

纳瓦斯等学者（Navas et al.，2005；Navas et al.，2007）认为，社会心理学领域的跨文化适应研究虽然已经取得了瞩目的成绩，但是仍然存在许多有待改进的地方。其一，大多数研究考察的跨文化适应选择较为笼统，且通常是在一个理想的水平上，即仅考察移民或本地人的跨文化适应偏好。其二，学者们虽然已经意识到不同领域的跨文化适应过程并不完全相同，但是很少有研究能够对这些领域进行区分。其三，没有研究能够在每个领域同时考察接触双方在理想水平上的跨文化适应偏好和现实水平上的实际行动。其四，虽然许多研究表明融合策略是少数群体和主流群体最偏好的跨文化适应选择，但仍有许多因素制约移民和本地人的跨文化适应选择，从而影响双方的跨文化适应过程（Navas et al.，2007：69）。因此，相对跨文化适应扩展模型在以上4个方面均做了改进，但其最大的理论贡献在于2个方面（见图6-1）。

（1）区分了理想水平上的跨文化适应态度（attitudes）和现实水平上的跨文化适应策略（strategies）。

虽然贝里曾指出跨文化适应策略包括态度和行为两个要素，但是贝里理论中移民文化认同考察的是态度，而与迁入国主流社会的接触考察的是实际行为，实质上还是对待传统文化和迁入国主流社会文化的不同"态度类型"（Bourhis et al.，1997：378），并没有细致地区分态度和行为。纳瓦斯和他的同事们首次对此进行了明确的区分。他们认为，移民的跨文化适应态度，或者说移民希望采取的跨文化适应策略，以及本地人希望移民采取的跨文化适应策略构成了理想水平上的跨文化适应态度；而现实水平的跨文化策略指的是移民付诸实践的跨文化适应策略和本地人感知的移民所付诸实践的跨文化适应策略（Navas et al.，2005：26）。

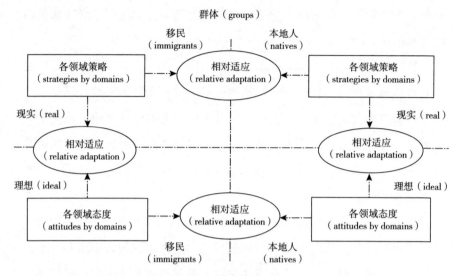

图 6 - 1 相对跨文化适应扩展模型 （RAEM）

资料来源：Navas, García, and Sánchez, et al., 2005：27.

（2）区分了跨文化适应的不同领域。

纳瓦斯、加西亚和桑切斯等（2005）划分了跨文化适应的 7 个领域，从文化的边缘（periphery）领域到核心（core）领域分别为政治和政府制度、劳动或工作、经济、家庭、社会以及意识形态，其中意识形态又包括宗教信仰和风俗，以及思维方式、原则和价值观两个子领域。纳瓦斯、加西亚和桑切斯等（2005）认为，政治和政府制度、劳动或工作、经济这些边缘领域中产生的跨文化适应矛盾是容易解决的，因为人们在这些领域是愿意作出调整的；在家庭、社会这些中间领域产生的跨文化适应矛盾则较难解决，因为人们对克服这些领域的适应困难有一定的抵触情绪；而在意识形态这一核心文化领域，人们具有较强的保持传统文化的意愿。

围绕领域这一对跨文化适应产生影响的关键因素，纳瓦斯、加西亚和桑切斯等（2005）提出一系列有关跨文化适应过程的预测，具体如下。

①虽然少数群体和主流群体因权力的不同而承受不同的适应压力，

但是双方的跨文化适应态度或跨文化适应策略都会受到跨文化适应环境的影响。

②移民在迁入国社会中不会只采取一种跨文化适应策略[①]，而会受各种不同因素的影响而采取不同的策略，特别是受社会文化体系中不同领域以及某领域中迁入国社会跨文化适应态度和适应策略的影响。

③同一策略[②]并不适用于所有领域，移民在物质领域（如：工作、经济）更倾向于融合或同化，而在符号或意识形态领域更倾向于分离。

④移民和迁入国社会在物质领域的跨文化适应选择接近，而在意识形态领域的选择差异较大，差异越大越容易产生冲突。

⑤移民或迁入国社会理想中的跨文化适应态度和实际的跨文化适应策略并不总是一致的，差异越大挫折感越强，也越容易产生冲突。

⑥移民或迁入国社会的跨文化适应态度和策略会随时间而变化。

⑦民族文化不同的移民采取的跨文化适应态度和策略有所不同。同样，迁入国社会感知的移民跨文化适应策略和对移民的跨文化适应态度也因移民不同的民族文化而有所差异。

总之，相对跨文化适应扩展模型在对之前理论进行较为系统的综合的基础上，特别强调了语境对跨文化适应过程的影响，旨在使我们"获得对社会语境中的跨文化适应过程和群际关系的精确评估，从而有助于采取确保和平的、满意的群际关系的政治行动"（Navas et al.，2005：33）。

（二）多向分层同化理论

在社会学领域的跨文化适应研究中，同化理论一直是占主导地位的

---

① 此处的"跨文化适应策略"应指跨文化适应态度和策略，但为转述与原文保持一致，仍采用"跨文化适应策略"。

② 此处的"同一策略"应指跨文化适应态度和策略，但为转述与原文保持一致，仍采用"跨文化适应策略"之意。

理论模型。从帕克的种族关系循环论，到戈登的同化理论，社会学家们几乎一致认为跨文化适应的最终结果是失去本民族文化的独特特征，同化入迁入国主流社会，且这是不可避免的、不可逆转的自然过程。这些经典同化理论的提出主要基于对美国社会欧洲裔移民的研究，且将美国社会视为统一的中产阶级白人社会，同时无视移民群体的特征和他们的社会经济背景。因此，波特斯和周敏（1993）认为，经典的同化理论并不一定适用于第二代新移民①，并提出专门针对第二代新移民的多向分层同化理论。

多向分层同化理论从第二代新移民不同于他们的父辈以及欧洲裔同辈的典型特征出发，描述了第二代新移民跨文化适应的不同过程和结果，并分析了形成不同适应过程和结果的影响因素。该理论认为，第二代新移民的跨文化适应过程和结果至少存在 3 种不同的可能性："一是复制由来已久的模式，即逐步的跨文化适应②和经济融入，与中产阶级白人趋同；二是与之完全相反，即同化入下层社会，导致永久贫困；三是将经济的快速提升和移民社区价值观、团结性的审慎保留相结合。"（Portes and Zhou，1993：82）简而言之，移民的同化包括向上同化、向下同化和选择性同化，即所谓的"多向分层同化"。

除了个人和家庭等方面的影响因素外，影响第二代新移民跨文化适应的不同过程和结果的决定性因素是他们在新的文化中所处的环境，主要包括主流社会的政策、主流社会的价值观和歧视，以及移民团体的特点。具体到第二代新移民，这些影响因素主要体现在肤色、居住地和流动机会三个方面。第二代新移民与欧洲裔同辈相比，他们的肤色是阻碍他们同化入主流社会的主要原因之一。波特斯和周敏（1993）认为，第二代新移民的肤色并不是个人的体征，因为这一体征只有在特定的社

---

① 第二代新移民指的是新移民的子女，也就是当代移民的子女。新移民或当代移民主要指在 1965 年以后移入美国的非欧洲裔移民。

② 这里的跨文化适应指的是戈登同化理论中的文化或行为同化。

会环境下才会成为一种缺陷。因此，肤色对第二代新移民的影响应被理解为一个外在的环境因素。第二代新移民与他们的父辈相比，他们所处的社会经济环境与他们的父辈大不相同。随着去工业化和全球工业结构的重构，低收入的卑微工作与高技术含量的职业化工作之间的分化加大，中间行业逐渐消失，第二代新移民可获得的职业流动机会远不如他们的父辈多。此外，在中心城市的聚居导致主流社会成员将移民和当地的穷人"一视同仁"，阻碍了第二代新移民融入主流社会。但是，政府教育贷款的拨放、对某些移民群体的歧视的消失，以及移民团体提供的道德、物质资源也会帮助移民规避一些上述的不利因素。

由此可见，多向分层同化理论有别于经典同化理论之处在于多向分层同化理论认识到美国社会的多层次性，强调第二代新移民因自身与其父辈和欧洲裔同辈的不同特征而呈现出不同的同化方式。它既是对经典同化理论的挑战，也是对经典同化理论的进一步完善。

三　理论的表现特征分析

相对跨文化适应扩展模型是有关跨文化适应的策略理论，多向分层同化理论是经典同化理论的进一步完善，但是它们与以实证主义范式为指导的跨文化适应的策略理论和同化理论有本质的差别。本节我们将通过相对跨文化适应扩展模型、多向分层同化理论和以实证主义范式为指导的相关理论的对比，分析这两个理论模型的理论目标、概念和关系，以及建构/检验方法等表现特征。

（一）相对跨文化适应扩展模型

以实证主义范式为指导的跨文化适应的策略理论或将跨文化适应策略作为预测变量，考察其对跨文化适应过程和结果的影响；或将跨文化适应策略作为结果变量，考察对其产生影响的前因变量。跨文化适应策略这一核心概念和其他相关变量在具体研究中被分解为可测量的各项指标，以寻找跨文化适应策略和其他变量之间的因果关系，建立普遍适用的因果法则，对跨文化适应现象作出精确的预测。

纳瓦斯、加西亚和桑切斯等认为，"研究者的责任不仅是对概念的界定和操作化，而且要提供有关现实的深度知识和促进更加精确的行动"（2005：22）。因此，相对跨文化适应扩展模型除了对跨文化适应、跨文化适应态度、跨文化适应策略等关键概念的界定和操作化外，还强调将主流群体和移民群体的文化、经济、法律、地理、心理等各方面的因素纳入对跨文化适应过程的研究，以期为我们提供对跨文化适应过程和群际关系的深度理解。纳瓦斯、加西亚和桑切斯等还相信，"对跨文化适应过程和群际关系的精确评估可以促成一系列必要的政治行动，以确保所有相互接触的群体能过上和平的、满意的生活"（2005：33）。

纳瓦斯、加西亚和桑切斯等（2005）寻求深度理解跨文化适应过程和群际关系的理论目标体现在相对跨文化适应扩展模型上，表现为该模型区分了移民和迁入国社会成员理想水平上的跨文化适应态度和现实水平上的跨文化适应策略两个概念，并区分了跨文化适应的不同领域。他们不仅兼顾了移民和迁入国社会成员两个不同的群体，也兼顾了理想和现实两个不同的层面，还兼顾了不同的领域。可见，相对跨文化适应扩展模型对精确性和深度理解的追求，具有批判理论范式的典型表现特征。

然而，相对跨文化适应扩展模型的某些表现特征还具有实证主义范式的特点。比如，相对跨文化适应扩展模型提出相关的命题来预测移民或迁入国社会成员在不同领域的跨文化适应态度和跨文化适应策略、移民或迁入国社会成员跨文化适应态度和跨文化适应策略的不一致将导致挫折感或冲突，以及移民和迁入国社会成员跨文化适应态度或跨文化适应策略的匹配程度对群际关系的影响。在具体研究中，跨文化适应态度和跨文化适应策略都被进行了一定程度的操作化，如在政治和政府制度领域，移民的跨文化适应态度通过他们对"你在多大程度上愿意保留母国的政治/政府制度?"和"你在多大程度上愿意采纳迁入国的政治/政府制度?"两个问题的回答来确定。回答采用"一点也不（1分）"到"非常（5）"五级计分的方式来统计。

但是，我们认为，相对跨文化适应扩展模型与以实证主义范式为指导的理论还是有本质区别的。

首先，就相对跨文化适扩展模型的理论目标而言，纳瓦斯、加西亚和桑切斯等（2005）明确提出该理论是为了深度理解跨文化过程和群际关系，并促成政治行动，这符合批判理论范式的理论目标——理解和改变社会。

其次，就对跨文化适应概念的理解而言，该模型认为跨文化适应过程是相对的，移民或迁入国社会成员的跨文化适应态度或跨文化适应策略因领域的不同而不同。因此，我们对跨文化过程的理解必须考虑跨文化适应发生的具体领域，也就是考虑其发生的历史语境。这有别于以实证主义范式为指导的理论将跨文化适应视为一个受制于普遍规律的因变量。

再次，尽管纳瓦斯、加西亚和桑切斯等（2005）提出了若干预测性命题，但是除个别命题就跨文化适应态度或跨文化适应策略匹配程度对造成的结果进行预测外，大多数命题都是围绕领域对跨文化适应态度或跨文化适应策略的影响，强调移民和迁入国社会成员的跨文化适应态度和跨文化适应策略会因领域的不同而有所变化。因此，相对跨文化适应模型的命题更多地在于描述领域的强大影响力，有别于以实证主义范式为指导的理论命题对变量间普遍因果关系的描述。

最后，在具体的跨文化适应研究中，研究者虽然采取实证主义范式的研究方法，通过问卷调查和量化统计方法来评估移民和迁入国社会成员的跨文化适应态度和跨文化适应策略，但是纳瓦斯、加西亚和桑切斯等（2005）明确区分了跨文化适应的不同领域和层次，旨在对不同社会语境下的跨文化适应现象以及理想层面的跨文化适应态度和现实层面的跨文化适应策略作出精确的评估，以推动有利于健康的群际关系的政治行动。因此，实证主义范式研究方法的借用旨在寻求对不同语境、不同层面跨文化适应态度或策略的理解，并不同于实证主义范式对变量间的普遍因果关系的追求。

由此可见，纳瓦斯、加西亚和桑切斯等虽然没有否定实证主义范式以解释和预测作为理论建构的目标，也没有否定实证主义范式对概念的操作化和实证主义范式的研究方法，但是他们的理论模型将跨文化适应环境置于理论的中心，将其"作为理解移民如何适应新环境以及本地人如何感知这种适应的关键因素"（2005：27）。他们对跨文化适应的理解、他们提出的命题，以及他们进行的实证研究都以领域为中心，旨在深入理解不同领域的跨文化适应现象，并促成有利的政治行动。他们的理论模型并不以解释和预测作为理论的最终目标，而更加强调理论对于理解现实和改变现实的作用，带有显著的规范性色彩。因此，相对跨文化适应模型虽然具有一定的实证主义范式的表现特征，但是从根本上说还是一个较为典型的以实证主义范式为指导的理论。

（二）多向分层同化理论

经典同化理论认为跨文化适应的最终结果是同化，预测大多数经历跨文化适应的群体在时间的推移中将被主流社会完全同化。帕克的种族关系循环论将这一过程描述为接触、竞争、适应和同化 4 个阶段的循环；戈登提出文化或行为同化、结构同化、婚姻同化、认同同化、态度接受性同化、行为接受性同化和国民同化 7 个阶段，预设大多数族群在经历了同化的各个阶段后必然失去本民族文化的独特性而无法作为一个族群而存在。

在波特斯和周敏（1993）看来，针对美国社会欧洲裔移民而提出的经典同化理论并不适用于第二代新移民，其主要原因在于美国社会本身的多层次性，以及第二代新移民独特的个体特征和社会经济背景。因此，多向分层同化理论的目标并非如同经典同化理论一样。它不是解释跨文化适应因时间而变化的普遍规律，也不是对跨文化适应过程和结果的预测，而是着眼于描述和解释第二代新移民在当下美国社会中的跨文化适应过程和结果。他们将第二代新移民的跨文化适应过程和结果描述为向上同化、向下同化和选择性同化，并对三种适应结果作出了详细的原因分析。一方面，他们对比分析了第二代新移民和他们父辈所处的社会经济环境，认为中间行业的消失使得第二代新移民职业流动的机会远不如他们的父辈多。另一方面，他们对比分析了第二代新移民和他们的欧洲裔同辈，指出肤色问题是阻碍他们进入主流社会的主要障碍。尽管波特斯和周敏（1993）对第二代新移民跨文化适应影响因素的分析并不意欲指摘他们所处的跨文化适应环境，但是两极分化的经济阶层和因肤色而造成的障碍从一个侧面说明跨文化适应环境中存在的诸多不平等。因此，我们认为，多向分层同化理论对跨文化适应过程和结果的原因分析实际上也暗含了改变社会的行动取向。

波特斯和周敏（1993）对跨文化适应过程和结果的原因分析涉及肤色、阶层、社会资本等相关概念，但是他们仅对这些概念做了说明，并没有对这些概念进行操作化。为了说明多向分层同化理论的基本思想，他们以美国的墨西哥移民、印度锡克教徒和加勒比海移民为案例，阐明不同社会环境造成的不同跨文化适应过程和结果。案例研究主要采用民族志田野调查的方法，如对印度锡克教徒学生的研究就进行了长达三年的田野调查。通过研究者的参与观察、深度访谈等手段获得第一手资料，全面了解第二代新移民的各方面情况，对他们的跨文化适应过程和结果进行描述和原因分析。

由此可见，多向分层同化理论的提出考虑到了第二代新移民所处的具体社会环境，并将第二代新移民区别于欧洲裔同辈的肤色问题也归入其中，认为不同的环境决定不同的跨文化适应过程和结果。因而，该理论并不寻求对跨文化适应普遍因果规律的解释，也不寻求对跨文化适应过程和结果的精确预测。理论对影响跨文化适应过程和结果的环境因素的分析在于帮助我们理解第二代新移民在不同环境下适应过程和结果的多种可能性，而原因分析中所体现的社会不平等也在一定程度上暗含了社会变革的行动取向。民族志研究方法的采用也说明多向分层同化理论侧重经验描述。因此，从理论的目标、概念和关系，以及建构/检验方法等表现特征来看，多向分层同化理论与经典同化理论存在本质差异，体现了批判理论范式的特征。

四 批判理论范式的基本假设及表现特征总结

批判理论范式在本体论上坚持历史现实主义，它不否认客观现实的存在，但认为客观现实是被各种社会历史因素塑造而成的，是一种历史性的存在，不是外在于人的事实。与这一本体论假设相呼应，批判理论范式在认识论上坚持主观主义和价值介入，认为我们对客观现实的认识不是对永恒真理的探索，而是对社会历史语境下的现实问题的揭露，并寻求改变现实的途径，具有鲜明的价值立场。在方法论上，批判理论坚持人文主义的方法论，强调对经验的描述。以批判理论范式为基本假设的理论常以理解、改变社会作为建构理论的目标，不追求理论的解释力和预测的有效性。因而，这类理论并不注重对概念间因果关系的解释，不要求概念具有可操作性，研究常以参与观察、深度访谈等质化研究方法为主，旨在对研究对象进行深描。

相对跨文化适应扩展模型和多向分层同化理论在理论的目标、概念和关系，以及建构/检验方法等表现特征上都体现了批判理论范式的基本假设。就理论的目标而言，相对跨文化适应扩展模型虽没有否定实证主义范式以解释和预测作为理论的目标，但该理论更强调深度理解不同领域中的跨文化适应态度和跨文化适应策略，并促成必要的政治行动。多向分层同化理论着眼于第二代新移民所处的美国社会现实，描述和解释他们的跨文化适应过程和结果。但是，该理论对第二代新移民跨文化适应过程和结果的原因分析并不旨在为我们提供有关跨文化适应的普遍因果关系的解释，却从一个侧面揭露了第二代新移民跨文化适应环境中的不平等现象，暗含了改变社会的行动取向。因此，相对跨文化适应扩展模型和多向分层同化理论都强调在具体社会历史语境中考察跨文化适应现象，并有意或无意地主张社会变革，体现了批判理论范式的本体论、认识论假设。

从理论的概念、关系和建构/检验方法来看，相对跨文化适应扩展模型提出了有关跨文化适应态度和跨文化适应策略的预测性命题，在具体研究中概念也经历了操作化，具有实证主义范式的表现特征。但是，我们认为，相对跨文化适应模型的命题更多地在于描述领域对跨文化适应过程和结果的影响，有别于以实证主义范式为指导的理论命题对变量间普遍因果关系的陈述。实证主义范式研究方法的借用也旨在寻求对不同语境、不同层面跨文化适应态度或策略的细致理解，也有别于实证主义范式对变量间的普遍因果关系的追求。因此，相对跨文化适应扩展模型与以实证主义范式为指导的理论存在本质的区别。与相对跨文化适应扩展模型不同，多向分层同化理论的概念及关系都是描述性的，理论也没有提出任何命题来解释概念间的因果关系。检验理论的研究方法也是典型的民族志田野调查。因此，就理论的概念、关系和建构/检验方法来看，多向分层同化理论具有批判理论范式的典型表现特征。

综上所述，我们认为，尽管相对跨文化适应扩展模型的理论目标、概念和关系，以及建构/检验方法具有一定的实证主义范式的表现特征，但从本质上来说，它和多向分层同化理论一样具有批判理论范式的典型表现特征，都体现了批判理论范式的基本假设。

五　本章小结

批判理论范式认为社会科学的研究对象是人类实践活动的产物，是一种历史性的存在，而不是独立于人的客观存在，因此人的认识活动不是追求具有普遍解释力和预测力的客观真理，而是在历史语境中理解社会现实。作为认识主体的人存在于人所建立的社会现实之中，因此认识的主体与客体之间是辩证统一、不可分离的，主体也就不能完全移植自然科学的研究方法去研究客体。这些核心思想体现了批判理论范式的历史现实主义的本体论、主观主义的认识论和人文主义的方法论。

本章分析了以批判理论范式为指导的跨文化适应理论包括相对跨文化适应扩展模型和多向分层同化理论。虽然相对跨文化适应扩展模型与贝里的跨文化适应策略理论，布里等的交互式跨文化适应模型和皮昂科夫斯基等的跨文化适应一致模型类似，都探讨了移民和迁入国主流社会成员的跨文化适应策略，但是相对跨文化适应扩展模型着重探讨环境对跨文化适应过程和结果的影响。多向分层同化理论从第二代新移民不同于他们的父辈和欧洲裔同辈的特征出发，提出了与经典同化理论不同的主张，认为第二代新移民所处的不同社会环境决定了他们不同的跨文化适应过程和结果。由此可见，这些理论以深度理解不同社会历史语境下的跨文化适应过程和结果为目标。尽管理论中存在一定数量的命题，建构/检验的方法中也存在一定程度的概念操作化，但是这些看似具有实证主义范式特征的命题和研究方法主要还在于揭示不同的社会环境对跨文化适应过程和结果的影响。因此，相对跨文化适应扩展模型和多向分层同化理论的表现特征整体上还是体现了批判理论范式的本体论、认识论、方法论基本假设。

第七章

跨文化适应理论研究的建构主义范式

建构主义作为一种研究范式，以其对现实主义和客观主义的颠覆而成为社会科学领域一股强大的学术思潮，掀起了一场认识论的革命，逐渐渗透入心理学、政治学、社会学、教育学等学科领域。跨文化适应本身涉及个体或群体在新的文化环境下建构认知的过程，因而建构主义对跨文化适应过程极具解释效力。本章将介绍以建构主义范式为指导的主要跨文化适应理论，并通过分析理论的目标、概念和关系，以及建构/检验方法等表现特征来揭示理论背后共同的范式基本假设。

一　建构主义范式概述

（一）建构主义的起源及核心主张

根据《外国哲学大辞典》的释义，"建构"一词由瑞士心理学家皮亚杰（Piaget）提出，指"人的认识过程中图式或结构的形成与演变的机制"（冯契、徐孝通，2000：574）。"建构理论强调人在认识过程中的主观能动作用，包含有主客相互作用的辩证观点。"（冯契、徐孝通，2000：574）广义的建构主义指19世纪和20世纪不同文化领域尤其是艺术领域使用建构概念和建构方法进行创作的基本倾向。狭义的建构主义指 20 世纪初随着数学基础危机而出现的重建数学基础和逻辑基础的努力（冯契，2001：629）。20 世纪 60 年代以后，建构主义逐渐被用以指称哲学流派，并推广至社会学、政治学、教育学和其他一般科学领域，成为西方学术界的重要理论思潮。

建构主义这一强大的学术思潮是以一种反对现实主义和客观主义的姿态出现的。众所周知，在科学的历史发展中，无论是自然科学还是人文社会科学都以实证主义为圭臬。实证主义奉行朴素的现实主义，认为在人的外部存在一个独立于人的感官和意识，但又可以被人认识的统一的真实世界。同时，实证主义秉持客观主义的认识论，主张"在价值中立的人类经验观察基础上的"（刘翠霞、林聚任，2012：36）对真实世界的镜像反映，科学知识的有效性在于与真实世界相符。建构主义极力反对实证主义的这种"表征观"，坚持认为"不存在独立于人的智力活动和符号语言之外的真实世界"（Schwandt，1994：125），现实是多元的、可变的。现实的多元性在于现实可以通过各种符号和语言系统来表述，现实的可变性在于现实是由人类主体的意图塑造的。所谓的客观知识和真理不是思维的发现，而是思维的创造。人类可以通过各种符号系统创造世界的不同"版本"。科学研究不是对现成世界的反映，而是对世界的建构或重构，有一定的价值负载。建构主义消解了本体论和认识论的界限，颠覆了传统的认知观念，"实现了某种本体论、认识论、方法论上的逻辑逆转"（刘翠霞、林聚任，2012：40），成为指导科学研究的崭新范式。

（二）建构主义的主要流派

建构主义的产生和发展有丰富的思想渊源，从维科（Vico）的"新科学"①、杜威（Dewey）的"工具主义"② 到皮亚杰的认识发生论、维果茨基（Vygotsky）的心理发展理论等，再加上建构主义对众多学科领域的广泛影响，使得建构主义形成了不同的理论流派，如激进建构主义、社会建构主义、信息加工建构主义等。尽管建构主义思想纷呈，但其实质还是"对知识进行发生学的研究"（安维复、梁立新，2008：78），而"建构主义本身也是认知理论的一种发展"（李子建、宋萑，2007：45）。因此，我们侧重从认知角度探讨建构主义的主要流派，包括个人建构主义和社会建构主义。

个人建构主义认为，认识是个体在已有认知结构的基础上，通过与周围环境的交互作用，变革、建构认知结构的过程，它强调"个体的心理过程以及他们从内部建构世界知识的方式"（钟启泉，2006：13）。个人建构主义起源于皮亚杰的认识发生论。皮亚杰认为，知识既非来自客体，也非来自主体，而是来自最初无法分开的主客体之间的相互作用，也即个体与环境的交互作用，涉及"同化"和"顺应"两个基本过程。同化是把外界刺激引入原有认知结构的过程；顺应是指在外界刺激后，主体改造原有认知结构以适应外物并形成新的认知结构的过程。个体通过同化和顺应两种形式来达到与周围环境之间的平衡。当个体原有的认知结构能够同化外界刺激时，个体与环境之间处于一种平衡的状态；而当个体无法同化外界刺激时，平衡状态即遭到破坏，个体需要通过调整原有的认知结构来创造新的平衡。个体的认知结构就是在"平衡—不平衡—新的平衡"的循环中不断发展的。冯·格拉塞斯费尔德（von Glasersfeld）继承和发展了皮亚杰的认识发生论。他认同皮亚杰的

---

① 维科以著作《新科学》（1725）闻名于世。他的历史哲学认为，由于人的意志决定行动，因而人类自己创造历史，人类也能正确地认识历史，找出历史的规律性，使历史成为一种"新科学"（冯契，2001）。

② 杜威在真理问题上提出工具主义，认为观念、概念、理论、学说既非先天的、绝对的真理，也非实在的反应，而是人们按照自己的需要所提出的应用的假设，即用来适应环境的行为的工具，它们的标准即在是否能起到工具的作用（冯契，2001）。

观点，认为知识是主体的建构，是个体与外部环境的适应和平衡过程，而不是独立于主体的某种"表征"。但是，冯·格拉塞斯费尔德所指的外部环境只是个体的经验世界。他认为我们不能认识独立于我们的经验的客观世界，因此我们也就不能将知识视为对这个世界的镜像反映。相应地，知识的有效性也不在于与这个世界相符，而在于能够帮助我们实现目标。知识和现实之间的关系是工具性的：认识就是拥有行动和思考的方式，以使我们达到我们选择的目标（von Glasersfeld，1991：16）。与皮亚杰关心个体与周围环境的交互作用相比，冯·格拉塞斯费尔德更注重认识活动的"内源性"，因此常被视为激进建构主义。

社会建构主义同个人建构主义一样，也把认识看成是个体建构认知的过程，但它更注重这一建构过程的社会性，认为认识是在社会文化环境中，个体通过与他人的交互作用建构知识的过程。社会建构主义的理论支撑来自维果茨基和格根（Gergen）。维果茨基认为人的心理机能有低级和高级之分。低级的心理机能是生理性的、先天的；高级的心理机能是人类独有的特征，是历史文化的产物。心理机能的发展需要经历一个从低级到高级的过程，且符号系统尤其是语言在这一发展过程中起重要的中介作用。他认为，个体通过与他人的社会文化交往学会符号的意义，再通过内化的符号来组织自己的思维。换言之，符号系统的出现和发展促使人类认知结构的变化。由于符号本身是社会的产物，因而认知结构的发展是社会性的活动。格根同维果茨基一样将视角从对个体思维和认知过程的关注转向对意义和知识的主体间社会共建。格根的社会建构主义基于这样的假设：我们理解世界的概念体系都是社会的产物，是人们在历史语境中相互交往的产物（Gergen，1985：267）。他认为，不存在一个独立的、可辨识的真实世界，其所参考的用以社会描述/说明的语言是固定的（Gergen，1986：143）。语言是我们唯一能够知晓的现实，关于世界的描述存在于我们的语言系统中，且这些描述是人际间关系的表达，而非言说者内在过程（如：认知、意图）的外在表达。简言之，格根认为，现实是人们在特定语境的社会交往中创造的世界，关于这个世界的知识是人们协商活动的结果，只在特定的语境中才能被理解。

综上所述，个人建构主义和社会建构主义在个体建构知识这一点上持相同的观点，但是个人建构主义关注个体内在的建构过程，而社会建构主义更加关注社会交往在个体建构知识过程中的重要作用。相对于个人建构主义而言，社会建构主义在思想上表现出社会性和主体间性的特点。社会性体现为社会建构主义将个体认知结构的发展视为历史文化的产物，强调认识的社会基础；主体间性体现为社会建构主义将个体认知结构的发展视为个体在社会文化环境中与他人交往的产物，尤其重视语言在交往中的媒介作用，从个体建构主义的主体性走向社会建构主义的主体间性。

（三）建构主义范式的基本假设

在社会科学领域中，建构主义从兴起至今不过 40 多年的时间。作为一股反对现实主义和客观主义的激进的学术思潮，建构主义备受学界关注，并对社会学、政治学、教育学等众多的学科产生了深远的影响，成为转变社会科学研究视角的新兴范式。尽管建构主义尚处在发展过程中，不同知识传统的建构主义也存在不同的取向，使得建构主义目前还难以形成统一的理论框架或理论体系，但是建构主义作为一种研究范式有共同的基本假设。

（1）否认客观世界的存在，建构主义否认存在独立于人的统一的真实世界，认为现实是人的建构，它的形式和内容都是依赖于人而存在的。建构的现实不是对同一世界的不同解释，而是创造了世界的不同"版本"。因而，现实是多元的、可变的。

（2）否认"绝对真理"的存在，建构主义认为知识不是对世界的镜像反映，而是人类思维的创造。所谓的真理不是对世界的真实摹写，而是从某个视角创造的知识，因而真理不是绝对的。

（3）认识是交互的，建构主义认为知识不是主体对客体的价值中立的反映，而是主体与客体在交互过程中建构的。因此，主体与客体不是截然分离的，而是处在对话中，并在对话中共同建构知识。

建构主义的上述基本假设体现了建构主义在本体论上的相对主义，否认存在统一的客观世界，认为现实是多元的、可变的；认识论上的主观主义，认为知识不是主体对客体的客观反映，而是主体的创造，因而科学研究的目的不是追求绝对真理，而是寻求对世界的多样理解；方法论上的人文主义，强调主体与客体在交互和对话中的知识建构。

二　以建构主义范式为指导的跨文化适应理论

跨文化适应是具有不同文化的个体或群体在相互接触过程中所导致的变化，它包括个体层面的情感、认知、行为变化，也包括群体层面的文化模式变化等诸多方面。建构主义只侧重对认知过程的探讨，因而以建构主义范式为指导的跨文化适应理论相对较少。本节侧重介绍阿德勒的五阶段假说、贝内特的跨文化敏感度发展模型、吉川的双摆感知模型和西田的跨文化适应的文化图式理论。

（一）阿德勒的五阶段假说

阿德勒（1975）认为，跨文化适应研究常常强调个体在跨文化适应过程中所经历的负面情绪，而忽视这一过程对个体所产生的积极影响。他认为，跨文化适应是一次转变性经历，它不仅包括冲突和紧张，同时也蕴含了个体的文化学习、自我发展和个人成长。因此，他侧重从积极的角度来描述个体的跨文化适应经历。

阿德勒（1975）认为，现代社会中的每个人在政治、教育、职业、社会生活等方面均存在不同程度的差异，因而每个人都生活在各种体验的碎片中，并试图在碎片中理解宇宙和自身，且这种理解常常是在自身文化所提供的参照框架下进行的。一旦个体身处于与原文化不同的文化之中，原文化的参照框架便不再适用，此时的个体就会经历文化冲突而被迫对自我的存在进行重新定义。在阿德勒（1975）看来，个体的跨文化适应包含个体在认知、情感、行为等方面的变化，其中情感的变化缘于个体原有的认知参照框架在新文化中无法得到强化或是新的文化刺激无法融入原有的认知参照框架，而行为的变化则主要缘于对文化异同的认知和变化了的情感状态的共同作用。归根结底，情感、行为的变化都由认知变化所引发。因此，跨文化适应主要是从"低自我意识、文化意识到高自我意识、文化意识的转变性经历"（Alder，1975：15），可分为接触期、失衡期、重整期、自主期和独立期五个阶段。

接触期的个体还处于与原文化融合的阶段，倾向于从民族中心主义的视角来看待新的文化环境。这一时期，个体对文化共同点的关注远多于对文化差异的关注，因为两种文化的共同点容易使个体自身的文化地位、角色和身份得到确认，而这种确认又会强化个体原有的文化行为，并使个体沉醉在新的经历所带来的兴奋和快乐之中，被新文化所深深吸引。失衡期的个体所感知的文化差异越来越明显，不同的行为、价值观、态度等闯入个体的认知结构，使得个体原有的文化认知框架不再适用，从而使个体的孤立感、抑郁和退缩情绪逐渐增加，最终导致人格的解体和对自身身份的困惑。到了重整期，个体会对新环境中不被原文化的认知框架所理解的事物产生敌对情绪。这种负面情绪既有可能使个体退却至只与本族文化成员交往，也有可能使个体的文化意识逐渐增长，并对文化身份进行重构。因而，重整期被认为是个体选择去留的抉择时期，是整个跨文化适应经历的转折点。进入自主期，个体已可以在没有原文化参照框架的条件下应对自如。此时的个体对第二文化的敏感度逐渐上升，个体的灵活性和应对第二文化的技能都得到了发展，可以在两种不同的文化环境下游刃有余。到了最后的独立期，个体已经完全能够接受和悦纳文化之间的异同，能赋予不同的环境以意义，能将自己和他人视作受到文化影响的人类个体，并"能够承受生活中其他维度的进一步转变，找到新的途径去探索人类的多样性"（Adler，1975：18）。

总之，阿德勒认为跨文化适应开始于个体与另一种文化的邂逅，而后发展成个体与自我的邂逅。个体在整个跨文化适应过程中逐渐意识到每一种文化及其价值观、态度、信仰和规范都有内在的结构。没有一种文化是天然优于或劣于其他文化的。个体，从某种程度上说，是属于特定文化的，是文化的产物。在与另一种文化的相遇中，个体开始理解民族中心主义的根源，获得看待文化本质的新视角，并超越特定文化的局限去理解人类的多样性、理解自我。

（二）贝内特的跨文化敏感度发展模型

跨文化敏感度发展模型是贝内特（1986）基于15年的跨文化交际教学和培训经历而建立的有关个体或群体认知结构发展的理论模型，代表了跨文化交际和培训领域教育者的实地观察和学习者的真实经历。

该模型以"差异"为核心概念，旨在描述学习者对差异的主观体验。差异在跨文化敏感度发展模型中指不同文化在创造和维持世界观上的方式差异。跨文化敏感度就是对文化差异的主观体验，也就是个体或群体对文化差异的建构。贝内特（1986）认为，跨文化敏感度的发展是从民族中心主义到民族相对主义的连续过程，可分为否认（denial）、防卫（defense）、最小化（minimization）、接受（acceptance）、适应（adaptation）、整合（integration）6个阶段（见图7-1）。每个阶段代表个体或群体体验文化差异的不同方式，体现在以特定世界观为基础的具体行为和态度上。

民族中心主义包括否认、防卫、最小化3个阶段，处于这些阶段的人们将自身文化视为现实的中心。处于否认阶段的人们认为自身文化是唯一真实的存在，并通过心理上或生理上的隔离来回避其他文化。处于

图 7 - 1 跨文化敏感度发展模型

资料来源：Bennett，1986：182.

这一阶段的人们没有体验到文化差异，或只是对其他文化进行模糊的建构。处于防卫阶段的人们将自身文化（或已采纳的文化）当成唯一可行的文化，即"进化"最完善的文明形式。他们虽然能够更熟练地辨识文化差异，获得对文化差异的真实体验，但认为世界由"我们"和"他们"的概念所组成，"我们"是优秀的，而"他们"是低劣的，甚至因体验到文化差异的威胁而诋毁其他文化。处于最小化阶段的人们认为自身文化世界观的构成要素具有普遍性。因此，尽管他们承认不同文化在礼仪、风俗习惯等方面的差异，但他们仍认为不同文化在本质上是相似的。

民族相对主义包括接受、适应、整合三个阶段，处于这些阶段的人们更倾向于在其他文化环境中体验自身文化。接受意味着从民族中心主义向民族相对主义的过渡，处于这一阶段的人们承认并且尊重文化差异。他们认为，世界文化体系中的其他文化和自身文化是平等的，是对现实的不同建构，具有不同的复杂性。适应是指"对另一个文化的体验产生出适用于那个文化的思想和行为"（贝内特①，2012：65）。因而，适应开始于认知框架的转换，即接受其他文化的体验，自身的世界观扩大至能包容来自其他世界观的建构。认知框架的转换进而使处于这一阶

---

① "贝内特"为"Bennett"的中译名。由于此书的原著未寻得，因此有关此书的引用全部采用译著和译名。

段的人们表现出恰当的文化行为、表达了恰当的文化情感。最后，对差异的整合是将民族相对主义应用于自我认同。整合文化差异的个体能理解差异，适应差异，并能以不同的文化方式来理解自我。

总的来说，民族中心主义的 3 个发展阶段以文化差异的回避为特点，或是否认，或是抵制，或是贬低其重要性；而民族相对主义的 3 个发展阶段以文化差异的寻求为特点，或是接受，或是转换视角，或是将其用于自我认同。值得注意的是，虽然贝内特（1986）对跨文化敏感度发展的这一描述主要涉及的是个人的体验，但这并不意味着这种体验只存在于单个的个人，个人对文化差异的体验可以代表并体现群体跨文化敏感度的发展。

（三）吉川的双摆感知模型

吉川（1988）认为，跨文化适应是同科学发现和宗教启蒙一样的创造性过程，成功的跨文化适应是个体对世界二元认知的超越。他将跨文化适应过程分为与阿德勒的五阶段假说相似的接触期（contact）、失衡期（disintegration）、重整期（reintegration）、自主期（autonomy）和双摆期（double – swing），旨在描述个体在这一过程中认知模式的变化。

处于接触期的个体尽管接触到了不同的文化，但是并没有意识到新的现实，他们的世界观仍被原文化所主导。在这一阶段，个体对异文化充满了新鲜感和兴奋感。处于失衡期的个体体验到了由于文化之间世界观的差异所导致的困惑和冲突，也即我们常说的文化休克。处于重整期的个体徘徊在接触期和失衡期之间，努力寻找解决困境的方法。他们往往因困于两种文化中而感到认同危机，努力寻求归属感。到了自主期，个体的世界观变得灵活，获得了用新的方式体验新的情境的能力。他们能够自力更生，能够接受和欣赏不同文化之间的异同点，并开始认同"第三文化"。进入双摆期，个体能够完全接受不同文化之间的异同点。个体是独立的，同时也是相互依赖的。这种矛盾的存在使个体获得了一种新的认同，吉川称之为"统一中的认同"（identity – in – unity）。这种认同意味着处于双摆期的个体能够体验两种文化动态的、对话的交互，他们能接受一元论的统一性，也能接受二元论的独立性，可以采用新的方式来探索人类存在的多样性和统一性。

吉川（1988）认为，这5个阶段并不必然是一个线性的发展过程，双摆期也并不必然是跨文化适应的最后阶段，它只是意味着个体认知模式的成熟和开放。双摆式的认知模式是一种整体认知，它既感知到了个体是独立存在的，又感知到了宇宙间万物的相互依存关系，是对二元认知的超越。

（四）西田的跨文化适应的文化图式理论

西田于1999年首次将图式理论（Schema Theory）应用于旅居者的跨文化适应研究，形成跨文化适应的文化图式理论。2005年，西田对原有理论进行了修正，删去了一条定理，但其理论观点没有发生变化。该理论以文化图式和跨文化适应为核心概念，旨在描述和解释文化图式在跨文化适应过程中的功能和运行机制。

图式（schema）在西田的理论中是"有关过去经历的知识集合，这些知识组成相关的知识群并用以指导我们在熟悉情境中的行为"（2005：402）。图式是多种多样的，社会交往的文化图式（cultural schema for social interactions）是"有关文化环境中面对面交往的知识的认知结构"（Nishida，2005：403）。根据不同的功能，西田（2005）区分了8个"初级社会交往图式"（primary social interaction schemas）：事实和概念图式（fact – and – concept schema）、个人图式（personal schema）、自我图式（self schema）、角色图式（role schema）、情境图式（context schema）、程序图式（procedure schema）、策略图式（strategy schema）和情感图式（emotion schema）。事实和概念图式是有关事实的一般知识；个人图式是关于不同类型的人的知识，包括他们的人格特征；自我图式是人们关于自身的知识；角色图式是有关社会角色的知识，它对特定社会职位上的人们产生行为期待；情境图式是关于情境和符合情境的恰当行为的知识；程序图式是对常见情境中事件发生顺序的知识；策略图式是有关解决问题的策略的知识；情感图式是在其他图式被激活时，在长期记忆中可获取的有关情感和评价的知识（Nishida，2005：405-407）。

跨文化适应在西田的理论中指个体习得居住国文化的交际技能、发展与居住国成员关系的复杂过程，即"个体自身的初级社会交往图式转变为居住国文化的初级社会交往图式，并在居住国文化中习得新的初级社会交往图式"（2005：408）的过程。跨文化适应的文化图式理论从文化图式的发展、文化图式的内部组织、图式驱动和数据驱动①的功能对比，以及文化图式的修正等4个方面来解释旅居者的跨文化适应，提出了10个定理。

定理1、定理2、定理3有关文化图式的发展。西田（2005）认为，人们在他/她的文化中对基于图式的行为重复越多，文化图式越能在他们的记忆中储存（定理1）。旅居者不能识别居住国文化中与有意义的交往相关的行为主要是由于旅居者缺乏居住国文化的初级社会交往图式（定理2）。因此，对居住国文化初级社会交往图式的习得是旅居者跨文化适应的必要条件（定理3）。

定理4和定理5有关文化图式的内部组织。西田（2005）认为，事实和概念图式、个人图式、自我图式、角色图式、情境图式、程序图式、策略图式和情感图式（即自身文化的初级社会交往图式）是相互关联的，共同组成文化图式网络，生成对于某一文化而言恰当的行为。如果居住国文化中的经历改变了某一文化图式，其他的文化图式也会随之改变，并最终导致整个系统的变化（如：行为变化）（定理4）。因

---

① 图式一旦形成，人们就趋向于通过图式来处理信息，也就是图式驱动。当人们关注信息的本质，而不运用图式来处理信息，就是数据驱动（Nishida，1999：753-777）。

此，对居住国文化初级社会交往图式各部分间关系的习得是旅居者跨文化适应的必要条件（定理5）。

定理6、定理7、定理8、定理9有关图式驱动和数据驱动的功能对比。西田（2005）认为，人们依据情境和动机，同时使用图式驱动和数据驱动来感知新的信息（定理6）。如果人们具有组织良好的文化图式，那些具有显著图式特征的信息更有可能通过图式驱动来处理，而那些含糊的信息将指导对相关数据的搜寻以完善刺激因素，或使用图式的默认选项（定理7）。因此，缺乏居住国文化初级社会交往图式的旅居者更可能采用费力劳心的数据驱动的信息处理方式（定理8），也会在遭遇新的情境时经历认知的不确定和焦虑（定理9）。

定理10有关文化图式的修正。西田（2005）认为，在居住国文化中，旅居者经历了自我调节（self - regulation）和自我定向（self - direction）两个阶段。在自我调节阶段，他们试图通过逐步修正原文化的图式来解决含糊性和整合信息。在自我定向阶段，他们又积极地重组他们的原文化图式或是生成居住国文化图式以便于适应居住国文化环境（定理10）。

简言之，跨文化适应的文化图式理论认为，旅居者的跨文化适应问题在于旅居者缺乏居住国文化的图式。因此，为了适应居住国文化环境，旅居者应当积极修正自身的文化图式，并积极建立新的文化图式。这一理论强调了人与环境的关系，特别是环境对人的影响，并通过图式这一概念将环境的影响具体化。

三　理论的表现特征分析

以建构主义范式为指导的跨文化适应理论数量较少，且基本都是从认知角度对跨文化适应现象所做的描述，理论的表现特征具有较大的一致性。我们重点以贝内特的跨文化敏感度发展模型为例，从理论的目标、概念和关系，以及建构/检验方法等方面对该理论进行分析，从而把握建构主义范式的表现特征。

（一）跨文化敏感度发展模型

贝内特的跨文化敏感度发展模型描述了人们在进入新的文化环境后，对文化差异体验的发展变化过程。该模型虽然区分了否认、防卫、最小化、接受、适应、整合 6 个主观体验的发展阶段，但是贝内特的"阶段"概念在他的理论中并不是一个标签。我们不能说某个人"处在否认阶段"或是"处在防卫阶段"，因为这些不同的体验不同程度地并存在个人身上，发展的取得不是从一个阶段进入另一阶段，而只是主导体验的转换。因而，贝内特对各个阶段划分的目的并不在于使用一个分类系统，而在于建构一个描述（贝内特，2012：60），描述人们"对文化差异从简单理解和肤浅体验到综合感知并进而深入体验的发展过程"（贝内特，2012：59）。描述与人们实际的跨文化适应经历相吻合的跨文化适应过程的本质是为了寻求对这一过程的理解（Kim，2001：39）。因此，跨文化敏感度发展模型的理论目标在于通过描述人们对文化差异的主观体验来获得对跨文化适应过程的理解。

跨文化敏感度发展模型的核心概念——"差异"，是指不同文化在创造和维持世界观上的方式差异。贝内特对差异的这一理解实质上蕴含了将文化理解为"主观文化"的倾向。"主观文化"由伯杰（P. L. Berger）和卢克曼（T. Luckmann）（1967）在《现实的社会建构：知识社会学的一个论述》（*The Social Construction of Reality：A Treatise in the Sociology of Knowledge*）一书中提出，主要指人们对现实的体验，也就是一个社会中人们的世界观。贝内特（1986）认为，我们对不同文化的世界观的理解和欣赏能为我们提供体验不同文化的机会，并能促成不同文化的个体或群体之间的相互适应。贝内特对文化差异的界定显然已不再将文化视作意识之外的现实，而是视作人们在一定文化环境下对现实的主观建构，从而避免了实证主义对文化的物化。跨文化敏感度发展模型的另一概念——"跨文化敏感度"，指的是对文化差异的主观体验。因而，跨文化敏感度发展模型描述的不是个体或群体的客观行为，而是人们在与新文化接触后认知结构的发展变化过程。认知结构的发展变化主要由个体与新环境的互动而触发。文化环境的不同、交互方式的不同都会促成认知结构的不同变化。因此，跨文化敏感度发展模型也就不可能是对概念之间普遍因果关系的解释，而只能是对跨文化敏感度发展变化的描述。

基于贝内特建构理论的目标，以及他对核心概念的理解，跨文化敏感度发展模型的建构不以研究者对各种概念的测量和统计为基础，而是基于研究者在长期的实践中对大量研究对象的观察和分析。贝内特这样描述该模型建立的基础：

> 这一模型基于 15 年来在跨文化交际领域对各种学生的教学和培训经历。（Bennett，1986：182）

> 学生们在研讨会、课堂、交换项目和研究生项目中受到几个月，有时长达几年的观察。……观察的结果根据对文化差异敏感度的递增分成六个阶段……（J. M. Bennett and M. J. Bennett，2001：13）

> 在观察和分析的基础上，跨文化敏感度发展模式辨别出分布在民族中心论和民族相对论连续发展过程中的六种不同经验。（贝内特，2012：59）

由此可见，跨文化敏感度发展模型是建立在实地观察基础上的理论模型。它的理论目标在于描述个体或群体在与新的文化环境接触后，跨文化敏感度逐渐提高的过程，以帮助我们从跨文化敏感度角度来理解跨文化适应的过程。该理论的核心概念强调了个体对现实的主观建构和主观体验，不强调概念的操作性，概念之间也并不体现直接的因果关系，仅是对观察、分析的描述。因此，从理论的目标、概念和关系，以及建构/检验方法来看，跨文化敏感度发展模型是具有建构主义范式的表现特征的。但跨文化敏感度发展模型本身是根据教学、培训实践而获得的理论模型，在后期培训实践的应用中，学者们开发了对跨文化敏感度进行检测的跨文化发展量表（Intercultural Development Inventory），用于培训师对受训人员的跨文化敏感度发展阶段的衡量以及对培训效果的评估，带有一定的实证主义方法论的特征。

（二）其他理论

与跨文化敏感度发展模型类似，阿德勒的五阶段假说和吉川的双摆感知模型都主要从认知角度描述个体或群体在与异文化接触后发生的变化。尽管贝内特的跨文化敏感度发展模型强调对文化差异的建构，阿德勒的五阶段假说强调自我意识和文化意识的逐步提高，吉川的双摆感知模型强调对二元认知的超越，但是它们描述的跨文化适应过程并不存在本质的不同。这3个理论模型都认为跨文化适应过程中认知结构的变化过程为一开始个体或群体与异文化接触时的无意识或意识较弱，到逐步意识到文化差异的存在而抵制或排斥异文化，再到逐渐接受或是欣赏异文化，然后在不同文化中灵活应对、游刃有余，乃至从文化认同转向自我认同。简单地说，跨文化适应过程在各个理论中实际上被描述为从文化二元论到文化相对主义，从文化认同到自我认同的转变。

这些理论模型对跨文化适应过程的描述的目的仅在于使我们从认知角度获得对跨文化适应过程的理解。它们的这一理论目标与实证主义范式的理论目标存在本质上的差别。尽管实证主义范式视域下的跨文化适应的阶段理论也将跨文化适应过程划分为若干阶段，但是以实证主义范式为指导的阶段理论不只是为了描述个体或群体在与异文化接触过程中的变化，而是为了解释跨文化适应因时间而变化的规律，以对跨文化适应过程和结果作出预测。实证主义范式的这一理论目标使得理论追求对概念间普遍因果关系的说明，从而推动了研究对自然科学方法的借用和对概念的操作化，以确保研究的客观性和准确性。与以实证主义范式为指导的跨文化适应理论不同，跨文化敏感度发展模型、阿德勒的五阶段假说和吉川的双摆感知模型以理解为目的的理论目标使得它们强调概念及关系的描述性，以及观察等研究方法的应用。从我们所掌握的文献来看，阿德勒和吉川的理论模型同跨文化敏感度发展模型一样，它们的建立都基于观察和分析，而相关的检验性研究未曾发现。

西田的跨文化适应的文化图式理论在理论的目标、概念和关系等表现特征上与上述 3 个理论模型存在一定程度的差异。文化图式理论的理论目标除描述跨文化适应现象外，还在于对这一现象进行解释。因此，西田在理论中提出了一定数量的定理来解释文化图式在跨文化适应过程中的作用和运行机制，并指出这些定理可以推断出经由实证研究检验的相关原理。她认为，尽管定理是不能由实证研究直接检验的，但是原理的直接检验可以间接验证定理的正确性。因此，从某种程度上来说，跨文化适应的文化图式理论是具有实证主义范式的表现特征的。

但是，从根本上来说，我们认为跨文化适应的文化图式理论具有更加明显的建构主义范式的表现特征。

首先，图式理论本身兼具描述和解释的功能。按照金（2001）的观点，描述的目的是为了理解，解释的目的是为了预测。西田虽然强调了图式理论的解释功能，但她也特别指出，理论的解释功能并不仅限于解释变量之间的直接因果关系，也在于解释相关性和目的性（1999：763）。可见，西田对解释功能的理解有别于实证主义范式对直接因果关系的解释。

其次，跨文化适应在西田的理论中被理解为"*个体自身的初级社会交往图式转变为居住国文化的初级社会交往图式，并在居住国文化中习得新的初级社会交往图式*"（2005：408）的过程，而图式的转变与习得本身就是建构或重建认知结构的过程。因此，跨文化适应在文化图式理论中不是一种客观的存在，而是个体在异文化环境中的主观活动。西田对跨文化适应这一关键概念的理解事实上十分契合个人建构主义思想。个人建构主义将认识理解为个体在与周围环境的交互过程中，在原有认知结构的基础上，变革、重构认知结构的过程。当个体能把外界刺激融入原有认知结构时，图式不需要进行任何修正；而当外界刺激无法被同化时，个体就会改变原有认知结构以适应外物并形成新的认知结构。跨文化适应的文化图式理论将跨文化适应视为图式转换或重建的过程正是体现了个人建构主义的思想。

最后，尽管西田在理论中提出了一定数量的定理，但是如她本人所说，这些定理并没有解释变量之间的直接因果关系，而是只阐明了文化图式的功能和运作机制。这显然有别于实证主义范式指导下表达直接因果关系的理论命题。

因此，跨文化适应的文化图式理论在理论的目标、概念及关系等方面更多地体现了建构主义范式的表现特征。该理论的建构方法也与其他以建构主义范式为指导的跨文化适应理论相似，但未曾发现相关的检验性研究。

四　建构主义范式的基本假设及表现特征总结

建构主义范式在本体论上持相对主义的态度，否认存在独立于人的感官和意识的统一的真实世界，认为现实是依赖于人而存在的人的建构，是多元的和可变的。相应地，建构主义范式的认识论认为，人类对现实的认识不是对所谓真理的发现，而是对现实的建构或重构。因而，认识不是主体对客体镜像式的反映，而是主体在与客体交互过程中对客体的建构，承载着主体的价值倾向。科学研究的目的不是寻求绝对的真理，而是在主体与客体的对话中建构对现实的多样理解。以建构主义范式为基本假设的理论常以理解作为构建理论的目标，侧重描述个体如何通过与环境的交互来不断组织经验世界。因此，该类理论的建立多是基于研究者对研究对象的观察和分析，不要求概念具有可操作性，也不要求对概念间的普遍因果关系作出解释。

阿德勒的五阶段假说、贝内特的跨文化敏感度发展模型、吉川的双摆感知模型和西田的跨文化适应的文化图式理论在理论的目标、概念和关系，以及建构/检验方法等表现特征上均体现了建构主义范式的基本假设。

就理论的目标而言，无论是阿德勒对自我意识、文化意识逐渐增强的描述，还是贝内特对跨文化敏感度提高的描述，以及吉川对认知模式转变的描述，都是对个体认知结构发展变化的描述。西田的文化图式本身就是个体在一定文化环境下形成的认知结构。因而，阿德勒、贝内特、吉川和西田的理论模型都侧重描述个体与新的文化环境接触后其认知结构的发展变化，以帮助我们从认知角度理解跨文化适应。换言之，这些理论模型侧重考察个体在与环境交互过程中形成的主观建构，否认了现实的客观存在，肯定了个体对现实的建构，体现了建构主义范式的本体论、认识论基本假设。

就理论的概念及关系而言，阿德勒、贝内特、吉川和西田的理论将跨文化适应视作个体在跨文化环境中认知结构的变化过程，是将跨文化适应理解为个体与环境相互作用而不断建构经验世界的主观活动。不同个体在同一环境中的体验有所不同，从而形成的认知结构也会有所不同。这既否认了现实的客观存在，承认个体对现实的建构，还肯定了现实的多元性和可变性，体现了建构主义范式的本体论、认识论基本假设。至于概念间的关系，这些理论都侧重描述跨文化适应的过程，并不追求对概念间普遍因果关系的解释。西田的文化图式理论虽然提出了不少定理，但也仅说明了文化图式的功能和运作机制。这在一定程度上说明这些理论否定对绝对真理的追求，体现了建构主义范式的认识论假设。

就理论建构/检验方法而言，以理解为理论目标的跨文化适应理论不像以实证主义范式为指导的跨文化适应理论一样追求对概念间普遍因果关系的解释和对跨文化适应过程和结果的准确预测。因而，阿德勒、贝内特、吉川和西田的理论模型的提出基本都以观察和分析为基础，不强调概念的操作性和概念间关系的普遍性，体现了建构主义范式的方法论假设。

综上所述，我们认为，阿德勒的五阶段假说、贝内特的跨文化敏感度发展模型、吉川的双摆感知模型和西田的跨文化适应的文化图式理论均是体现建构主义范式基本假设的跨文化适应理论。

五　本章小结

建构主义认为现实是依赖于人且由人建构的，是多元的、可变的。科学研究不过是对现实的建构或重构，知识是主体在与客体的交互过程中对客体的建构。建构主义的这些主张从根本上消解了本体论和认识论的界限，引发了认识论的革命，成为科学研究的崭新范式，其基本假设为本体论上的相对主义、认识论上的主观主义和方法论上的人文主义。

本章详细介绍了以建构主义范式为指导的阿德勒的五阶段假说、贝内特的跨文化敏感度发展模型、吉川的双摆感知模型和西田的跨文化适应的文化图式理论，并以跨文化敏感度发展模型为例分析了这些理论的目标、概念和关系，以及建构/检验方法等表现特征。以跨文化敏感度发展模型为典型的跨文化适应理论旨在描述个体或群体在与异文化接触过程中认知结构的变化，从而获得对跨文化适应过程的理解。"自我意识""文化意识""差异""敏感度""感知""图式"等理论的核心概念均强调个体对现实的主观建构，概念之间不体现直接的因果关系，理论的建构建立在观察和分析的基础上。可见，这些理论的目标、概念和关系，以及建构/检验方法等表现特征反映了较为典型的建构主义范式的基本假设。

第八章

跨文化适应理论研究范式的批判分析

前文（第 5、6、7 章）分别介绍了以实证主义范式、批判理论范式、建构主义范式为指导的跨文化适应理论，并通过对理论的目标、概念和关系，以及建构/检验方法等表现特征的分析，揭示了理论背后的范式基本假设。本章将在此基础上总结以实证主义范式、批判理论范式、建构主义范式为主的跨文化适应理论研究范式的特点，并通过比较不同范式对同一跨文化适应案例的分析视角，揭示现有范式对于我们理解跨文化适应的优势与局限。

一 跨文化适应理论研究范式的特点

在第 2 章已经提到，社会科学领域对范式的适应性改造坚持了范式的本质内涵，认为范式是指导研究活动的基本信念体系或世界观。但是，社会科学领域的学者们也认同，社会科学范式与自然科学范式有不同的特征，主要表现为社会科学范式不像自然科学范式那样呈现前后更替的模式，也不像自然科学范式那样不可通约，而是呈现多种范式并存、互补的局面。通过前面几章对指导跨文化适应理论研究的主要范式的考察，我们认为跨文化适应理论研究范式具有社会科学范式的一般特征，同时也有其独特性，主要表现为范式的多元性、互补性、通约性和范式运用的不均衡性。

（一）范式的多元性

"在社会科学中，范式更替的模式与库恩所说的自然科学并不相同。"（Babbie，2010：34）自然科学的进步往往表现为一种范式向另一种范式的转变，而社会科学范式只存在受欢迎程度的变化，却很少被彻底抛弃。指导社会学理论研究的社会事实范式、社会定义范式、社会行为范式（Ritzer，1975：156－167），指导管理学理论研究的功能主义范式、解释主义范式、激进人文主义范式、激进结构主义范式（Burrell and Morgan，1979），指导传播学理论研究的客观经验主义范式、诠释经验主义范式、批判理论范式（刘海龙，2008）等都不是前后相继的理论范式，而是呈现多元并存的状态。

跨文化适应是具有不同文化的个体或群体在相互接触过程中所产生的变化。人类学、心理学、社会学、跨文化交际学等学科领域对跨文化适应现象的研究主要关注个体或群体在与异文化接触时发生的变化，既包括群体层面的文化模式变化，也包括个体层面的情感波动、行为变化、认知发展等。由于跨文化适应现象本身的复杂性和学科视角的不同，使得跨文化适应理论研究的范式多种多样，主要包括实证主义范式、批判理论范式和建构主义范式。

从前面几章对实证主义范式、批判理论范式和建构主义范式的考察来看，这些范式之间并不存在前后更替的模式，而是表现为同一范式长期存在，同一时期不同范式共存。以实证主义范式为例，从20世纪50年代的U型曲线假说到21世纪的跨文化适应的一致模型，实证主义范式几乎贯穿了跨文化适应理论研究的始终。再以20世纪90年代为例，这一时期的交互式跨文化适应模型、多向分层同化理论和跨文化适应的文化图式理论就分别以实证主义范式、批判理论范式和建构主义范式为指导。因此，指导跨文化适应理论研究的主要范式具有社会科学范式的一般特征——多元性。

（二）范式的互补性

"社会科学范式之间的互补性源于社会现象的复杂性。"（丁华东，2011：258）社会现象不同于自然现象的最大特征是社会现象是人类意识行动的结果，因而它不像自然现象那样遵循固有的规律，而是存在一定的偶然性。任何范式指导下的社会科学研究活动都只是对特定时间、特定地点的社会现象的研究，它所获得的对此时此地社会现象的认识存在一定的局限性。正如巴比所说，"不同的社会科学范式提供了不同的视角，每种范式提供其他范式所欠缺的对社会生活的理解，同时也忽略了其他范式所揭示的社会生活维度"（2010：34）。社会科学家们"尽管可以热衷于某个范式而反驳或排斥另一些范式，但是他们自己也确信，没有一个范式能完全地描述或解释社会结构的全部复杂性"（丁华东，2011：258）。

　　跨文化适应现象涉及不同的个体或群体在不同文化中的跨文化适应经历，并涉及群体层面的文化模式变化和个体层面的情感、行为、认知变化，是一个复杂的社会现象。以实证主义范式为指导的跨文化适应理论对跨文化适应的规律作出了解释，并对跨文化适应的过程和结果作出了预测。比如，跨文化适应的过程理论就致力于解释跨文化适应预测变量和结果变量之间的因果关系，以求对跨文化适应过程和结果的精确预测。以批判理论范式为指导的跨文化适应理论注重对不同时空中跨文化适应现象的理解，并力图推动影响跨文化适应的各种历史语境因素的变革。比如，相对跨文化适应扩展模型就将跨文化适应视为因时空而变化的相对过程，考察文化边缘领域和文化核心领域的不同跨文化适应过程和结果，并希望推动政策的变革以促进相互接触的群体之间的和谐共处。以建构主义范式为指导的跨文化适应理论侧重描述个体在与新的文化环境接触后认知结构的发展变化，以帮助我们从认知角度理解跨文化适应。

比如，跨文化适应的文化图式理论就描述了个体在新文化环境中对原有文化图式的重构以及对居住国文化图式的习得或建构。这些以不同范式为指导的跨文化适应理论尽管有着不同的基本假设，但却从不同侧面为我们打开了理解跨文化适应现象的"窗户"，相互补充、相得益彰。

（三）范式的通约性

在库恩看来，一种范式向另一种范式的转变意味着世界观的变化，因而新旧范式之间是不可通约的，即不同范式之间难以进行完全的沟通。这种不可通约性主要表现在3个层面上：一是不同范式选择问题和解决问题的标准不一样；二是新旧范式使用的概念、术语不同，即使存在相同的概念、术语，其内涵也不会完全相同；三是不同范式的支持者具有不同的世界观，在不同的"世界"中从事他们的事业（Kuhn，1996：148-150）。

然而，在社会科学中，不同范式更多地表现为多元互补，而非新旧更替。不同范式之间尽管存在基本假设上的差异，但也不是完全不可通约。伯勒尔和摩根在区分社会学理论研究的主要范式时就明确指出，不同的范式是连续的，也是独立的（1979：23）。连续意味着不同范式之间有共通之处，而独立则意味着不同范式之间有相异之处。不同的范式为我们提供了分析社会现象的不同视角，但总在某个维度上与其他范式存在共同之处。

指导跨文化适应理论研究的不同范式之间也体现了社会科学范式的通约性特点。实证主义范式历来注重客观性，但不少以实证主义范式为指导的跨文化适应理论却引入了主观概念。比如，古迪昆斯特（1995，2005）的焦虑/不确定性管理理论提出"留意"在管理焦虑/不确定性上的重要作用；加卢瓦、贾尔斯和琼斯等（1995）的交际适应理论强调动机在语言和交际风格适应中的重要作用。批判理论范式和建构主义范式反对实证主义范式的客观主义立场，不追求所谓的绝对真理，而强调对社会现象的深度理解。但是，以批判理论范式为指导的相对跨文化适应扩展模型并没有否定实证主义范式以解释和预测作为理论建构的目标，也没有否定实证主义范式的研究方法。该理论还提出了若干命题来预测移民或迁入国社会成员在不同领域的跨文化适应态度和跨文化适应策略等，并在具体研究中对跨文化适应态度和跨文化适应策略等关键概念进行操作化。以建构主义范式为指导的跨文化适应的图式理论也提出了一定数量的定理来解释文化图式在跨文化适应过程中的作用和运行机制，并指出这些定理可以推断出经由实证研究检验的相关原理；跨文化敏感度发展模型也有相对应的检测量表来衡量受训人员的跨文化敏感度发展阶段和评估培训效果。可见，指导跨文化适应理论研究的实证主义范式、批判理论范式和建构主义范式之间存在一定程度的通约性。

（四）范式运用的不均衡性

尽管社会科学范式呈现多元性、互补性和通约性的特点，但社会科学家并不否认社会科学范式存在主流范式与支流范式的不同状态，以及存在范式主支流状态变化的可能性。从历时角度看，"不同的历史时期和社会环境，学术共同体体现出一定的学术倾向性，因而造成某一范式①处于显性状态或主导状态，而另一些范式②则处于隐性状态或次要状态，从而构成了学科的主流范式与支流范式的变化"（丁华东，2011：259~260）。也就是说，由于历史环境、学术旨趣等复杂因素的影响，社会科学范式不仅存在主流范式和支流范式之分，而且范式的主支流状态存在历时变化。实质上，这种范式主支流状态的变化即社会科学范式更替的特殊形式。

---

① 原文为"范型"，作者在一般意义上使用"范式"概念，而具体到某一特定范式时则使用"范型"（丁华东，2011）。
② 同上。

　　本书没有从历时的角度考察跨文化适应理论研究在历史更迭中的变化，不能妄断跨文化适应理论研究是否存在范式的更替，或是在不同的历史时期存在不同的主流范式。但是，从我们对现有跨文化适应理论的分析来看，实证主义范式是跨文化适应理论研究中最广为运用的研究范式。如果仅从以各主要范式为指导的跨文化适应理论的数量来看的话，以实证主义范式为指导的跨文化适应理论远多于以批判理论范式和建构主义范式为指导的跨文化适应理论。在我们分析的 20 个跨文化适应理论中，以实证主义范式为指导的跨文化适应理论多达 14 个，而以批判理论范式和建构主义范式为指导的跨文化适应理论分别只有 2 个和 4 个。按照以各主要范式为指导的理论占理论总数的百分比来计算，以实证主义范式、批判理论范式和建构主义范式为指导的理论分别占 70%、10% 和 20%。图 8 - 1 直观地表明，以实证主义范式为指导的理论在数量上不仅多于以批判理论范式或建构主义范式为指导的理论，而且多于两者之和，甚至是两者之和的两倍有余。以不同范式为指导的理论在绝对数量上的差异和理论占比多少的差异可以在一定程度上说明，在跨文化适应理论研究中，较之批判理论范式和建构主义范式，实证主义范式的运用要更广泛一些。因此，我们认为，在跨文化适应理论研究中，各范式的运用是不均衡的。

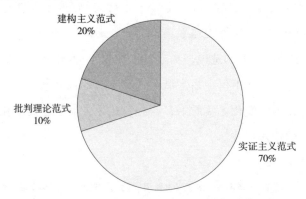

图 8 - 1　以各主要范式为指导的理论占理论总数的百分比

如果说跨文化适应理论研究的主要范式的多元性、互补性和通约性体现了社会科学范式的一般特征的话，那么在跨文化适应理论研究中范式运用的不均衡性则体现了跨文化适应理论研究范式的独有特点。跨文化适应理论研究范式的这些特点将会对我们理解跨文化适应现象产生怎样的影响，我们将在下一节详细论述。

二 跨文化适应理论研究范式的优势与局限

不同范式有不尽相同的基本假设，为我们提供了不同的理解视角，因此跨文化适应理论研究范式的多元性、互补性、通约性，以及范式运用的不均衡性等特点必然影响我们对跨文化适应现象的理解。本节将比较实证主义范式、批判理论范式、建构主义范式对典型跨文化适应案例的不同分析视角，阐述现有跨文化适应理论研究范式的优势与局限。

（一）跨文化适应案例

本节的跨文化适应案例选自陈向明的《旅居者和"外国人"——留美中国学生跨文化人际交往研究》（2004）。该书的案例基于作者对9名留美中国学生长达8个月的调查研究，而本节所选的焦林个案是作者认为最具代表性的案例。用作者的话说，焦林的故事"可以比较完整、生动地呈现一位具有代表性的留学生的生活经历"（陈向明，2004：89）。同时，作者所采用的叙述体的方式"将故事放在一个比较自然、连贯的语境之中，再现故事本身的时间序列和空间组合"（陈向明，2004：89）。因此，焦林个案可以真实地、完整地呈现个体在异文化中的代表性跨文化适应经历。

当然，由于作者侧重对个案的真实再现，其叙述包含了对被研究者所经历的相似生活事件和切身感受的直接引用，笔者在保持故事原貌的同时对故事进行了删减和改编。

焦林生长在华北农村，父母都是农民。他高中毕业后在当地当了两年小学教师，然后考上了北京一所著名大学，学了 4 年英语。大学毕业后，他继续在那所学校攻读了 3 年的教育学课程，获得了硕士学位。他现年 30 岁，已成婚，但没有孩子。他的妻子在他到美国 4 个月后才来到美国与他团聚。他十分豪爽，表达自己想法时态度也非常直率。来美国之前，焦林是一个政府部门的英文翻译兼官员。因为工作，他接待过许多美国游客，并与其中一些人保持书信来往，建立了比工作更深一层的关系。他也有一帮中国的"铁哥们儿"。

来到美国后，焦林在波士顿地区的一所名牌大学攻读教育学博士学位。一到波士顿，他就去另外两个州拜访了他在中国时结识的两位美国朋友。在那里，他感觉过得很愉快，感觉自己能够轻松地用英语交谈，并能够自如地应对新的环境。但回到学校后，他不认识任何人，就觉得无聊和寂寞。他不知道如何照料自己，连买菜、做饭、根据天气变化更换衣服这类事情都不会做，也找不到一个与自己在中国的社会地位相匹配的工作。这种种意想不到的打击一下子把他扔进了"沮丧的深渊"。

8 月底，他总算在学校里找到了一份工作——为会议室布置会场，主要工作是摆桌子椅子以及安排会议膳食。在工作的头两个月里，他养成了一个习惯，每天都要去那儿看一看工友汤姆和玛丽。即使他不必每天去工作，而且也没有什么特别的事要跟他们说，他也要抽空去跑一趟。后来，他对汤姆和玛丽等人的了解有所加深，并试图加入他们的谈话。结果，他发现自己很难理解他们所说的话，尤其是玩笑。他感到自己是一个局外人，常常有一种挫败感。但毕竟这是和"美国人"的交往，他对自己的社交能力渐渐又恢复了信心。

9 月份，在外国学生欢迎会上他遇到了辅导员约瑟夫。约瑟夫对他十分热情，向他介绍了许多关于学校的情况。后来当他希望改变研究方向时，一位来自拉丁美洲的同学乔安借给他很多书，并向他提了不少建议。同时，他和以前在中国结识的一位美国朋友取得了联系。他还和一位接受过他帮助的美国教授保持着联系，教授经常打电话关心他。这一切都使焦林感到愉快，对自己的适应能力又充满了信心。

但一件让他万万没有想到的事情彻底粉碎了他美好的幻觉。新学期开始的时候，他和一些同学到波士顿附近的一个小岛上做一个研究项目。项目的一个任务是要求大家搬运一些大木板在小岛上建一座桥。当一位名叫劳拉的女生从地上扛起一块大木板往前走时，焦林马上走过去试图帮助她。结果在项目评议时，劳拉认为焦林提出帮她扛木板是对女性的歧视。这使焦林大吃一惊，并对此深深自责，担心自己所做的事情会损害自己祖国的形象，但同时也有点愤愤不平，对自己好心办坏事感到十分不解。他觉得似乎有必要改变自己的一些想法，但同时又对自己是否有可能改变而感到迷惘。一方面，他觉得美国人衡量事物的标准优于自己的标准，自己的标准在世界秩序中属于原始和"未经开化的"范畴；而另一方面，他又希望通过回避美国人来保持自身独特的风格。他对这种内心冲突感到十分沮丧和困惑不解。

从那以后，焦林对周围人如何看待自己变得更加敏感。他强烈地感觉到，虽然自己已经30多岁了，可是别人却像对待"小孩"一样对待他；他们认为他什么都不懂，不把他当成具有自理能力的"成人"看待。比如，当他学习遇到问题去请教助教时，每次他的问题都会被助教弹回来；当他向美国同学寻求帮助时，他们没有表现出他所期待的同情、耐心和尊重；甚至是他的美国"朋友"汤姆在和他谈话时也明显放慢速度来"照顾"他。他觉得美国人的这种"居高临下"让他不堪忍受。他觉得美国人的这种行为方式不仅是将他看得很无能，而是将整个中华民族看得很无能。

他原想，随着时间的推移，自己会更加了解美国人，会更好地和他们交往。然而，现实生活中发生的事情却使他一天比一天更加迷惑不解。虽然他竭尽全力去学习这里的交往规则，但是他的努力并未见效。他学得越多，对事情的复杂性感受越深，也就愈加明白和美国人交往不是一件容易的事情。这种困惑与挫折使他再一次堕入"沮丧的深渊"。这一次比开学之前那次落得更深，感觉更复杂。尽管他来美国之前有一些心理准备，知道到一个陌生的文化环境里去生活和学习不是一件容易的事情。但是现在他所看到的期望与现实之间的巨大差距还是让他着实吃了一惊。在美国这个社会里，他觉得自己完全是一个"局外人"。这种孤家寡人的感觉常常令他窒息。

第二学期开始后，焦林在生活和学习上面临的困难有所减少。他从上学期的经历中吸取了教训，开始有意识地想办法改善自己的处境。这个学期的大部分课程要求学生组成学习小组，课后一起做研究项目。可是，由于小组活动的时间和他打工的时间冲突，他不能加入任何一个小组。尽管如此，他上课总是设法早去晚归，为的是有时间在课前课后与助教及其他同学讨论作业上遇到的问题。有时候，他还特意主动邀请一些同学和他一起做作业，以便遇到难题时可以一起讨论。如果他邀请这些同学时遭到他们的拒绝，他就去找其他的同学。他对别人的反应不再像从前那么敏感，和人交往起来也轻松自如了一些。

后来，他的情绪变得沉稳、平静一些了。由于他可以更好地料理自己的生活，对朋友的需求也比以前少了一些。他又交了一些新朋友，但他已经接受美国的现实，意识到即使自己和美国人有很好的关系，也仍旧无法和他们在个人层面上进行深入的交流。他不再奢望得到那种"铁哥们儿"似的友谊了，因此，他也就不再关心和这些人的关系是不是真正的朋友关系了。他已经不在会议室打工了，因此他和那里的工友们也很少见面，只是在校园里偶尔碰面时打个招呼。他不再像从前那样定期去看望汤姆和玛丽等人，和他们的友谊也渐渐地被淡忘了。他仍然和在中国时结交的一些美国朋友保持联系，他们也不时地打电话来问候。这种关系为焦林提供了一种从过去到现在、从家乡文化到异国文化的连续感。但他知道这些人不是那种可以交心的朋友。

　　在校园里，他仍然不时碰到一些试图"居高临下"来"照顾"他的人，但他现在已经学会了有礼貌地避开他们，从而也就避开了有可能因此而受到的伤害。以前他在这方面所受的伤害使他的自尊心变得非常脆弱，别人任何超出常规的举动都会引起他的反感。无论是冷漠无情还是过分热情，无论是熟视无睹还是过分关注，无论是说话太快还是语速太慢——这一切都会使他怀疑这些人的真实动机。

　　随着时间的推移，焦林看待美国社会中一些事情的态度也有所改变。刚来美国时，他把自己的任何一点过失都看成是给祖国的形象抹黑。现在，他不再认为个人的行为就一定会损害民族的声誉。个人只应该对自己的行为负责，不应该将自己的缺点投射到祖国的身上。他开始羡慕美国人对个人需要的尊重。他愿意试着在美国换一种活法，但他认为现在自己还做不到，自己在骨子里仍旧是一个中国人。在他看来，融入美国主流文化和保持中国文化传统之间存在一种几乎是不可调和的矛盾，而中国留学生们（包括他自己）就时刻生活在这种冲突和矛盾之中。（改编自陈向明，2004：90~110）①

---

① 陈向明对焦林个案的完整叙述参见附录5跨文化适应案例。

(二) 主要范式对跨文化适应案例的分析视角

1. 实证主义范式的分析视角

实证主义范式坚持本体论上的朴素的现实主义，认为在人的外部存在独立于人的统一的客观世界；坚持认识论上的客观主义和价值中立，认为科学研究应当坚持认识主体和客体的二元分离，主体应以价值中立的方式对客体进行研究，发现客观真理；坚持方法论上的科学主义，强调科学方法的统一性，主张采用自然科学的方法研究自然事实和社会事实。

对于以实证主义为指导范式的研究者而言，跨文化适应是客观存在的事实，它同自然现象一样是有规律可循的。因而，研究者的责任就是发现跨文化适应的客观规律，并根据这个客观规律对跨文化适应过程和结果作出准确的预测。为了保证研究的客观性和价值中立，研究者会尽量避免主观因素的介入。因而，研究者会避免采取由研究者介入其中的访谈、参与观察等研究方法，而是努力保持研究者与研究对象的分离，倾向于采取问卷调查等研究手段进行所谓的科学研究。

就中国学生焦林在美留学期间的跨文化适应而言，研究者可能对焦林在 8 个月中"从兴奋到绝望，到一丝宽慰，再到更深的绝望，直到最后对现状的基本接受"（陈向明，2004：110）的这一变化过程感兴趣。他们可能试图以焦林个案为契机，探求焦林的这一变化过程是否是留美中国学生跨文化适应的普遍规律，或是所有留美学生，乃至所有在异国求学的留学生，甚至所有旅居者的跨文化适应规律。那么，研究者可能根据焦林的不同情感体验初步划分跨文化适应的阶段，再以对某项具体指标的测量来衡量焦林在不同阶段的跨文化适应状况。比如，研究者可以测量焦林在不同阶段的跨文化人际交往态度、满意度、抑郁度等相关指标。然后，通过统计分析，确定跨文化适应阶段的划分标准，推断出跨文化适应的潜在规律。

研究者也可能对焦林跨文化适应状况感兴趣，尤其是对情绪波动造成影响的因素，并试图建立影响因素与跨文化适应状况之间的因果关系。那么，研究者就可能采取问卷调查的研究方法，对焦林的教育水平、语言水平、经济水平、人格特质、跨文化经历、社会网络、社会支持等各方面的情况做详细的评估，并对焦林的跨文化适应状况进行测量。然后，通过多元回归分析或结构方程建模等方法寻找影响因素与跨文化适应之间的因果关系。

当然，以实证主义为指导范式的研究者不会也不可能仅根据对焦林个案的研究而妄下结论。由于实证主义范式追求绝对真理，对研究结果的普适性有很高的要求，个案研究在他们看来缺乏普遍的解释力和预测的精确性。同时，实证主义范式的许多研究方法，如多元回归分析、结构方程建模等，也无法应用于个案研究。因而，研究者会根据研究目的搜集大量的样本，重复焦林个案的研究过程，再通过统计分析得出具有普遍性的结论，对已有的相关跨文化适应理论进行检验或建构新的跨文化适应理论。

显然，研究者针对焦林个案的研究绝不止于我们所举的两例。焦林希望像美国人一样生活却又想保持自己独特风格所体现的文化认同冲突，焦林对美国人"居高临下"交际风格的反感，以及焦林在学业上对美国文化的适应等都可能成为研究者的兴趣所在。但是，无论研究者的研究旨趣如何，实证主义范式的分析视角必然是寻求这些现象背后的普遍规律和各种因素之间的因果关系。研究者所采用的研究方法也一般都是体现客观性、准确性和价值中立的自然科学方法。通过研究活动而建构的理论也势必是对普遍因果关系的陈述。因此，我们透过实证主义范式的视角所看到的跨文化适应现象也必然是有普遍规律可循的、遵循一定因果关系的、可测量的、可解释的、可预测的外在客观现实。

2. 批判理论范式的分析视角

批判理论范式坚持本体论上的历史现实主义，认为客观现实是一种历史性的存在，是由各种社会历史因素塑造而成的，不是外在于人的事实；坚持方法论上的主观主义和价值介入，认为并不存在所谓的绝对真理，主体对客体的认识是对特定社会历史语境下的现实问题的揭露，着眼于对现实的改变，具有鲜明的行动取向和价值立场；坚持方法论上的人文主义，反对科学方法的统一性，认为社会科学不能盲目移植自然科学的研究方法，而强调对经验的描述。

对于以批判理论为指导范式的研究者而言，跨文化适应作为一种社会现象是人类实践活动的产物，它不像自然现象那样有亘古不变的规律，它的产生受到社会、政治、经济、文化等诸多因素的共同影响。研究者的责任不是解释跨文化适应的普遍规律和对跨文化适应过程和结果的准确预测，而是寻求对不同历史环境下跨文化适应现象的理解和对影响跨文化适应的历史语境因素的变革。因而，研究者常采用参与观察、深度访谈等研究方法，旨在通过研究者与研究对象之间的对话获得对研究对象当时当地跨文化适应状况的深度理解。

以批判理论范式为指导的研究者可能同样感兴趣于焦林在美留学期间的跨文化适应变化过程。但是，他们的研究目的不是就留美中国学生的跨文化适应现象或其他类似的跨文化适应现象找到一个适用于一切时空、一切群体或个体的普遍规律，而仅仅是对焦林这一个体在留美期间的跨文化适应状况的细致理解。那么，研究者就不会倾向于采用实证主义范式那套追求客观、精确、价值中立的研究方法，去评估焦林的个体情况或测量焦林的跨文化适应状况。研究者会更加倾向于倾听焦林本人对留美生活的体验和感受，从焦林本人的角度来理解焦林的跨文化适应过程。因此，研究者可能介入焦林的生活之中，观察焦林的日常行为，并通过与焦林的对话理解其行为表现。研究者也可能在焦林结束留美生活时对焦林进行深度访谈，通过焦林对留美生活的回顾和陈述，理解焦林在留美期间的情感体验、行为变化等。

研究者也可能关注焦林跨文化适应的语境。一方面，研究者可能注意到焦林跨文化适应的具体情境。焦林在美国的第二学期会主动去找别的同学一起做作业，并且当这种邀请遭到拒绝的时候，他没有选择规避，而是选择再去找其他同学；而当他面对校园里一些试图"居高临下"来"照顾"他的人时，他选择回避，以免因此受到伤害。这说明，焦林在学习、生活等不同领域的跨文化适应状况可能存在差异。那么，研究者就可能分领域考察焦林的跨文化适应状况，观察焦林在学习、生活、打工等不同领域中的表现，确定是否存在跨文化适应的领域差异，并通过与焦林的对话寻找差异产生的原因。另一方面，研究者也可能注意到焦林跨文化适应的历史文化语境。研究者可能将焦林视为当代留美中国学生的典型代表，感兴趣于焦林与不同时代的留美中国学生和不同文化的留美学生之间是否存在差异。因此，研究者就可能考察不同的历史环境和文化因素对跨文化适应过程和结果的影响，将个体的跨文化适应置于宏大的历史文化语境中加以考察。

　　不仅如此，研究者也可能关注文化间权势差异对焦林跨文化适应的影响。焦林为什么不能接受美国人特别是他的美国"朋友"在和他谈话时放慢语速来"照顾"他？他为什么认为这种"照顾"是一种"居高临下"的姿态，是将他和整个中华民族看得很无能的表现？他为什么在反省劳拉事件时，觉得美国人衡量事物的标准优于自己，而自己的标准在世界秩序中是原始的和"未经开化的"？如果焦林面对的不是美国文化，他对居住国社会成员类似的表现是否会出现相同的理解？对于这些问题而言，以批判理论范式为指导的研究者就可能考虑焦林作为外国留学生与主流社会成员存在经济、文化等方面的不平等地位，也可能考虑中美两国在政治、经济、文化等方面的不平等地位，力图揭露不平等的现实，并提出改变措施以促进相互接触的群体或个体间的和谐共处。

　　当然，批判理论范式对焦林个案的分析视角也不仅限于前文所述。但是，无论研究者的切入点是什么，研究者的研究目的都是寻求对具体历史文化语境下跨文化适应现象的深度理解和对影响跨文化适应的历史语境因素的变革。研究者所采用的研究方法也一定是能够帮助研究者深度理解跨文化适应的参与观察、深度访谈等。通过此类研究检验或建构的跨文化适应理论必然注重对不同时空中跨文化适应现象的理解。因此，我们经由批判理论范式视角所看到的跨文化适应现象是被社会、政治、经济、文化等诸多因素形塑的历史性现实。

3. 建构主义范式的分析视角

建构主义范式坚持本体论上的相对主义，否认存在独立于人之外的统一的真实世界，认为现实是依赖于人而存在的人的建构，是多元的、可变的。因而，人类对现实的认识也就不是对所谓真理的发现，而是人类对现实的建构或重构。换言之，认识不是主体对客体的镜像式反映，而是主体在与客体交互过程中对客体的建构，承载着主体的价值取向。与批判理论范式相同，建构主义范式也主张人文主义的方法论。

以建构主义为指导范式的研究者不再将跨文化适应视为外在于人的客观存在，而是跨文化适应个体与新的环境交互作用、不断建构经验世界的主观活动。研究者的责任既不是解释跨文化适应的普遍规律、预测跨文化适应的过程和结果，也不是改变现实，而是理解跨文化适应个体如何通过与环境的互动来组织经验世界。这一研究目的主要经由研究者的观察、分析或研究者与研究对象的对话而实现。

就焦林在美留学期间的跨文化适应经历而言，研究者对这一过程的理解可能更侧重于焦林认知结构的变化。从人际交往角度来看，焦林在美留学期间，最初他希望与美国人建立一份"铁哥们儿"似的友谊，但最后主动放弃了这个念头。对以建构主义范式为指导的研究者来说，焦林的这一转变可能源于焦林认知结构的变化。因而，研究者可能会关注焦林留学前后的环境变化对他造成的影响。焦林生长在中国华北农村，在那里完成了他最初的社会化。焦林对"铁哥们儿"友谊的注重与他的成长环境有密切关系。后来，尽管焦林在北京学习和工作过多年，但由于华北农村和北京在地域上和文化上没有太大的差异，北京的环境并没有对他有关人际交往的认知结构产生太大的影响。当他进入美国社会后，地域和文化的急剧变化却是他始料未及的。他在美国留学的第一学期没有认识到在新的文化环境下，他原有的人际交往方式需要进行调整，仍然参照在中国文化环境下形成的认知结构，从而导致了与美国人交往时屡屡受挫。他和美国同学、助教、工友等的交往都因此而遭遇了障碍。劳拉事件是使他意识到必须作出改变的导火索。由此，他在与美国人交往时变得非常敏感和谨慎，也更加留意学习新环境中的人际交往方式。第二学期，他对人际交往的态度有所改变。他用美国人的方式结交新朋友，也和在中国时结识的美国朋友保持联系，但他不再奢望能与他们有深入的交流，也不再奢求和他们有"铁哥们儿"似的友谊。这说明，在经过一段时间的观察之后，他已经根据新的文化环境调整了原有认知结构或建立了新的认知结构。研究者对这一过程的认知主要基于研究者的观察和分析，或是基于研究者与焦林的对话。

除人际交往以外，研究者也可能注意到，焦林在美国的留学经历在一定程度上改变了他对美国文化和中国文化的认知。劳拉事件之后，尽管焦林一直愤愤不平，但也积极地反省自己的行为。他意识到自己需要改变一下想法，对自己衡量事物的标准产生了质疑，认为自己的标准在世界秩序中属于原始和"未经开化的"。焦林所谓的"自己的标准"并不是他个人的标准，而是源于中国文化的标准。因而，焦林实则在重构对中国文化的认知。同样地，焦林羡慕美国人对个人需要的尊重，试图搁置自己的集体主义思想而尝试个人主义的行为方式。这实际上也是对两种文化的认知重构。从建构主义范式视角来看，焦林的这种重构或建构实质上是跨文化适应过程中文化环境带来的冲击和改变。

当然，焦林在美留学期间的认知结构变化不止表现在人际交往和文化认知两个方面。由于中国和美国之间巨大的文化差异，焦林在美国生活、学习、打工等各方面的适应都将是一次次的认知重建或建构。但无论研究者关注焦林哪方面的认知结构变化，他们始终会通过观察、分析、对话等方式，探讨焦林如何通过与新环境的交互来重构或建构自己的经验世界。与此类研究相关的跨文化适应理论也势必关注个体在与环境交互过程中个体认知结构的变化。因此，我们通过建构主义范式的视角所认识的跨文化适应是个体在与新环境交互过程中建构主观经验世界的过程。

（三）主要范式的优势与局限

1. 主要范式的优势

前文从实证主义范式、批判理论范式、建构主义范式的不同视角分析了留美中国学生焦林的跨文化适应经历。比较三种视角，我们不难发现，实证主义范式、批判理论范式、建构主义范式的多元互补和相互通约是我们理解跨文化适应的优势所在。

首先，实证主义范式将跨文化适应视为与自然现象一样外在于人的客观事实，排除了人的主观性、偶然性和任意性，追求研究的客观性、必然性和普遍性。实证主义范式的客观性主要体现在科学方法的统一性，主张将自然科学的研究方法应用于对跨文化适应这一社会现象的研究中，将跨文化适应和相关概念转化为易于量化和操作的各种变量。据此，研究者不仅可以分离出影响跨文化适应过程和结果的主要因素，而且可以发现变量之间的相互关系，并将其表述为简单明了的数学模型。实证主义范式的研究具有可重复的特点。研究者可以在对不同研究对象的重复研究中泛化研究结果，从而总结出跨文化适应的必然规律。由此而形成的跨文化适应理论具有普遍的适用性，对我们理解不同个体或群体在不同文化环境下的跨文化适应过程和结果具有普遍的指导意义。

其次，批判理论范式将跨文化适应理解为人类在特定历史文化环境下的实践活动。研究者所获得的对一定历史文化环境下跨文化适应行为的理解，只有在特定的历史文化背景下才具有解释力，并非在全境域中具有合理性。因而，批判理论范式不以寻求跨文化适应的普遍规律为己任，也不强调研究的客观性，转而强调倾听跨文化适应主体的声音，从而达到对特定历史文化环境下跨文化适应行为的深度理解。此外，批判理论范式有强烈的现实关怀，不仅注重对特定历史语境下社会现实的揭露，尤其关注跨文化交往中适应双方的不平等地位，而且注重向政策制定者和大众传达研究结果，以推动有利于相互接触的跨文化适应个体或群体之间的和平共生。批判理论范式所提供的对不同语境下跨文化适应行为的深度理解及其应用价值，在一定程度上弥补了实证主义范式一味强调普适性而忽视跨文化适应在个体、群体、时间、空间等方面存在差异的不足。

最后，建构主义范式将跨文化适应理解为跨文化适应个体在与新的文化环境交互过程中不断建构经验世界的主观活动。它强调个体与环境的交互作用，以及个体对现实的主观建构，消解了主客关系，也消解了本体论和认识论的界限。因而，研究者对跨文化适应的理解并非发现有关跨文化适应的知识，而是对跨文化适应的主观建构。建构主义范式的这一主张彻底否定了跨文化适应的客观存在，也否定了寻找跨文化适应普遍规律的可能性。研究者的关注焦点转向考察跨文化适应个体如何在与新的文化环境的接触中建构主观经验世界，视跨文化适应为动态的变化过程。一方面，研究者考察个体在与新环境的交互中如何重构或建构个体的认知结构，以适应新环境的需求。另一方面，研究者也考察个体如何通过与环境的交互对环境产生影响。建构主义范式对跨文化适应的这一理解从根本上有别于实证主义范式和批判理论范式，为我们认识跨文化适应提供了一个崭新的视角。

可见，实证主义范式、批判理论范式和建构主义范式为我们提供了理解跨文化适应的不同视角。实证主义范式使我们在一定程度上了解跨文化适应的普遍规律；批判理论范式使我们深度理解特定历史文化背景下的跨文化适应；建构主义范式使我们认识到个体在跨文化适应过程中对主观经验世界的建构。然而，对任何社会现象的充分理解都不可能由任何单一的范式来完成，对跨文化适应现象的理解也一样。只有实证主义范式、批判理论范式、建构主义范式的共同指导，才能帮助我们较为全面地理解跨文化适应。因此，指导跨文化适应理论研究的这三种范式的多元互补和相互通约可以帮助我们结合不同的分析视角，从而实现对跨文化适应这一社会现象较为全面而深入的理解。

2. 主要范式的局限

跨文化适应理论研究范式具有多元性、互补性、通约性的特点，能够帮助我们较为全面地理解跨文化适应，但是实证主义范式、批判理论范式、建构主义范式运用的不均衡性却在一定程度上有碍于我们对跨文化适应的全面理解。

前文已经阐明，虽然跨文化适应理论研究主要由实证主义范式、批判理论范式和建构主义范式共同指导，但较之批判理论范式和建构主义范式，实证主义范式的运用要更广泛一些。这说明，在跨文化适应理论研究中，绝大多数的研究者都致力于解释跨文化适应的普遍规律和预测跨文化适应的过程、结果，而忽视了跨文化适应的具体历史文化背景和个体在跨文化适应过程中与环境的交互作用。跨文化适应不是在真空中进行的，而是发生在一定的时间和空间中，即发生在一定的历史文化语境下。"如果不理解两个群体相接触的语境而谈论跨文化适应是没有意义的。"（Sam，2006：22）不仅如此，我们对另一文化的体验，也需要跨文化适应个体有意地重组观念。因而，片面地追求跨文化适应的普遍规律和对跨文化适应过程、结果的准确预测，而忽视跨文化适应发生的具体语境和个体在跨文化适应过程中的主观体验，无疑将妨碍我们对跨文化适应较为全面和准确的理解。

此外，实证主义范式本身的局限也使得单一的实证主义范式无法实现对跨文化适应透彻理解的目标。

首先，实证主义范式对客观性的追求主要通过方法一元论来实现，尤其表现在操作的科学性和规范性方面，强调对变量的精确测量和变量间因果关系的确定。但是，社会现象与自然现象有本质的区别，它是人类意识行动的结果，具有很强的主观性，不可能像自然现象那样被精确地加以测量。即使跨文化适应和相关概念在研究中被操作化，研究者也无法确保所测量的指标对不同文化的研究对象有相同的含义。比如，马丁（Martin）和中山（Nakayama）（2010）就曾指出，美国文化和阿尔及利亚文化中对"自我披露"（self‐disclosure）这一概念就有不同的理解。更为重要的是，操作化的不同也会对研究结果产生影响。拉德明（Rudmin）（2006）曾采用四种不同的操作化方法对同一批研究对象的跨文化适应态度进行测量，产生了截然不同的研究结果。贝里和萨瓦蒂耶尔（Sabatier）（2011）也曾采用不同的操作化方法测量研究对象的"传统文化保持"和"主流文化参与"两个维度，结果证明不同的操作化方法对跨文化适应个体的跨文化适应策略的区分不尽相同。另外，实证主义范式对客观性的严格要求造成了研究者与研究对象的二元分离，使得研究者永远只能从"局外人"的视角来看待研究对象，在一定程度上影响了研究者对研究对象的深入理解。

其次，实证主义范式以寻找普遍规律和建立具有普遍适用性的理论为己任。目前的跨文化适应研究绝大多数集中在美国、加拿大等接受大量留学生、外派人员和移民等移居个体或群体的文化环境中，由此而产生的研究结果是否代表了经历跨文化适应的个体或群体在其他文化环境中的普遍跨文化适应规律犹未可知，由此而产生的跨文化适应理论是否适用于其他文化环境也有待检验。产生于一定历史时期的研究结果和理论是否具有跨越时间的普遍适用性也值得商榷。不仅如此，实证主义范式因追求普遍性而要求研究结果的泛化。但是，任何研究都是基于一定历史文化环境中的一定数量的样本。因而，任何研究结果的泛化都有很大的局限性。所谓"放之四海而皆准"的绝对真理在社会科学中本身就是值得怀疑的。因此，实证主义范式所追求的普遍性，事实上是难以实现的。

最后，实证主义范式对必然性的追求忽视了对人类行为偶然性的解释和理解。社会现象不同于自然现象。它不仅受到一定社会规律的支配，而且也是人类有意识的行动的结果。这就意味着社会现象在具备必然性的同时也伴随一定偶然性。在实证主义范式下，我们可以通过对一定文化环境中的一定数量的跨文化适应个体或群体的调查研究而得出相对普遍的跨文化适应规律，建立具有相对普遍适用性的跨文化适应理论，以预测跨文化适应的相对普遍的过程和结果。但是，当涉及某个个体或群体的具体跨文化适应过程和结果时，跨文化适应的相对普遍的规律可能未必十分精确，毕竟有人参与的活动总是存在不可预测的偶然性因素。

由此可见，实证主义范式本身有不可避免的局限性，它在跨文化适应理论研究中独占"半壁江山"有余的局面势必造成我们对跨文化适应理解的不完整，在一定程度上忽视了跨文化适应的具体历史文化背景和个体在跨文化适应过程中的主观体验。因此，在跨文化适应理论研究中，范式运用的不均衡性无疑不利于我们对跨文化适应的全面理解。

三　本章小结

跨文化适应理论研究的主要范式包括实证主义范式、批判理论范式和建构主义范式。不同范式呈现多元性、互补性、通约性和运用的不均衡性等特点。本章通过比较不同范式对同一跨文化适应案例的分析视角发现，不同范式的多元互补和相互通约为我们提供了理解跨文化适应的多元视角，而不同范式运用的不均衡性极易造成我们对跨文化适应理解的片面性。

第九章

跨文化适应理论的未来发展
与中国本土理论建构

自 20 世纪 30 年代以来，跨文化适应研究历经 80 余年的发展，成为众多学科研究兴趣的交汇地带，产生了数量不少的理论成果。理论之间或看似相差无几，或看似一脉相承，或看似截然不同，却不外乎受到了实证主义范式、批评理论范式或建构主义范式的指导，且各范式的运用并不均衡。我们也不难发现，在硕果累累的背后是西方学术话语体系的"一家独大"。面对这样的现实，理论的发展、完善和中国本土理论的建构是我们不可回避的使命。本章针对跨文化适应理论研究存在的问题，探讨理论研究的发展方向，并依托中国传统思想文化，尝试建构新的跨文化适应理论模型，为理解跨文化适应提供新的文化视角，也为跨文化适应理论的未来发展抛砖引玉。

一 跨文化适应理论的未来发展

跨文化适应理论研究是由实证主义范式、批判理论范式和建构主义范式共同指导的。不同范式为我们提供了理解跨文化适应的不同视角。不同范式之间的多元互补和相互通约有利于我们对跨文化适应的全面理解，而范式运用的不均衡性也会导致我们对跨文化适应理解的偏颇。据此，我们认为跨文化适应理论的发展和完善需要培养范式自觉性，观照跨文化适应的语境性，关注跨文化适应的主体间性，以开放的姿态迎接更多范式可能性。

（一）培养范式自觉性

范式是指导研究活动的基本信念体系或世界观，涉及与研究活动相关的三个哲学问题：本体论、认识论和方法论。由于指导范式的不同，研究活动所秉持的对现实的看法、对认识主体与客体关系的认识，以及对认识主体如何认识现实等问题有根本不同的基本假设。从范式角度对跨文化适应理论进行审视，可以发现理论在基本信念、基本假设上的差异，从根本上理解诸多跨文化适应理论之间的异同，从而明晰跨文化适应理论的历史和现状，把握跨文化适应理论的发展方向。

跨文化适应是具有不同文化的个体或群体在相互接触过程中所产生的变化，它涉及群体层面的文化模式变化，个体层面的情感波动、行为变化、认知发展等方方面面。因而，跨文化适应研究成为人类学、心理学、社会学、跨文化交际学等不同学科领域研究兴趣的交汇点，产生了U型曲线假说、同化理论、跨文化适应策略理论、跨文化适应的焦虑/不确定性管理理论、跨文化适应整合理论等20余种跨文化适应理论，形成了多学科、多视角的多元理论体系。表面上看，各种跨文化适应理论之间的区别主要体现在理论所关注的角度有所不同，如莱斯加德的U型曲线假说和阿德勒的五阶段假说关注跨文化适应过程的阶段性，贝里的跨文化适应策略理论与纳瓦斯、加西亚和桑切斯等的相对跨文化适应扩展模型关注跨文化适应过程中个体或群体的跨文化适应策略的选择。但事实上，看似极为相似的跨文化适应理论很可能有完全不同的理论假设，而看似截然不同的跨文化适应理论却很可能有完全相同的理论假设。上述莱斯加德的U型曲线假说和阿德勒的五阶段假说虽都关注跨文化适应过程的阶段性，但前者秉持了实证主义范式的基本假设，而后者则秉持了建构主义范式的基本假设。莱斯加德的 U 型曲线假说和贝里的跨文化适应策略理论虽从不同角度描述和解释跨文化适应现象，却都秉持了实证主义范式的基本假设。因此，仅从跨文化适应理论的角度差异来看待跨文化适应理论之间的异同，极易造成我们对理论差异理解的表面化，而忽视理论背后的基本假设。要真正把握各种理论之间的异同有赖于对理论范式的考察。

然而，目前学术界对现有跨文化适应理论的考察却恰恰集中在基于理论表层差异的分类整理。比如，阿伦滋－托斯和范·德·维杰威（2004）根据理论所涉及的维度，将心理学领域有关跨文化适应策略的理论区分为单维模型、双维模型和融合模型。安德森（1994）根据理论的侧重点，将跨文化适应理论分为恢复模型、学习模型、心理旅程模型和平衡模型。陈国明、余彤（2012）又在安德森的分类基础上增加了辩证模型。学者们从各个不同角度对跨文化适应理论的梳理是对跨文化适应理论研究成果的总结，为如何进一步完善跨文化适应理论提供了一定的方向性指导，也为后来的研究者提供了丰富的理论资源。但是，范式自觉性一定程度上的缺失使得学者们对跨文化适应理论的考察局限于基于理论表层差异的分类整理，从而无法看清理论之间深层的、本质的差异，无法为理论的突破性进步指明方向。按照库恩的观点，现有范式内的知识累积旨在解决范式所规定的问题，而范式的变革所带来的进步则是革命性的。因此，跨文化适应理论的突破性发展需要学者们加强范式自觉性。

（二）观照跨文化适应的语境性

实证主义范式、批判理论范式和建构主义范式是指导跨文化适应理论研究的主要范式，但各主要范式在理论研究中的运用并不均衡。从前文的分析我们可以发现，以批判理论范式为指导而建构的理论还十分少。这在一定程度上说明，学者们在理论研究中很少以批判理论范式为指导，而批判理论范式的最大特点在于强调社会历史文化环境对现实的塑造。因此，以批判理论范式为指导的理论研究的缺乏在很大程度上说明，跨文化适应理论研究对跨文化适应的现实语境不够重视。

在早期的跨文化适应理论研究中，跨文化适应研究的对象主要是土著居民、欧洲殖民统治地区人民和随着国际移民潮而涌入发达国家的国际移民。对于这些个体或群体而言，他们所处的跨文化适应语境有很大的确定性。一方面，土著居民、欧洲殖民统治地区人民或国际移民明确地知道他们在此时此地所要适应的文化。另一方面，殖民者的文化在向外殖民前，或是移民迁入国的文化在大规模吸纳移民前，也相对单一和稳定。因此，对于这些个体或群体的跨文化适应研究似乎不用过多考虑历史文化语境变化对跨文化适应的影响。但事实上，任何跨文化适应都发生在不同的历史文化语境下。

首先，世界上没有任何一种文化是完全静态和单一的。哪怕没有经历跨文化接触，文化在各自的历史发展中总会经历发展变化，因此，文化本身是一种动态的存在。同时，文化也非完全均质、单一的。本书从群体角度界定文化，将文化视为某一群体（及其成员）独特的生活方式。个体之间尚存在文化差异，由众多个体构成的群体文化更不可能完全均质、单一。因而，文化本身也是一种多元的存在。

其次，跨文化适应的历史文化语境不是预先设定的，而是跨文化适应双方共同构建的。跨文化适应是一个双向的过程，来自不同文化的个体或群体在跨文化接触中所产生的影响是相互的。尽管由于跨文化接触的双方在政治、经济、权力等方面的不平等地位，双方所产生的影响并不均等，但这并不否定影响相互性的存在。也就是说，假设文化 A 的成员与文化 B 的成员在任何一种文化中相遇，他们各自的文化都会对对方产生影响，且两种文化中的任何因素都有成为跨文化接触语境因素的可能。至于两种文化中哪些因素构成双方跨文化接触的具体语境则取决于接触双方。按照多德（G. Dodd）的理解，"跨文化接触的文化是由跨文化接触双方在撇开各自的文化、强调共同基础的前提下创建的"（2006：10）。那么，跨文化接触双方的不同文化以及接触双方对共同基础的不同认定都会形成截然不同的跨文化接触语境。

最后，全球化的迅猛发展使"地球村"中的每个人都生活在一个"移动"的世界中。"人、物、资本、信息、观念、文化都在以不同的规模跨越各种不同的边界，从地方到国家，从国家到世界。"（O'Regan et al.，2011：299）文化边界的跨越不仅使世界各地不同的文化在与异文化的广泛接触中实现自身文化的转型，也使文化中间地带或文化第三空间的创造成为可能。当然，文化边界的跨越也造成了文化边界的模糊。文化已不再是"一个个完整而独立的实体……没有任何一种文化能够被清晰地识别和被划定边界"（马威，2010），它"从形式到内容都被不断重构和更新，给人们适应环境提供新的资源和可能性"（马威，2010）。

因此，文化的动态性、多元性、全球化所带来的文化边界的模糊性，以及跨文化接触语境的共建性，使得跨文化适应的历史文化环境具有很大的不确定性。跨文化适应研究的目的在于帮助跨文化适应个体或群体更好地适应新的文化环境。不考虑跨文化适应的现实语境而片面追求跨文化适应理论的普适性显然违背了跨文化适应研究的初衷。

（三）关注跨文化适应的主体间性

前文已经提到，跨文化适应是语境性的，它发生在一定的历史文化环境下，并受到历史文化环境的影响。当然，这并不是说个体或群体的跨文化适应只是被动地受制于语境，事实上，个体或群体在受到语境影响的同时也能在与语境的交互过程中主动地建构现实。以建构主义范式为指导的五阶段假说、双摆感知模型、跨文化敏感度发展模型和跨文化适应的文化图式理论无一不是将跨文化适应理解为个体在与新文化环境的接触过程中对主观经验世界的建构，强调跨文化适应的主体性和交互性。但是，与批判理论范式相似，建构主义范式在跨文化适应理论研究中的运用还比较少。学者们对个体如何通过与环境的互动组织经验世界的关注还有待加强。更为重要的是，跨文化适应是一个双向的过程，它涉及来自不同文化的个体或群体之间的相互适应，而现有的以建构主义范式为指导的理论却未涉及跨文化适应过程中主体间的交互作用。

尽管在跨文化适应研究之初，跨文化适应就被认为是一个双向的过程。但在很长的一段时间内，学者们却基本侧重从"外来者融入新文化环境的单向而非双向的调适"（许力生，2011：137）角度来探讨跨文化适应。不少学者曾强调跨文化适应的相互性。贝里指出，"当不同文化背景的群体及其个体成员相互接触时就产生了跨文化适应，导致双方文化上和心理上的变化"（2008：328）。陈国明、余彤也提出，"跨文化适应就是两个文化体之间互动的持续过程"（2012：130）。此外，不少学者也通过对一定数量样本的研究来证明跨文化适应的相互性。亚当斯（M. Adams）（2003）对美国与加拿大两国具有代表性的大量人口的价值观的考察，和我国学者黄永红（2009）对美国社会中主流文化成员的考察都说明，跨文化适应并不是所谓少数群体对主流文化的适应，主流文化在与少数群体接触的过程中也同样受到少数群体的影响。事实上，任何形式的跨文化交往都是接触双方互动协商、共建意义的过程。单向的适应既违背了跨文化适应的本质，也不符合跨文化适应的现实。从建构主义范式的视角来看，跨文化接触的双方不仅是跨文化适应的主体，同时接触的一方也构成了另一方跨文化适应的重要语境因素。因而，跨文化适应的过程应是跨文化适应主体互为语境、交互作用、相互适应的过程。

另外，跨文化适应主体虽然从属于不同的民族文化，具有各自民族文化的行为习惯、思维方式、信仰和价值观等，但是即使是同一民族文化的跨文化适应主体在宗教信仰、教育、职业、家庭、政治立场等方面也存在不同程度的差异。如若仅将跨文化适应主体视为某一民族文化的代表，而忽视跨文化适应主体的文化特殊性，则极易造成刻板印象，导致跨文化交往失败，乃至矛盾或冲突。因此，在跨文化接触中，跨文化适应双方所体现的文化特征应更多地从跨文化适应主体的文化特殊性角度去理解。一方面，我们应当看到，跨文化接触的双方尽管有不同的文化背景，但也在某种程度上拥有一定的文化共性。他们或是有共同的宗教信仰，或是有相似的教育背景，或是从事相同的职业。正是跨文化适应主体之间的文化共性使跨文化交往成为可能。另一方面，跨文化适应主体的独特文化是跨文化适应主体的个人建构，即霍利迪（A. Holliday）（2010、2011）所说的"个人文化现实"（personal cultural realities）。个人文化现实是"个体围绕具体语境建构的，可以超越民族文化的描述和边界"（Holliday，2011：61）。当跨文化适应主体所处的文化场所发生变化时，跨文化适应主体的个人文化现实也会依据不同的文化场所进行重建。正是跨文化适应主体文化的灵活性使得主体之间的跨文化适应成为可能。

因此，我们对跨文化适应的理解还有赖于对跨文化适应主体的关注。从跨文化适应主体的角度看待跨文化适应过程的交互性，理解跨文化适应双方如何在跨文化接触中互为语境、交互作用以达到和谐共生的生存状态。

（四）迎接更多范式可能性

实证主义范式追求跨文化适应的普遍规律和因果关系；批判理论范式从具体的历史文化语境出发来理解特定历史文化背景下的跨文化适应；建构主义范式则从跨文化适应主体与环境交互作用的角度考察跨文化适应主体的主观体验。这些范式为我们较为全面地理解跨文化适应提供了不同的视角。但是，我们对跨文化适应的理解却绝不会止步于此。一方面，实证主义范式、批判理论范式、建构主义范式在跨文化适应理论研究中的运用还存在有待改进的地方，如对跨文化适应语境性的观照和对跨文化适应主体间性的关注都有待加强。另一方面，我们对跨文化适应的理解还存在其他的可能性。

由于社会现象本身的复杂性，我们对任何社会现象的理解都不可能由任何单一的范式来完成，而有赖于不同范式视角的结合。社会科学范式本身的通约性又为不同范式视角的结合提供了可能性。库巴和林肯（2005）认为，社会科学范式更多地表现为"杂交"（interbreed）或"合流"（confluence）的趋势，而不是相互竞争，类似于格尔茨（Geertz）的"体裁模糊"（blurring of genres）。事实上，我们对跨文化适应理论研究范式的分析已经在一定程度上表明，范式之间的界限已非泾渭分明。以实证主义范式为指导的跨文化适应理论中主观因素的融入，批判理论范式和建构主义范式对实证主义范式研究方法的借用都说明范式之间的互融互通。社会学家瑞泽尔（Ritzer）（1975）更是明确地提出范式整合的必要性。他认为，不同范式之间的破坏性争论不仅妨碍了对不同范式的共同基础的发现，也导致了范式支持者们忙于维护各自范式的基本假设而不能专注于常规科学内的累积性进步；相反，现行范式的整合却可以使不同范式的支持者从其他范式的视角中获得有益的见解。史密斯（1999）也主张建构跨文化网络理论以跨越跨文化适应研究中的范式沟壑。当然，范式的整合并不意味着建立一个无所不包的范式，而是对现行范式之间的共同基础和差异保持一定的敏感性，通过不同范式之间的视域融合、优势互补，为我们所面临的问题提供更为精确的认识。

除了现行范式的整合以外，新范式的出现也会为我们提供对跨文化适应现象的全新理解。我们一再强调，跨文化适应是一个双向的过程，来自不同文化背景的个体或群体只有在交互作用中才能实现相互适应，从而扩大双方的文化间性，"加强两种文化思想的融合，缓和文化紧张状态"（陈国明、余彤，2012：134）。跨文化适应理论研究的目的也在于能为跨文化适应提供可借鉴的理论指导，避免文化之间的冲突，促进

文化的和谐共生。文化之间的这种共生状态在人类相互依赖性日渐增强
的全球化语境下显得尤为重要。然而，目前的跨文化适应理论研究却似
乎忽视了文化之间的共生状态。

　　从我们分析的跨文化适应理论来看，绝大多数跨文化适应理论产生
于西方学术话语体系。"来自于东方和世界其他地方的学者的声音还是太
少"（许力生，2011：136），非西方视角的缺失"不可避免地导致视野狭
窄化"（许力生，2011：137）。有学者用"欧洲中心范式"来指称学术界
这种西方主导现象。"欧洲中心范式"的最大特征便是"笼统化"（total-
ization）和"轻视化"（trivialization），即"倾向于单方面地设定普遍性，
将一切笼统化"（Miike，2010：4），将人类经验本质化，"忽视、低估，
或者说掩盖非西方历史文化中所包含的某些价值观"（Miike 2010：4）。
三池贤孝（Yoshitaka Miike）（2008）和阿桑特（M. K. Asante）（2008）
据此分别提出了亚洲中心性（Asiacentricity）和非洲中心性（Afrocen-
tricity），旨在为现有跨文化理论研究提供有别于欧洲中心范式的亚洲或
非洲视角，以"去西方化"。陈国明、余彤着眼于东西方文化范式基本
假设的差异，认为西方文化的二分法思想"对于实现跨文化理解和接受
是一个很大的障碍"（2012：134），而东方文化的整体性观念却可以超
越西方文化的二分法思想，体现跨文化适应双方之间的相互渗透和相互
认同。且不论东西方的二元划分，或是欧洲中心、亚洲中心和非洲中心
的区分是否合理，学者们的目的都在于向我们揭示，跨文化研究本身并
没有真正做到"跨文化"。任何理论的产生都基于一定的历史文化语
境，因而任何理论都是地方性知识而非绝对真理。跨文化适应本身是一
个涉及不同文化个体或群体的社会现象，任何从某一文化视角进行的跨
文化适应理论研究都只体现了对某一文化的理解，并不代表其理解的普
遍性。因此，跨文化适应理论研究需要具备跨文化的视野，需要不同文
化背景学者之间的交流互动，需要基于不同文化的范式创新，"力求超
越现有西方学术话语体系及其观念意识，发展出新的、更具解释力和创

造力的理论和方法"（许力生，2011：138），促成不同学术话语体系之间的共存和对话，从而实现"国际学术研究的多元化与创新"（施旭，2010：91）。唯其如此，跨文化适应理论研究才能为"不断开拓人类交往所依赖的意义框架"（许力生，2011：138）提供现实的指导。

二 中国本土理论建构尝试

中国文化源远流长，中国传统思想文化更是历经数千年沉淀的智慧结晶，为人类文化贡献了老子、孔子、孟子、朱熹等具有非凡才学的思想名家，以及《周易》《道德经》《论语》等具有民族独特思维形式的思想经典。中国传统思想文化所蕴含的宇宙观、价值观、方法论是可供我们汲取的"养料"，是理论创新的源泉。跨文化适应理论的本土建构理应回到传统文化之中去"寻找可供'反刍'的东西，挖掘富有新的时代价值的内容"（许可峰，2011：64）。因此，我们以儒家哲学为思想基础，建构跨文化适应理论，为本土理论创新提供借鉴。

（一）本土理论建构的思想基础："中和"哲学

儒家思想作为中国传统文化的主流意识，在历经千年的发展中已成为中华民族的集体潜意识。儒家的"中庸"之道更是千百年来中国人所奉行的修身、齐家、治国、平天下之道，而"中和"思想被认为与"中庸"之道"在精神实质上是相通的"（朱冬梅，2012：79），是"儒家的最高理想境界"（朱冬梅，2012：79），包含最基本的处事方法和最高的价值目标。子思在《中庸》第一章写道："喜怒哀乐之未发，谓之中；发而皆中节，谓之和。中也者，天下之大本也；和也者，天下之达道也。致中和，天地位焉，万物育焉。"意思是"人的感情还未迸发出来时，内心里无所谓'过分'或'不及'，这时称为'中'。当人的感情倾泻出来，而保持恰如其分，这时也仍然是'中'"（冯友兰，

2017：321）。"中"是天地万物的根本，"和"是天地万物的法则，达到"中和"的境界，天地便各归其位，万物皆生长繁育。在这里，子思不仅阐发了"中"的思想和"和"的思想，也创造性地提出了"中和"的思想。

"中"是中庸思想的核心。子曰："中庸为之德也，其至矣乎！"可见，孔子的"中庸"是一个道德维度的概念。程颐的"不偏之谓中，不易之谓庸"也是从道德层面对"中庸"的解释。在这一层面上，"中"的主要意义是"不偏不倚"。朱熹提出："中者，不偏不倚，无过不及之名也。"一方面以"不偏不倚"继承了前人对"中"道德层面的理解，另一方面以"无过不及"指出"中"的方法论意义。所谓"无过不及"，也就是"执中两用"，即要求人们处事时把握"过"与"不及"这两端，坚持适度原则，把握好分寸，做到"恰如其分""恰到好处"。另有"时中"的概念用以说明如何实现"恰如其分"，即懂得"适当其时""依时而中"。作为具有方法论意义的哲学思想，"中"旨在指导人们因时、因地、因人、因事地灵活"执中"，是原则性和灵活性的统一。它与我们通常所说的折中主义是截然不同的。

"和"是"协调分歧，达成和睦一致"（冯友兰，2017：321）。《国语·郑语》有云："夫和实生物，同则不继。以他平他谓之和，故能丰长而物生之。若以同裨同，尽乃弃矣。"意思是把不同的事物结合起来使之和谐共存才能使万物得以不断生成和丰富，而相同事物之间的互补是不能长久为继的。"和"在这里是宇宙存在的基本状态，体现了儒家思想诞生两百多年前的宇宙观。"致中和，天地位焉，万物育焉"中的"和"与"和实生物"的"和"在这一点上是相同的。但是，儒家的"和"并没有局限在宇宙论上，即所谓"天道"，而是将"和"推引至人类社会的价值追求和处事态度，即所谓"人道"。"喜怒哀乐之未发，谓之中；发而皆中节，谓之和"是人对自身喜怒哀乐各种情绪的调和。《论语·学而》里的"礼之用，和为贵"是要求人们用礼来处理事情，做到人与人之间的融洽共处。这是儒家倡导的道德准则，是对"和"的价值追求。为了实现这一价值追求，儒家主张"和而不同"的处事态度。正如孔子所云，"君子和而不同，小人同而不和"，是个性与共性相统一的处世哲学。

由此可见，"和"是人自身和谐、人与人和谐、人与宇宙自然和谐的统一体，并以承认差异为基础，而不追求单调、千篇一律。因此，要实现"和"的终极目标，就要以"中"为基础和前提，即从整体角度看待事物，恰当地处理构成一事物的各种要素之间的关系，"叩其两端而执其中"，"把不同联合起来成为和谐一致"（冯友兰，2017：321）。简言之，"中"的作用是达成"和"，"和"来自"中"。"中和"不仅提出了"和"的基本方向，也指明了"和"的实现途径。

（二）由"中"而"和"的跨文化适应模型

跨文化适应在本书中被定义为"具有不同文化的个体或群体在相互接触过程中所产生的变化，包括群体层面的变化和个体层面的变化"。不管何种层面的变化，变化的理想结果是呈现一种相对稳定的状态，即不同文化在相互接触并相互影响后趋于稳定，个体在异文化环境中情感稳定、行为恰当、认知发展。对于适应个体而言，这样的稳定其实就是适应者自身内在的和谐、适应者与适应国成员的人际和谐、适应者与适应国环境的天人和谐，也就是"和"。实现"和"的状态就需要适应者因时、因地、因人、因事灵活地处理，也就是"中"。因此，以"中和"哲学为指导，建构由"中"而"和"的跨文化适应模型（见图 9-1），以"和"为跨文化适应的最终目标，以"中"为实现跨文化适应目标的基本策略，可以为准确地理解跨文化适应过程和结果提供全新的视角。

值得注意的是，由"中"而"和"的跨文化适应模型仅从适应者作为外来文化成员的角度来探讨整个跨文化适应过程，这并不意味着否

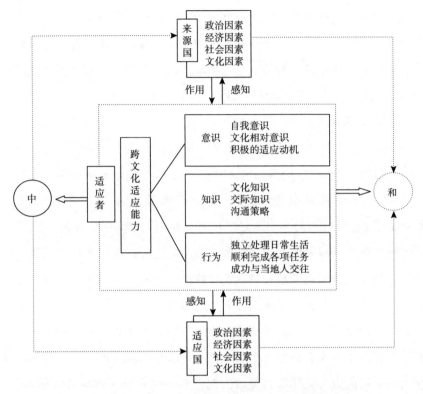

图 9 - 1　由"中"而"和"的跨文化适应模型

资料来源：笔者根据相关资料整理而成。

认跨文化适应的交互本质。相反地，从适应国成员的角度来看，适应国成员应是经历着与外来文化适应者相同的适应过程，只是可能在程度上有所差异而已。因此，理解了外来文化适应者的跨文化适应过程也就理解了适应国成员的跨文化适应过程。

1. 跨文化适应的主体与语境

跨文化适应是一个交互的过程。跨文化接触的双方不仅是跨文化适应的主体，也是另一方适应过程的重要语境因素。换言之，跨文化适应是跨文化适应主体互为语境、交互作用、相互适应的过程。在此，我们将适应的一方作为主体，另一方视为适应语境的构成要素加以讨论。

跨文化适应主体为达到理想的适应结果需要具备一定的跨文化适应

能力，懂得如何调整心态，进行文化学习，并积极参与适应国的社会文化生活。从跨文化交际学的角度看，跨文化适应能力是一种特殊的跨文化交际能力，应包括"跨文化适应意识、跨文化适应知识和跨文化适应行为"（张卫东、吴琪，2015：218）三个维度。

跨文化适应意识是"从适应者内心自觉、主动地表现出的为适应新文化而应具备的认知理念、愿望、人格特征等"（张卫东、吴琪，2015：218），包括自我意识、文化相对意识和积极的适应动机。自我意识主要指适应者对自身能力、人格特质等的了解。赛尔和沃德（1990）、斯瓦格勒（Swagler）和乔姆（Jome）（2005）等的研究均表明人格特质与适应者的心理适应和社会文化适应存在显著相关关系。适应者若能较为清楚地了解自身的性格特征，就能较为客观地评价自己对待适应国文化的态度、处理人际关系的倾向等，从而作出调整以适应新文化环境的要求。适应者人格特质与适应国文化规范的契合度也在一定程度上决定了跨文化适应的结果（Ward and Chang，1997）。适应者对于自身生活能力、交往能力等的客观评价也会有助于适应者查漏补缺，提高整体适应能力。文化相对意识是一种文化相对主义态度，即认为文化是多样平等的。适应者在进入与原文化截然不同的文化环境时，首先要摒弃民族中心主义的思想，承认文化的多样性，接受适应国文化的异质性。其次，适应者通过对原文化和适应国文化的对比与比较，更好地理解适应国文化，并且深入反思原文化，从而悦纳文化差异。最后，形成对待原文化和适应国文化的正确态度，培养积极的适应动机。

跨文化适应知识是指适应者为适应新文化而应具备的文化知识、语言知识和沟通策略。适应者的跨文化适应在很大程度上是通过与适应国成员之间的交往实现的，而这种跨文化交往"实际上也是文化与文化之间的对话"（张卫东、吴琪，2015：219）。因此，适应者必须首先具备一定的文化知识，包括原文化知识和适应国文化知识。文化知识的掌握不仅能帮助适应者更好地向适应国成员介绍和传播具有自身民族特征的思想文化，促进双方之间的相互了解，而且能帮助适应者遵从适应国的文化规约行事，避免误解和冲突。同时，对原文化知识和适应国文化知识的理解也是适应者重构文化认知的基础。语言知识包括词汇、句法等言语知识，以及身势语、副语言、面部表情、手势语等非言语知识。当然，文化知识和语言知识并不能保证适应者与适应国成员进行有效、恰当的沟通。适应者还需要运用一定的沟通策略去弥补由于文化知识、语言知识欠缺所导致的沟通困难。

跨文化适应行为是"跨文化适应意识和跨文化适应知识的外在体现"（张卫东、吴琪，2015：218）。由于适应者定居或移居适应国的目的多种多样，如完成公司的外派任务、完成自己的学业、寻求避难等，因此适应者的适应行为也受到适应目的的影响而呈现多样性。我们将众多的适应行为概括为独立处理日常生活、成功与当地人交往和顺利完成各项任务三个方面，其中独立处理日常生活、成功与当地人交往是所有适应者大致相同的适应行为，而顺利完成各项任务因适应目的的不同而有所不同。以留学生为例，留学生的主要目的是完成学业，这就要求留学生熟悉所在学校的学习环境，了解学校的行为规范，适应新的教学风格和学习方法。当然，任何适应目的的完成都以解决最基本的日常生活问题为基础。面对新的社会文化环境，适应者面临的最基本问题是生存，包括独立解决衣、食、住、行等生活问题，也包括适应新环境的气候等物理环境问题。成功与当地人交往则对于独立处理日常生活和顺利完成各项任务起到了关键的中介作用。不少跨文化适应研究表明，来自适应国的社会支持有助于适应者的跨文化适应（如：Searle and Ward，1990；Mahajan and De Silva，2012）。适应者需要通过与当地人的交往来了解当地的风土人情、社会习俗等，扩充或修正原有的文化知识，尽快适应新的环境。

跨文化适应意识、跨文化适应知识与跨文化适应行为互为前提、互相促进。适应者只有具备一定的语言文化知识，才能在文化对比与比较中培养自我意识、文化相对意识，创造积极的适应动机，才能产生恰当、有效的跨文化适应行为；适应者只有积极参与跨文化适应实践，才能更好地理解文化知识，形成对待文化差异的正确态度；适应者也只有具备积极的跨文化适应动机，才能有学习语言文化知识和沟通策略的积极性，并在跨文化适应实践中检验自己的知识。

跨文化适应的语境包括适应者来源国和适应国的政治、经济、社会、文化等各方面因素。这并不是说适应者来源国和适应国的上述所有因素都是预先设定的跨文化适应语境，而是说适应者来源国和适应国的任何政治、经济、社会、文化因素都有成为跨文化适应语境的潜质。至于哪些因素最后会成为跨文化适应的语境则取决于跨文化适应主体。这里有三点需要特别强调。第一，跨文化适应语境是跨文化适应主体双方共同构建的。我们反复强调，跨文化适应是一个交互的过程，适应不是外来文化成员对适应国的单向适应。这也意味着跨文化适应的语境不是适应国这一简单的地理空间，而是跨文化适应双方在具体的接触情境下实时构建的跨文化空间。"因全球化的发展而产生的第三文化空间，因信息技术发展而产生的虚拟文化空间"（孙淑女，2018：221）都有可能成为跨文化适应的语境。这些语境不仅不是严格意义上的地理概念，而且构成因素也不尽相同。第二，文化共性是跨文化适应语境构建的基础。跨文化适应双方尽管有不同的文化背景，但是主体之间的文化共性才是交流的基础。因此，适应者来源国和适应国的政治、经济、社会、文化等因素中的共性才是跨文化适应语境创建的基础。第三，跨文化适应主体互为对方跨文化适应语境的组成部分。跨文化适应主体之间的文化差异或大或小、或显或隐，一方面是跨文化适应主体所在的群体文化烙印的体现，另一方面也是跨文化适应主体独特个体文化的体现。这种群体文化和个体文化在跨文化适应主体身上的共同作用而产生的文化现实才是跨文化适应的现实语境。因此，跨文化适应者来源国和适应国的政治、经济、社会、文化等语境因素共同作用于适应者，并最终通过跨文化适应双方在交互过程中的感知而构建跨文化适应的现实语境。

2. 跨文化适应策略——"中"

跨文化适应主体是一个开放的系统，他/她因在跨文化适应过程中受到原文化和适应国文化的双重影响而不断成长。一方面，跨文化适应主体本身所具有的群体文化特征和个体文化特质使得他/她在适应国语境中的"外国人"身份凸显，从而促使其进一步学习适应国文化知识、行为规约以适应新的文化环境；另一方面，跨文化适应主体在适应国的生活会受到原文化的持续影响，使得适应者在跨文化适应过程中又力图保持自己的文化身份特征。如何平衡两种文化的共同作用成为适应者在适应国面临的最为重要且持久的问题。

贝里的跨文化适应策略理论、布里等的交互式跨文化适应模型，以及皮昂科夫斯基等的跨文化适应一致模型都是为脱离适应者"保持原文化认同"和"主流社会参与"的困境而提出的。尽管这些理论模型区分了适应者的不同跨文化适应策略，即同化、融合、分离、边缘化/个人主义，但这些策略更多体现的是适应者的主观倾向，而未对适应者如何取舍原文化和适应国文化进行具体说明。比如，融合策略并没有明确地指出适应者该如何恰当地处理原文化和适应国文化的关系以使两种文化达到平衡。因此，我们认为跨文化适应策略应当给适应者提供处理不同文化关系的原则和方法。作为具有方法论意义的哲学思想，"中"就是独具中国特色的处理各种关系的原则和方法，正所谓"夫德莫大于和，而道莫正于中"。采用"中"的策略来处理原文化和适应国文化的关系，最为关键的是做到"执中"与"时中"，前者是原则，后者是方法。

"执中"在于把握处理原文化与适应国文化关系时的"度"，即尺度和原则。前文在讨论跨文化适应行为时已经明确，适应者定居或移居适应国目的的多样性导致跨文化适应行为的多样性。同理，有不同跨文化适应目的的适应者在处理原文化与适应国文化关系时也必然有不同的倾向。比如，留学生除基本的生活、交往需求外，在适应国的主要目的是完成学业。也就是说，留学生的跨文化适应主要是学业适应。因此，留学生没有必要同化入适应国，也没有必要不顾学业适应的需要让自己隔离或者完全放弃自己的原文化且不接受适应国文化。此时，融合就是留学生最主要的适应倾向。在面对适应国文化时，留学生必须要从根本上接受与学业有关的文化因素，对于其他方面的文化则可以仅停留在表层理解。这个"度"的把握应是以不影响留学生正常生活，但能深度理解适应国教育文化为原则。

与"执中"的原则性相对应，"时中"则是处理原文化与适应国文化关系时的灵活性。这一灵活性主要体现在适应者在不同跨文化空间中处理原文化与适应国文化关系的不同方法。我们从第 8 章焦林的跨文化适应案例中就能清楚地感受到这一点。焦林刚开始对留学生活有自己的憧憬，他希望与美国人建立"铁哥们儿"似的友情，希望在学习上得到同学和助教的帮助，但在屡屡受挫后慢慢改变了自己的想法。他不再希冀得到"铁哥们儿"似的友谊，而是淡然地面对出现在他生活中的"过客"，却坚持上课时早去晚归，与助教和同学讨论遇到的问题，哪怕遭到拒绝也会反复去尝试。焦林在生活中的淡然和在学习中的坚持是两种截然不同的处事方法。他知道完成学业是他此行的主要目的，因此他必须融入学习活动中，而对其他方面的需求则没有那样迫切。可见，即使留学生的主要跨文化适应策略是融合，这种融合也不是时时处处都如此。从严格意义上说，任何适应者都不会只采用同化、融合、分离或边缘化/个人主义中任何一种跨文化适应策略，而会根据跨文化空间的不同来作出适当的调整。即使只采用同一种跨文化适应策略，也会因跨文化空间的不同而有所差异。这也是我们所谓"时中"的意义所指。

3. 跨文化适应目标——"和"

跨文化适应主体带着不同的目的来到适应国，且有不同的跨文适应倾向，这必然导致不同跨文化适应主体的不同跨文化适应结果。但是，无论跨文化适应结果如何，适应者所追求的跨文化适应目标应是具有高度一致性的，即达到适应者自身内在的和谐、适应者与适应国成员的人际和谐、适应者与适应国环境的天人和谐，即所谓"和"。

适应者在适应国的跨文化适应过程实际上是适应者个体与适应国文化环境之间从失衡到平衡的过程，是适应者个体与适应国成员之间从陌生到熟悉的过程，也是适应者个体内在文化身份从冲突到重构的过程。面对与原文化相去甚远的适应国文化环境，适应者需要学习文化知识、认识和应对文化差异，并恰到好处地处理原文化与适应国文化的关系，同时完成自身的文化身份重构。首先，具备一定跨文化适应能力的适应者在进入适应国之后需要悬置文化身份，以开放的姿态进一步学习新的文化知识，认识到来源国和适应国之间的文化差异，我们把这一过程称之为"文化学习"。适应者只有经过文化学习，才能进一步保障自己能恰当遵从适应国的文化规约行事，才能保证与适应国成员顺畅沟通，才能顺利完成定居或移居的目的。在文化学习的基础上，适应者会在原文化和适应国文化的对比与比较中反观原文化，并形成对原文化更为清晰且深刻的理解，更为准确且客观的评价，即所谓"文化反思"。在文化学习和文化反思中，适应者会深度认知两种文化的差异，并采取适当的跨文化适应策略来处理两种文化的关系，使两种文化中的各个要素在适应者自身内部达到和谐的状态。这也是适应者形成新的"文化认同"的过程。从文化学习到文化反思，再到新的文化认同的形成是一个逐层递进、逐步发展的过程，是一次完整的跨文化适应经历。

但是，这种新的文化认同并不是跨文化适应过程的终结或最终目标，而是跨文化适应经历的开始。适应者在一次跨文化适应经历中"逐渐形成了一种更加开放、平等、互相尊重的态度来看待和处理不同文化间的差异……使自己的文化身份边界得到最大限度的拓展"（谭瑜，2014：82），从而为今后更多的跨文化适应经历做好准备，也为"跨文化认同"打下基础。跨文化认同不是对某一种文化的认同，而是超越特定文化的认同，是将适应个体置于与永远更新的文化环境持续协商的位置，使适应个体不断内化新的文化因素，并使不同文化因素达到内在和谐。这意味着适应者能够在跨文化适应体验中意识到价值的相对性和人性的普遍性，能够克服文化上的狭隘性，超越外显的文化差异，以非二元的、超越语境的、整合的视角来体验共有的人性。这种超越差异的"相对性"和"普遍性"就是"和"的最高目标和价值追求。它是跨文化适应的终极目标，是一种开放的状态，它的意义在于能够容纳人类文化的各种可能性。在跨文化交往已经成为人们生活常态的今天，跨文化适应已是全球公民的基本素养。因此，不受特定文化的羁绊，"无过不及"地处理不同文化之间的关系，使之和谐共生是我们应当追求的跨文化交往的目标。

三　中国本土理论建构对理论发展的启示

理论既是对研究活动所得知识的归纳和整理，也是研究活动的向导。没有理论的指导，任何研究活动都无法确立方向；同样，研究活动若不能贡献有价值的理论，研究活动的合法性也会存疑。跨文化适应研究自 20 世纪 30 年代发源至今已经形成了多学科、多视角的理论体系，但是根植于西方文化的理论能否给予全球化社会的跨文化适应以合理的解释是值得商榷的。跨文化适应理论在崭新时空中的继续前行需要贯通古今、会通东西。

贯通古今是跨文化适应理论发展的时间维度问题。众所周知，人类社会自 20 世纪 90 年代后步入全球化时代，资本、财富、人员在全球范围的流动，使得各个国家、民族之间的相互联系和依赖进一步增强，从而改变跨文化适应的历史文化语境。如果说人类学家对殖民统治地区人民的研究是为了探讨殖民地人民在与发达文化接触后发生的改变，社会学家对移民的研究是为了探寻移民同化入迁入国社会的过程，心理学家对留学生等不同个体的研究是为了了解跨文化适应个体在异文化中的情感、行为、认知变化，那么这些跨文化适应研究的文化语境在全球化来临之前是相对稳定、同质和确定的。换言之，跨文化适应的语境是明确的。而当全球化带来大规模的文化相遇之后，文化之间的冲突和融合时刻都在影响和改变着世界上每个国家、民族的文化。文化的动态性、变化性和模糊性变得尤为显著。同时，来自不同文化的人们也不再只是在对方的文化中相遇，他们可能相遇在文化中间地带或第三文化空间，也可能相遇在信息技术所构建的虚拟空间中。如此，跨文化适应的语境便不再是明确的了。此时，"跨文化适应的目的文化是什么？""目的文化是怎样的？""是否存在目的文化？"都是跨文化适应研究者需要重新考虑的问题。一言以蔽之，这是研究者如何界定跨文化适应语境的问题，是如何重新认识跨文化适应的问题，也是跨文化适应研究的本体论问题。因此，跨文化适应理论的建构需要跨历史的视角，一方面重新审视既往理论对于现时代的意义，或推翻或革新；另一方面结合新的时代背景创建新的理论模型。

　　会通东西是跨文化适应理论发展的空间维度问题。全球化的发展对于民族文化而言，既是机遇也是挑战。一方面，在跨文化交流繁盛的今天，民族文化之间可以"通过交流获得更多的资源与提升空间"（樊志辉、周晓莹，2019：13）。另一方面，全球化的世界在文化上逐步同质化，使得民族文化日益丧失其独特性。但可以肯定的是，世界范围内的文化接触与交流绝不应该是"由欧洲中心转向发展中国家的单向接触"（刘亚秋，2020：39）。那么，东方文化在当下世界文化大相遇的时代背景下，该如何融入全球化的浪潮，同时又保持自身民族文化的独特性呢？面对如此两难的境地，唯有文化自觉才是出路。费孝通认为，文化自觉是"生活在一定文化中的人对其文化有'自知之明',明白它的来历、形成的过程,所具有的特色和它的发展的趋向,自知之明是为了加强对文化转型的自主能力,取得决定适应新环境、新时代文化选择的自主地位"(2003:7)。学术层面的文化自觉就是在学术研究中找回文化的自我。跨文化适应研究长期以来是西方学术话语体系的天下,尤其是实证主义范式颇为盛行。来自西方文化的研究者采用所谓科学的方法对少数文化群体的跨文化适应行为进行价值中立的研究,产生被认为具有普遍意义的理论学说,其实质就是西方文化主客二分的认识论和科学主义的方法论在学术话语中的体现。此种认识论与方法论在国际学术体系中被"世界各地的学者竞相认同、追随和维护"(孙淑女,2018:54),必然导致东方文化在世界学术话语体系的集体"失声"。东方文化有着与西方文化本质不同的认知世界的方式。比如,中华文明观物取象的抽象认知形式和印度文明的直觉认知形式都强调直觉、经验,完全不同于西方文化的理性、客观。没有抽象认知就无法认识世界的整体性、统一性,没有直觉认知就无法认识世界的"意志实在"和"精神体"。因此,东方文化的研究者应当"返回各自文化的来源及其内核"(刘亚秋,2020:43),从各自文化中寻找认知、理解、解释跨文化适应的文化资源与思想智慧,成一家之言。唯有东西文化视角的互补融合,才能使我们获得对跨文化适应的"全息影像"。

四 本章小结

本章从现有研究范式的多元性、互补性和通约性优势,以及范式运用不均衡性的局限出发,提出跨文化适应理论研究需要学者们培养范式自觉性,从更广阔的视域来审视跨文化适应理论研究;观照跨文化适应的语境性,从跨文化适应的现实语境,尤其是全球化语境出发来理解跨文化适应;关注跨文化适应的主体间性,注重跨文化适应主体文化的特殊性及主体间的交互作用；并在整合现有范式的同时，以跨文化的视野迎接更多范式可能性。为了展现东方文化不同于西方文化的认知世界方式，我们尝试建构了基于中国儒家"中和"哲学思想的由"中"而"和"的跨文化适应模型，以提供认识跨文化适应的不同视角，鼓励东方文化的学术自觉。

第十章

结　语

　　跨文化适应研究历经数十年的发展，在人类学、社会学、心理学、跨文化交际学等诸多学科的共同参与下，逐渐成为跨文化交际研究的重要组成部分，为解决跨文化交往中的误解、冲突提供了理论指导。随着全球范围内跨文化交往的进一步深化、交往形式的变化、交往范围的扩大，跨文化适应的危机也逐渐显现。在全球化交往的时代，跨文化适应研究应当如何发展已经成为一个迫在眉睫的问题。为了厘清跨文化适应研究的发展脉络，找到跨文化适应研究的发展方向，我们以跨文化适应理论为切入点，从范式的角度对跨文化适应理论进行了跨学科的系统梳理和哲学反思，希望能为跨文化适应研究的突破性进步指明方向。本章将对本书的主要观点和结论、创新之处、不足之处和未来研究方向做一总结。

一　本书的主要观点和结论

　　从范式角度对人类学、社会学、心理学、跨文化交际学等领域的跨文化适应理论的跨学科梳理和哲学反思，重点考察了指导跨文化适应理论研究的实证主义范式、批判理论范式和建构主义范式的基本假设和表现特征，以及跨文化适应理论研究范式的特点、优势与局限。研究的主要观点和结论归纳如下。

（1）库恩的范式理论具有应用于跨文化适应理论研究的合理性和可能性。

范式理论的提出基于库恩对物理学、天文学等自然科学发展历史的研究，因而学术界对范式理论在社会科学发展研究中的适用性问题一直未有明确的论断。本书从内在合理性和实践可能性两个方面论述了范式理论在社会科学研究中的适用性。就内在合理性而言，范式理论本身是否适用于社会科学研究主要涉及的是社会科学有无范式的问题。库恩自始至终都没有否定过社会科学存在范式，而其后期思想更是肯定了社会科学拥有范式。同时，库恩提出范式理论的背景、对"范式"概念的借用、对科学革命的解释，以及对范式理论的修正都有其坚实的社会科学基础。因此，范式理论显然具有应用于社会科学的内在合理性。就实践可能性而言，社会学、心理学、图书馆学、教育学等领域对范式理论的应用已非鲜见。尽管有的学者将这种现象归结为社会科学家试图借用范式理论来证明其学科的独立性和学科的合法地位（如：崔伟奇、史阿娜，2011）。但这种解释在社会科学获得普遍认同的今天是值得商榷的。因而，我们认为社会科学领域对范式理论的广泛应用是其实践可能性的绝好证明。跨文化适应理论研究作为社会科学研究的一个组成部分，自然也是适用范式理论的。

（2）跨文化适应理论研究是由实证主义范式、批判理论范式和建构主义范式共同指导的。

由于范式概念本身的模糊性和学科的差异性，学者们对范式的分类不尽相同。本书根据社会科学领域和跨文化交际领域现有的范式分类，结合跨文化适应理论研究的学科背景和跨文化适应的本质，区分了指导跨文化适应理论研究的主要范式。跨文化适应理论研究主要涉及人类学、社会学、心理学和跨文化交际学等学科，而跨文化交际学本身又是在传播学基础上，与人类学、心理学、语言学、社会学等学科相结合而形成的交叉学科，因此这些学科的研究范式都会影响跨文化适应理论研究。同时，跨文化适应是个体/群体在与异文化接触时发生的变化，涉及群体层面的文化模式变化和个体层面的情感波动、行为变化、认知发展等各方面。学者们或感兴趣于变化的规律，或感兴趣于个体/群体在与新文化接触过程中认知结构的建构，或感兴趣于跨文化适应的历史文化语境和适应双方的不平等地位等。不同的研究兴趣显然也受到了范式的影响和制约。综合考虑，我们认为，指导跨文化适应理论研究的主要范式包括实证主义范式、批判理论范式和建构主义范式。

（3）范式的本体论、认识论、方法论基本假设影响和决定着理论的目标、概念和关系，以及建构/检验方法等表现特征，而理论的表现特征体现范式的基本假设。

本书认为范式是指导研究活动的基本信念体系或世界观，理论是对研究活动所得知识的归纳和整理。因而，范式的本体论、认识论和方法论基本假设必然影响和决定理论的目的、概念和关系，以及建构/检验方法等表现特征，而理论的表现特征也必然体现范式的基本假设。基于这一观点，本书分别分析了以实证主义范式、批判理论范式、建构主义范式为指导的主要跨文化适应理论的表现特征及其背后的范式基本假设，得出的主要结论如下。

以实证主义范式为指导的跨文化适应理论将跨文化适应现象视作与自然现象一样独立于人之外的客观存在，且和自然现象一样存在普遍的运作规律。理论的目标是对这一客观规律的解释，以预测跨文化适应过程和结果，体现了实证主义范式本体论上的朴素的现实主义。同时，理论概念的操作化、概念间关系的普遍化，以及建立、估计或检验概念间关系的自然科学方法又体现了实证主义范式的客观主义认识论和科学主义方法论。

以批判理论范式为指导的跨文化适应理论也将跨文化适应现象视为一种客观存在，但它强调语境因素对跨文化适应的影响。理论的目标在于寻求对不同历史语境下的跨文化适应现象的理解，并试图改变影响跨文化适应的语境因素，体现了批判理论范式本体论上的历史现实主义和认识论上的主观主义。同时，这类理论不要求概念的操作化，常以参与观察、深度访谈等研究方法为主建构/检验理论，描述概念间的关系或提出变革策略，体现了批判理论范式的人文主义方法论。

以建构主义范式为指导的跨文化适应理论将跨文化适应理解为个体与环境相互作用、不断建构经验世界的主观活动。理论的目的不是解释跨文化适应的普遍规律、预测跨文化适应的过程和结果，也不是改变现实，而是理解跨文化适应个体如何通过与环境的互动组织经验世界，体现了建构主义范式的相对主义本体论和主观主义认识论。以理解为目的的跨文化适应理论注重对跨文化适应过程的描述，不强调概念的操作性和概念间关系的普遍性，因而建构/检验理论以观察、分析和深度访谈为基础，体现了建构主义范式的人文主义方法论。

（4）跨文化适应理论研究范式具有多元性、互补性、通约性和运用不均衡性的特点，其中范式的多元性、互补性、通约性有助于我们对跨文化适应的全面而深入理解，而范式运用的不均衡性则有碍于我们对跨文化适应的全面而深入理解。

基于对指导跨文化适应理论研究的主要范式的基本假设和表现特征的分析，本书认为跨文化适应理论研究范式存在多元性、互补性、通约性和运用不均衡性的特点。多元性指的是指导跨文化适应理论研究的实证主义范式、批判理论范式和建构主义范式的并存状态，主要表现为同一范式的长期存在和同一时期的不同范式共存。互补性指的是实证主义范式、批判理论范式和建构主义范式分别为我们提供了理解跨文化适应的不同视角，相互补充、相得益彰。通约性指的是实证主义范式、批判理论范式和建构主义范式尽管有不同的基本假设，却在一定程度上存在共通之处，主要表现为三种范式之间的相互借鉴。范式运用的不均衡性指的是实证主义范式在跨文化适应理论研究中的绝对优势地位。

实证主义范式追求跨文化适应的普遍规律；批判理论范式强调深度理解特定历史文化语境下的跨文化适应；建构主义范式关注个体在跨文化适应过程中对主观经验世界的建构。三种范式各有侧重，也各有偏废。因而，不同范式之间的多元互补和相互通约可以取长补短，有助于我们对跨文化适应的全面而深入理解。然而，实证主义范式在跨文化适应理论研究中的绝对优势地位却说明，绝大多数的研究者都致力于解释跨文化适应的普遍规律和预测跨文化适应的过程、结果，而实证主义范式本身的局限又无法使单一的实证主义范式实现对跨文化适应的透彻理解。因此，片面追求跨文化适应的普遍规律，忽视跨文化适应的具体历史文化语境和个体在跨文化适应过程中的主观体验，或多或少都会有碍于我们对跨文化适应的全面而深入理解。不同范式对同一跨文化适应案例分析视角的对比直观地呈现了现有跨文化适应理论研究范式的优势与局限。

（5）跨文化适应理论的发展和完善需要培养范式自觉性，观照跨文化适应的语境性，关注跨文化适应的主体间性，以开放的姿态迎接更多范式可能性。

按照库恩的观点，科学的进步主要包括范式内的累积和范式革命的跃进两个方面。目前，学术界对跨文化适应理论的梳理主要是以学科为基础的概括总结和以理论表层差异为依据的分类整理，没有从范式角度审视跨文化适应理论的现状，也就不可能为理论的突破性发展指明方向。因此，我们认为跨文化适应理论的发展和完善需要培养范式自觉性。

本书从范式角度对跨文化适应理论的跨学科梳理和哲学反思发现，在跨文化适应理论研究中，以批判理论范式和建构主义范式为指导的理论研究远少于以实证主义范式为指导的理论研究。这在一定程度上说明学术界对跨文化适应的现实语境和跨文化适应主体与环境交互作用的不够重视。而以建构主义范式为指导的理论仅关注跨文化适应主体与环境的交互作用，又说明以建构主义范式为指导的理论研究对跨文化适应主体间交互作用的忽视。跨文化适应是不同文化的个体/群体在相互接触过程中发生的变化。跨文化适应主体间的接触必然发生在一定的历史文化语境中，也必然涉及跨文化适应主体与环境的交互作用。同时，跨文化接触的双方不仅是跨文化适应的主体，也是构成对方跨文化适应语境的重要因素。因此，跨文化适应的过程是跨文化适应主体互为语境、交互作用、相互适应的过程。跨文化适应理论的发展和完善需要着眼于跨文化适应的语境性和主体间性。

我们的研究也发现，实证主义范式、批判理论范式和建构主义范式之间已然存在相互借鉴的现象，不同范式的视域融合将为我们提供对跨文化适应更为精确的理解。此外，不同文化背景的学者之间的交流互动和基于不同文化的范式创新也会拓展我们对跨文化适应的认知。因此，范式整合或是范式创新都将为我们的跨文化适应理论研究注入新鲜的血液。

二 本书的创新之处

（1）采用跨文化适应理论研究的新视角。

目前，学术界的跨文化适应理论研究集中在理论的建构、检验和修订等方面，对现有跨文化适应理论进行系统梳理和反思的研究还不多见。心理学和跨文化交际学领域的学者对现有的跨文化适应理论进行过分类和整理（如：Kim and Gudykunst，1988a、1988b；Anderson，1994；Arends‐Tóth and Van de Vijver，2004；Gudykunst，2005；陈国明、余彤，2012），为我们呈现了丰富的理论资源，也在一定程度上帮助我们了解跨文化适应理论研究的现状。但学者们或受限于各自的学科背景，或着眼于理论的表层差异，对跨文化适应理论的归类整理并不系统，且缺乏对现有理论的哲学反思。

本书以范式理论为指导，从范式角度梳理各学科现有的跨文化适应理论。范式视角的采用，不仅可以突破学科的界限，对人类学、社会学、心理学、跨文化交际学等学科领域的跨文化适应理论进行较为系统的梳理，而且可以从根本上把握理论之间的本质异同，发现跨文化适应理论的缺陷与不足，从更广阔的视野审视跨文化适应理论的发展状况，指明理论今后的发展方向。

更为重要的是，根据笔者所掌握的资料，本书将范式视角用于理论的跨学科梳理和哲学反思在跨文化交际领域尚属首次。尽管跨文化交际领域的不少学者已经探讨过本领域的研究范式问题，如古迪昆斯特和西田（1989）、史密斯（1999）、马丁和中山（1999、2008、2010）曾对跨文化交际领域的研究范式提出过分类方法，三池（2008、2010）、阿桑特（2008）、陈国明和余彤（2012）曾呼吁范式的多元化，但尚未有学者从范式角度审视林林总总的跨文化交际理论。因此，本书为跨文化交际领域的理论研究提供了崭新的范式视角。该视角可以跨越学科的界限，透析理论之间的本质差异，衡量理论的发展状况，把握理论的发展方向，是深度认知跨文化交际理论的新视角。

（2）架构跨文化适应理论研究的新框架。

本书架构的跨文化适应理论研究框架涵盖宏观、中观、微观三个层面。宏观层面侧重对跨文化适应理论研究主要范式的分析，着重区分指导跨文化适应理论研究的实证主义范式、批判理论范式和建构主义范式，并解析各主要范式的本体论、认识论、方法论基本假设。中观层面的研究分别对以实证主义范式、批判理论范式、建构主义范式为指导的跨文化适应理论的表现特征进行详细分析，揭示理论背后的范式基本假设。微观层面的跨文化适应案例分析主要对比不同范式对同一跨文化适应事件的分析视角，直观地展现跨文化适应理论研究主要范式的优势与局限。宏观、中观、微观的逐层递进、有机结合，共同揭示现有跨文化适应理论研究范式的特点、优势与局限，指明跨文化适应理论的发展方向。该研究框架不仅可以从抽象的范式层面归类整理跨文化适应理论，把握理论之间的本质异同，而且使抽象的范式差异更加具体化，是对现有跨文化适应理论研究的深化。

（3）尝试跨文化适应理论的跨学科研究。

跨文化适应理论研究是人类学、社会学、心理学、跨文化交际学等学科领域研究兴趣的交汇点。人类学最早涉足跨文化适应研究，其"文化休克"概念成为其他学科跨文化适应研究的核心概念之一，在一定程度上为其他领域的跨文化适应理论研究奠定了基础。社会学以移民群体为研究对象，坚信移民跨文化适应的最终结果必然是完全丧失原文化而为主流文化所同化。因此，同化理论一直是社会学领域的主要跨文化适应理论模型。心理学将人类学、社会学的研究对象从群体转向个体，极大地扩大了研究对象的范围，也使跨文化适应理论研究蓬勃发展。而跨文化交际学的交叉性质使其他学科的跨文化适应理论研究成果或多或少地体现在该领域的跨文化适应理论研究中。但是，从总体上来说，不同学科的跨文化适应理论研究长期以来还是"各自为政"，学科之间缺少必要的交流与合作，有碍于理论研究的进一步发展。安德森（1994）和陈国明、余彤（2012）虽然打破学科界限分类整理了跨文化适应理论研究的部分成果，但是他们整理的理论数量相对有限。本书从范式角度对各学科跨文化适应理论的系统梳理，打破了学科之间的分野，使跨文化适应理论研究不再局限于理论的学科背景，为各学科之间的跨文化适应理论研究架构了桥梁，有利于学科之间的对话与合作。

（4）建构中国本土跨文化适应理论。

跨文化适应理论研究汇集了人类学、社会学、心理学、跨文化交际学等学科领域的智慧，产生了各具特色的理论成果。社会学领域的同化理论、心理学领域的跨文化适应策略理论、跨文化交际学领域的交际适应理论等均为我们理解跨文化适应过程和结果提供了不同的视角，也为跨文化交往实践提供了理论指导。但是，不论理论的学科归属如何，不论理论的内容侧重如何，绝大多数理论都植根于西方文化，是从西方文化视角对跨文化适应现象的解读。尽管学术界已然意识到跨文化适应研究中的这一问题，也有不少非西方的学者提出了从非西方文化视角解读跨文化适应现象的理论学说，如吉川（1988）提出的双摆感知模型、西田（1999、2005）提出的跨文化适应的文化图式理论，但是这种基于文化自觉基础上的本土理论建构还相当之少。

事实上，不同文化有截然不同的认知世界的方式。从不同文化中寻找认知跨文化适应的文化资源，建构基于不同文化的本土理论，才能帮助我们较为全面地认知跨文化适应现象。我们以中国文化的"中和"思想为指导，建构由"中"而"和"的跨文化适应模型，是从中国文化视角出发对跨文化适应过程和结果的解读，为认知跨文化适应提供了新的文化视角。

三 本书的不足和未来研究方向

由于笔者学识水平、研究能力的局限，以及研究外部条件的限制，本书还存在一些不足之处，主要表现在以下几个方面。

（1）由于社会科学研究的复杂性，社会科学研究范式的分类尚无定论。即便在跨文化交际研究领域内，研究范式的分类也不尽相同。本研究只能参照社会科学领域和跨文化交际领域的范式分类方法，并结合跨文化适应理论研究的学科背景和跨文化适应的本质，区分跨文化适应理论的实证主义范式、批判理论范式和建构主义范式。尽管这一范式分类方法作为一家之言并无不可，但是还有继续完善的余地。比如，体现不同范式基本假设的跨文化适应理论究竟是以我们所区分的某一种范式为指导，还是以其他范式为指导？实证主义范式、批判理论范式和建构主义范式之间的相互通约究竟是范式整合的表现，还是对本书范式区分方法的否定？这些问题还有待于进一步的探讨。

（2）本书力图系统地梳理跨文化适应理论，以把握跨文化适应理论的发展状况。但人类学、社会学、心理学和跨文化交际学等学科领域的跨文化适应理论研究成果众多，学者们对各自学科领域的理论梳理本就不多且不全面，我们只能在阅读大量文献的基础上对跨文化适应理论成果进行较为系统的梳理，难免有所疏漏。再加之，人类学、社会学、心理学和跨文化交际学的研究成果虽具代表性，但也仍非跨文化适应理论研究成果的完整体现。更多相关研究成果有待于进一步挖掘。

（3）本书在对比实证主义范式、批判理论范式和建构主义范式的不同分析视角时借用了陈向明《旅居者和"外国人"——留美中国学生跨文化人际交往研究》中的焦林个案作为跨文化适应的典型案例。此案例虽是对焦林的历时追踪，真实、完整地记录了焦林跨文化适应的过程，能够满足我们对范式视角对比分析的基本需要。但是，陈向明的研究是为了了解留美中国学生如何在与异文化成员的交往中重建人际交往模式，她的观察和描述难免侧重人际交往而使案例不够丰满。研究材料不直接服务于研究目的，这是采用二手资料所不可避免的。因此，缺少第一手资料的获取也是本研究有待改进的地方。

上述各方面是本书存在的主要不足之处，有待于今后研究中加以改进。此外，我们还可以拓展与本书相关的其他课题。

其一，跨文化适应理论研究范式的历时研究。范式的生成有特定的学术动因和社会动因。社会现象的复杂性在一定程度上造就了社会科学研究范式的多样性。不同范式的多元并存和相互通约是社会科学范式有别于自然科学范式的一般特征，但这并不否认社会科学范式也同自然科学范式一样存在更替的可能。不同历史时期的跨文化适应存在于不同的社会环境中，且不同历史时期的学者也深受不同学术思潮的影响，因此，不同时期的跨文化适应理论研究极有可能受到不同研究范式的指导。从历时角度考察跨文化适应理论，可以了解跨文化适应理论的研究范式是否存在更替现象，或是否存在主流范式的更替现象，从而为我们揭示有关跨文化适应理论研究范式发展脉络的更多信息，有助于新时期的跨文化适应理论创新。

其二，从范式角度对其他跨文化交际理论的研究。跨文化交际学是一门在传播学基础上，与人类学、心理学、语言学、社会学等学科相结合而形成的交叉学科，其理论来源多样。通过吸收相关学科的理论成果以及进行本学科的理论创新，跨文化交际领域的理论可谓异彩纷呈，包括跨文化适应理论、跨文化交际能力理论、文化价值观理论、冲突管理理论等。如何梳理纷繁复杂的跨文化交际理论？如何发现现有跨文化交际理论的缺失与不足？如何找到跨文化交际理论的未来发展方向？我们认为从范式角度对这些理论的考察应是一条可供选择的研究路径。

其三，文化自觉基础上的理论建构研究。以自然界为研究对象的自然科学因其客观性、真理性得以跨越文化的边界而达成共识，以社会现象为研究对象的社会科学则因其主观性、相对性而形成"各家争鸣"的局面。跨文化适应研究虽吸纳了人类学、心理学、社会学等相关学科的思想资源，形成了自己的理论体系，但还远没有形成多元文化平等交流的格局。产生于西方文化的理论体系固然能给我们提供认识跨文化适应现象的方式，却不是唯一的认知形式。"他山之石，可以攻玉"，就地取材尤为重要。东方文化只有在文化自觉的基础上，反观自身，建构具有民族文化特质的跨文化适应理论，才能为理解跨文化适应提供独特的文化视角，才能使我们对跨文化适应现象的理解更为全面，才能使真正意义上的多元文化交流成为可能。因此，基于不同民族文化的理论建构应是发展和完善跨文化适应理论的必经之路。

参考文献

安然：《跨文化传播与适应研究》，中国社会科学出版社，2011。

安维复、梁立新：《究竟什么是"社会建构"——伊恩·哈金论社会建构主义》，《吉林大学社会科学学报》2008 年第 6 期。

白利军：《法兰克福学派批判理论的逻辑进路》，《社会科学家》2012 年第 5 期。

〔美〕米尔顿·J. 贝内特编著《跨文化交流的建构与实践》，关世杰、何惺译，北京大学出版社，2012。

蔡平：《文化翻译研究》，博士学位论文，湖南师范大学，2008。

苍铭：《山民下坝的文化适应——苦聪人定居问题研究》，《中央民族大学学报》（人文社会科学版）2001 年第 1 期。

曹经纬：《在华跨国公司外籍高管跨文化适应的压力及应对研究》，博士学位论文，华东师范大学，2011。

曹云华：《变异与保持：东南亚华人的文化适应》，中国华侨出版社，2001。

陈国明、余彤：《跨文化适应理论构建》，《学术研究》2012 年第 1 期。

陈国明、安然编著《跨文化传播学关键术语解读》，中国社会科学出版社，2010。

陈慧：《在京留学生适应及其影响因素研究》，博士学位论文，北京师范大学，2004。

陈慧、车宏生、朱敏：《跨文化适应影响因素研究述评》，《心理科学进展》2003 年第 6 期。

陈慧、朱敏、车宏生：《在北京高校的外国留学生适应因素研究》，《青年研究》2006 年第 4 期。

陈俊杰：《国际政治经济学范式论》，中国书籍出版社，2013。

陈时见、刘揖建：《比较教育研究范式的发展及其走向》，《比较教育研究》2006 年第 6 期。

陈向明：《质的研究方法与社会科学研究》，教育科学出版社，2000。

陈向明：《旅居者和"外国人"——留美中国学生跨文化人际交往研究》，教育科学出版社，2004。

陈晓毅：《城市外来少数民族文化适应的三层面分析模式——以深圳"中国民俗文化村"员工为例》，《贵州民族研究》2005 年第 5 期。

陈晓毅：《都市流动穆斯林文化适应问题及其解决之道——基于问卷调查的广州个案实证研究》，《青海民族研究》2010 年第 3 期。

陈晓毅、马建钊：《粤北山区瑶族移民的文化适应》，《民族研究》2006 年第 4 期。

陈秀容：《近三十年印尼华人族群文化适应初探》，《人文地理》1999 年第 3 期。

陈业奎：《图书馆学理论范式发展的走向》，《情报资料工作》2004 年第 1 期。

陈贻新：《法兰克福学派"社会批判理论"的探析》，《现代哲学》2000 年第 1 期。

陈振明：《论法兰克福学派社会批判理论的形成及其特征》，《社会学研究》1990 年第 6 期。

陈振明：《评西方的"新公共管理"范式》，《中国社会科学》2000 年第 6 期。

陈祖芬：《档案学范式的历史演进及未来发展》，世界图书出版公司，2010。

崔伟奇、史阿娜：《论库恩范式理论在社会科学领域中运用的张力》，《学习与探索》2011 年第 1 期。

戴晓东：《跨文化交际理论》，上海外语教育出版社，2011。

〔英〕吉尔德·德兰逊：《社会科学——超越建构论和实在论》，张茂元译，吉林人民出版社，2005。

丁华东：《档案学理论范式研究》，中国出版集团、世界图书出版公司，2011。

樊志辉、周晓莹：《文化自觉与面向他者——当代中国哲学的建构与探索》，《社会科学战线》2019 年第 12 期。

费孝通：《关于"文化自觉"的一些自白》，《学术研究》2003 年第 7 期。

冯契主编《哲学大辞典》（修订本），上海辞书出版社，2001。

冯契主编《哲学大辞典》（分类修订本），上海辞书出版社，2007。

冯契、徐孝通主编《外国哲学大辞典》，上海辞书出版社，2000。

冯天瑜、杨华、任放编著《中国文化史》高等教育出版社，2005。

冯友兰：《中国哲学简史》，外语教学与研究出版社，2015。

傅荣贤：《对图书馆学研究中两个基本范式的反思》，《中国图书馆学报》2009a 年第 1 期。

傅荣贤：《论当代图书馆学研究范式的转变》，《大学图书馆学报》2009b 年第 1 期。

傅荣贤、马海群：《论图书馆学研究范式的历史演进及其当代建构》，《情报资料工作》2010 年第 1 期。

高承海、安洁、万明钢：《多民族大学生的民族认同、文化适应与心理健康的关系》，《当代教育与文化》2011 年第 5 期。

高鉴国：《依然是"熔炉"——论美国民族关系中的同化问题》，

《世界民族》1998 年第 3 期。

广东、广西、湖南、河南辞源修订组，商务印书馆编辑部编《辞源》（修订本），商务印书馆，1984。

〔德〕尤尔根·哈贝马斯，《合法化危机》，刘北成、曹卫东译，世纪出版集团、上海人民出版社，2009。

郝时远：《海外华人与国际移民研究》（代前言），载赫时远主编《海外华人研究论案》，中国社会科学出版社，2002。

何安娜：《异质文化的适应过程存在"蜜月期"吗？——以初到中国的外国留学生为例》，《南京社会科学》2010 年第 12 期。

何明、袁娥：《佤族流动人口的文化适应研究——以云南省西盟县大马散村为例》，《西南民族大学学报》（人文社科版）2009 年第 12 期。

胡发稳、李丽菊：《哈尼族中学生文化适应及与学校生活满意度的关系》，《中国心理卫生杂志》2010 年第 2 期。

胡加圣：《基于范式转换的外语教育技术学学科构建研究》，博士学位论文，上海外国语大学，2012。

胡文仲：《论跨文化交际的实证研究》，《外语教学与研究》2005 年第 5 期。

胡兴旺、蔡笑岳、吴睿明等：《白马藏族初中学生文化适应和智力水平的关系》，《心理学报》2005 年第 4 期。

黄柏权、葛政委：《散杂居民族的文化适应和文化变迁——湖北恩施市芭蕉乡侗族调查》，《贵州民族研究》2008 年第 6 期。

黄昆章：《论华人文化的适应、传承与改造》，《华侨华人历史研究》1998 年第 4 期。

黄永红：《跨文化适应理论的逆向性研究》，《外语学刊》2009 年第 4 期。

姜永志、张海钟：《中国城乡文化个体的跨文化适应及应对方式解析》，《教育文化论坛》2011 年第 1 期。

〔波兰〕莱泽克·科拉科夫斯基:《理性的异化——实证主义思想史》,张彤译,魏志军校,黑龙江大学出版社,2011。

〔美〕托马斯·库恩:《必要的张力——科学传统和变革论文选》,范岱年、纪树立等译,北京大学出版社,2004a。

〔美〕托马斯·库恩:《必要的张力:科学研究的传统和创新》,载库恩《必要的张力——科学传统和变革论文选》,范岱年、纪树立等译,北京大学出版社,2004b。

〔美〕托马斯·库恩:《对范式的再思考》,载库恩《必要的张力——科学传统和变革论文选》,范岱年、纪树立译,北京大学出版社,2004c。

〔美〕托马斯·库恩:《论科学与艺术的关系》,载库恩《必要的张力——科学传统和变革论文选》,范岱年、纪树立译,北京大学出版社,2004d。

〔美〕托马斯·库恩:《发现的逻辑还是研究的心理学》,载库恩《必要的张力——科学传统和变革论文选》,范岱年、纪树立译,北京大学出版社,2004e。

〔美〕托马斯·库恩:《必要的张力》,载库恩《必要的张力——科学传统和变革论文选》,范岱年、纪树立译,北京大学出版社,2004f。

〔美〕托马斯·库恩:《科学革命的结构》(第四版),金吾伦、胡新和译,北京大学出版社,2012。

李安民:《关于文化涵化的若干问题》,《中山大学学报》(哲学社会科学版)1988年第4期。

李广、马云鹏:《课程改革中的文化冲突与文化适应》,《教育发展研究》2008年第22期。

李怀宇:《少数民族学生在学校教育中的文化适应——基于教育人类学的认识》,《贵州民族研究》2006年第4期。

李加莉、单波:《跨文化传播学中文化适应研究的路径与问题》,

《南京社会科学》2012a 年第 9 期。

李加莉、单波：《文化适应心理学研究的脉络与新走向》，《理论月刊》2012b 年第 6 期。

李强：《试析社会分层的十种标准》，《学海》2006 年第 4 期。

李强：《社会分层与空间领域的公平、公正》，《中国人民大学学报》2012 年第 1 期。

李思：《从社会的批判到文化的批判——哈贝马斯的社会批判理论评析》，《北京社会科学》1990 年第 3 期。

李亦园：《文化与修养》，广西师范大学出版社，2004。

李勇：《中国当代文艺学的范式转型》，北京大学出版社，2012。

李玉琴：《藏族儿童内地学习生活的文化适应研究——对双流县就读的藏族儿童群体的调查》，《中国藏学》2009 年第 3 期。

李子建、宋萑：《建构主义：理论的反思》，《全球教育展望》2007 年第 4 期。

梁启超：《梁启超论中国文化史》，商务印书馆，2012。

梁漱溟：《东西文化及其哲学》，商务印书馆，2005。

刘翠霞、林聚任：《表征危机与建构主义思潮的兴起——从对"科学大战"的反思谈起》，《东南大学学报》（哲学社会科学版）2012 年第 5 期。

刘凤义：《企业理论研究的三种范式：新制度学派、老制度学派和马克思主义的比较与综合》，经济科学出版社，2008。

刘光斌、童建军：《从承认理论到多元正义论——阿·霍内特的批判理论探究》，《南京社会科学》2007 年第 4 期。

刘海龙：《大众传播理论：范式与流派》，中国人民大学出版社，2008。

刘俊振：《论外派人员跨文化适应的内在系统构成与机制》，《广西民族大学学报》（哲学社会科学版）2008 年第 S1 期。

刘俊振：《跨国企业外派人员跨文化适应核心影响要素分析》，《广西民族大学学报》（哲学社会科学版）2008 年第 S2 期。

刘俊振：《外派人员跨文化适应成功的衡量：一个多构面的概念模型》，《技术与创新管理》2010 年第 2 期。

刘亚秋：《从"文化自觉"到"文化创造性"——理解费孝通文化反思的一条线索》，《北京工业大学学报》（社会科学版）2020 年第 3 期。

刘有安：《论移民文化适应的类型及心理变化特征——以新中国成立后迁入宁夏的外地汉族移民为例》，《思想战线》2009 年第 6 期。

刘有安：《20 世纪迁入宁夏的汉族移民社会文化适应研究》，博士学位论文，兰州大学，2010。

刘宇伟：《营销学范式变迁研究》，中国社会科学出版社，2012。

罗平、毕月花、汪念念：《藏族大学生的社会文化适应与心理健康》，《中国心理卫生杂志》2011 年第 4 期。

罗燕、海蒂·罗斯、岑逾豪：《国际比较视野中的高等教育测量——NSSE-China 工具的开发：文化适应与信度、效度报告》，《复旦教育论坛》2009 年第 5 期。

吕玉兰：《来华欧美留学生的文化适应问题调查与研究》，《首都师范大学学报》（社会科学版）2000 年第 S3 期。

马传松、朱挢：《阶层固化、社会流动与社会稳定》，《重庆社会科学》第 1 期。

马创：《文化适应过程中的创造与保持——帕西傣春节习俗形成探析》，《广西民族大学学报》（哲学社会科学版）2010 年第 3 期。

马威：《多元文化使人类学研究转向》，《中国社会科学报》2010 年 10 月 26 日第 11 版，http://news.sina.com.cn/c/sd/2010-10-26/140 921354866.shtml。

米俊绒、殷杰：《实证主义与社会科学》，《科学技术与辩证法》

2008 年第 3 期。

潘华、马伟华:《移民的文化适应与生育观念调适——以宁夏吊庄移民为例》,《西北人口》2008 年第 1 期。

彭世勇:《中国跨文化交际研究亟待多学科化》,《中国外语》2005 年第 4 期。

祁进玉:《草原生态移民与文化适应——以黄河源头流域为个案》,《青海民族研究》2011 年第 1 期。

秦秀强、唐合亮:《北部侗族文化涵化的过程和机制——天柱社区的个案研究》,《贵州民族研究》1994 年第 1 期。

瞿明安:《社会转型中的民族文化适应机制》,《贵州民族研究》2000 年第 4 期。

任翔、田生湖:《范式、研究范式与方法论——教育技术学学科的视角》,《现代教育技术》2012 年第 1 期。

施旭:《文化话语研究:探索中国的理论、方法与问题》,北京大学出版社,2010。

史兴松:《驻外商务人士跨文化适应研究》,对外经济贸易大学出版社,2010。

舒晓兵、风笑天:《结构与秩序的解构——斯宾塞、帕森斯、达伦多夫的社会变迁思想评析》,《浙江学刊》2000 年第 1 期。

孙丽璐、谭建伟:《少数民族大学生学业倦怠与文化适应关系研究》,《重庆理工大学学报》(社会科学版)2011 年第 1 期。

孙丽璐、郑涌:《移民文化适应的研究趋势》,《心理科学进展》2010 年第 3 期。

孙淑女:《多学科视角下的跨文化适应理论研究》,《浙江学刊》2018 年第 1 期。

孙淑女:《文化话语视域下的跨文化交际研究》,《中国外语》2018 年第 6 期。

索端智:《文化涵化与族群认同——青海河南蒙古族文化涵化问题研究》,《青海民族研究》2008 年第 1 期。

谭瑜:《中国留学生自我概念与文化身份重构问题研究》,《当代教育与文化》2014 年第 3 期。

唐兴军、齐卫平:《政治学中的制度理论综述:范式与变迁》,《社会科学》2013 年第 6 期。

〔法〕迪尔凯姆:《社会学方法的准则》,狄玉明译,商务印书馆,1995。

万明钢、王平:《教学改革中的文化冲击与文化适应问题》,《教育研究》2005 年第 10 期。

汪国华:《两代农民工文化适应的逻辑比较与实证研究》,《西北人口》2009 年第 5 期。

王才勇:《从哈贝马斯到霍耐特——批判理论的现代转型》,《毛泽东邓小平理论研究》2009 年第 5 期。

王凤才:《从批判理论到后批判理论(上)——对批判理论三期发展的批判性反思》,《马克思主义与现实》2012 年第 6 期。

王鉴、黄维海:《少数民族双语教师跨文化适应问题研究》,《民族教育研究》2008 年第 5 期。

吴文藻:《论文化表格》,《吴文藻人类学社会学研究文集》,民族出版社,1990。

吴友军:《霍克海默社会批判理论的形成及其困境》,《哲学动态》2008 年第 4 期。

吴宗杰:《外语教师发展的研究范式》,《外语教学理论与实践》2008 年第 3 期。

夏巍:《论哈贝马斯对实证主义的批判》,《山东社会科学》2010 年第 8 期。

肖珺、李加莉:《寻找文化适应中的普遍性法则——访文化适应理论奠基人约翰·贝瑞教授》，《社会科学报》2014 年 5 月 22 日第 5 版。

徐光兴：《跨文化适应的留学生活：中国留学生的心理健康与援助》，上海辞书出版社，2000。

徐光兴：《樱花与剑：跨文化适应的留学心理》，安徽人民出版社，2011。

徐光兴、肖三蓉：《文化适应的心理学研究》，《江西社会科学》2009 年第 4 期。

徐军：《社会批判理论内部的对话——哈贝马斯与法兰克福学派理论关系新探》，《福建论坛》（人文社会科学版）2002 年第 6 期。

徐明明：《论社会科学范式》，《自然辩证法研究》1996 年第 12 期。

许可峰：《"本土建构"与中国教育学的"回乡"之路》，《西北师大学报》（社会科学版）2011 年第 3 期。

许力生：《跨文化能力构建再认识》，《浙江大学学报》（人文社会科学版）2011 年第 3 期。

严庆：《浅析内地民族班（校）师生的文化适应》，《民族教育研究》2009 年第 2 期。

严文华：《跨文化适应与应激、应激源研究：中国学生、学者在德国》，《心理科学》2007 年第 4 期。

杨宝琰、万明钢：《文化适应：理论及测量与研究方法》，《世界民族》2010 年第 4 期。

杨德亮：《青海"托茂家"的族群认同与文化适应》，《青海民族研究》2008 年第 4 期。

杨军红：《来华留学生跨文化适应问题研究》，上海社会科学出版社，2009。

杨永林：《英语写作研究的范式转变与理论传承》，《外语教学与研究》2005 年第 1 期。

仰海峰：《霍克海默与批判理论的早期规划》，《浙江社会科学》

2009 年第 4 期。

叶继红：《城市新移民的文化适应：以失地农民为例》，《天津社会科学》2010a 年第 2 期。

叶继红：《城郊失地农民的集中居住与移民文化适应》，《思想战线》2010b 年第 2 期。

叶继红：《农民集中居住、文化适应及其影响因素》，《社会科学》2011 年第 4 期。

余伟、郑钢：《跨文化心理学中的文化适应研究》，《心理科学进展》2005 年第 6 期。

余卫华、王姝：《留德中国学生文化适应策略的偏爱研究》，《西安外国语大学学报》2010 年第 1 期。

查啸虎、黄育文：《从冲突到融合：进城农民工子女的课堂文化适应研究》，《教育科学研究》2011 年第 1 期。

赵玲：《全球化进程中哈尼文化的适应机制》，《云南社会科学》2002 年第 4 期。

张继焦：《城市的适应——迁移者的就业与创业》，商务出版社，2004。

张劲梅：《西南少数民族大学生的文化适应研究》，博士学位论文，西南大学，2008。

张劲梅、张庆林：《少数民族文化适应的分类学研究——对西南少数民族大学生的抽样调查》，《思想战线》2009 年第 2 期。

张力：《当代图书情报学研究范式的变革及应用研究取向》，《图书情报工作》2005 年第 7 期。

张彤：《不断与"理性的异化"抗争的实证主义》，载〔波兰〕莱泽克·科拉科夫斯基著，张彤译，魏志军校《理性的异化——实证主义思想史》，黑龙江大学出版社，2011。

张卫东、吴琪：《跨文化适应能力理论之构建》，《河北学刊》2015

年第 1 期。

张文显、于宁:《当代中国法哲学研究范式的转换——从阶级斗争范式到权利本位范式》,《中国法学》2001 年第 1 期。

张应强:《中国教育研究的范式和范式转换——兼论教育研究的文化学范式》,《教育研究》2010 年第 10 期。

张涌、赵文山、宋辉跃编《现代汉语辞海》(最新修订版),中国书籍出版社,2011。

郑杭生、李霞:《关于库恩的"范式"——一种科学哲学与社会学交叉的视角》,《广东社会科学》2004 年第 1 期。

郑威:《人类学文化变迁之文化涵化——以广西贺州客家族群的文化变迁为例》,《广西社会科学》2006 年第 7 期。

钟启泉:《知识建构与教学创新——社会建构主义知识论及其启示》,《全球教育展望》2006 年第 8 期。

周晓虹:《社会学理论的基本范式及整合的可能性》,《社会学研究》2002 年第 5 期。

朱爱军:《论库恩的范式概念及其借用》,《学习与探索》2007 年第 5 期。

朱冬梅:《儒家中庸思想及其现代意义》,《湖北社会科学》2012 年第 9 期。

Adams, M. *Fire and Ice：The United States, Canada, and the Myth of Converging Values.* Toronto：Penguin Canada, 2003.

Adler, P. S. The Transitional Experience：An Alternative View of Culture Shock. *Journal of Humanistic Psychology*, 1975, 15 (4)：13 – 23.

Alba, R. D. & Logan, J. R. Assimilation and Stratification in the Home-ownership Patterns of Racial and Ethnic Groups. *International Migration Review*, 1992, 26 (4)：1314 – 1341.

Alba, R. D., Logan, J. R. & Crowder, K. White Ethnic Neighborhoods and Assimilation: The Greater New York Region, 1980 – 1990. *Social Forces*, 1997, 75: 883 – 912.

Alba, R. & Nee, V. Rethinking Assimilation Theory for a New Era of Immigration. *International Migration Review*, 1997, 31 (4): 826 – 874.

Anderson, L. E. A New Look at an Old Construct: Cross – cultural Adaptation. *International Journal of Intercultural Relations*, 1994, 18 (3): 293 – 328.

Anon. Encyclopaedia Britannica. 2013 June 4. http: //www. britannica. com/.

Anon. Online Etymology Dictionary. 2013 June 4. http: //www. etymonline. com/.

Arends – Tóth, J. & Van de Vijver, F. J. R. Domains and Dimensions in Deculturation: Implicit Theories of Turkish – Dutch. *International Journal of Intercultural Relations*, 2004, 28 (1): 19 – 35.

Arends – Tóth, J. & Van de Vijver, F. J. R. Issues in Conceptualization and Assessment of Acculturation, Bornstein, M. H. & Cote, L. R. (eds.) . *Acculturation and Parent – Child Relationships: Measurement and Development*. Mahwah, New Jersey: Lawrence Erlbaum, 2006, 33 – 62.

Asante, M. K. The Ideological Significance of Afrocentricity in Intercultural Communication, Asante, M. K. , Miike, Y. & Yin, J. (eds.) . *The Global Intercultural Communication Reader*, 2008, 47 – 55.

Babbie, E. *The Practice of Social Research* . Belmont: Wadsworth Cengage Learning, 2010.

Baldwin, J. R. , Faulkner, S. L. & Hecht, M. L. et al. (eds.) . *Redefining Culture: Perspectives Across the Disciplines*. Mahwah. NJ: Lawrence Erlbaum, 2006.

Barnard, A. & Spencer, J. (eds.) . *The Routledge Encyclopedia of Social and Cultural Anthropology*. 2nd ed. New York: Routledge, 2010.

Barrette, G. , Bourhis, R. Y. & Personnaz, M. et al. Acculturation O-rientations of French and North African Undergraduates in Paris. *International Journal of Intercultural Relations*, 2004, 28 (5): 415 - 438.

Beals, L. Aboriginal Survivals in Mayo Culture. *American Anthropologist*, 1932, 34 (1): 28 - 39.

Bennett, M. J. A Developmental Approach to Training for Intercultural Sensitivity. *International Journal of Intercultural Relations*, 1986, 10 (2): 179 - 196.

Bennett, J. M. & Bennett, M. J. Developing Intercultural Sensitivity: An Integrative Approach to Global and Domestic Diversity. Paper Presented at The Diversity Symposium, 2001.

Berger, P. L. & Luckmann, T. *The Social Construction of Reality: A Treatise in the Sociology of Knowledge.* New York: Anchor Books, 1967.

Berreman, G. D. Aleut Reference Group Alienation, Mobility, and Acculturation. *American Anthropologist*, 1964, 66 (2): 231 - 250.

Berry, J. W. Managing the Process of Acculturation for Problem Prevention. Westermeyer, J. , Williams, C. L. & Nguyen, A. N. (eds.) . *Mental Health Services for Refugees.* Washington DC: US Government Publishing House, 1991, 189 - 204.

Berry, J. W. Acculturation and Adaptation in a New Society. *International Migration*, 1992, 30 (1): 69 - 85.

Berry, J. W. Immigration, Acculturation, and Adaptation. *Applied Psychology: An International Review*, 1997, 46 (1): 5 - 68.

Berry, J. W. Acculturation: Living Successfully in Two Cultures. *International Journal of Intercultural Relations*, 2005, 29 (6): 697 - 712.

Berry, J. W. Conterst of Acculturation, Sam, D. L. & Berry, J. W. (eds.) *The Cambridge Handbook of Acculturation Psychology*, Naw York:

Cambridge University Press, 2006, 27 – 42.

Berry, J. W. Globalisation and Acculturation. *International Journal of Intercultural Relations*, 2008, 32 (4): 328 – 333.

Berry, J. W. , Kim, U. & Minde, T. et al. . Comparative Studies of Acculturative Stress. *International Migration Review*, 1987, 21 (3): 491 – 511.

Berry, J. W. , Kim, U. & Power, S. et al. . Acculturation Attitudes in Plural Societies. *Applied Psychology*, 1989, 38 (2): 185 – 206.

Berry, J. W. , Poortinga Y. H. & Segall M. H. , et al. . *Cross – Cultural Psychology: Research and Applications.* 2nd ed. New York: Cambridge University Press, 2002.

Berry, J. W. & Sabatier, C. Variations in the Assessment of Acculturation Attitudes: Their Relationship With Psychological Wellbeing. *International Journal of Intercultural Relations*, 2011, 35 (5): 658 – 669.

Black, J. S. & Gregersen, H. B. Expectations, Satisfaction, and Intention to Leave of American Expatriate Managers in Japan. *International Journal of Intercultural Relations*, 1990, 14 (4): 485 – 506.

Bourhis, R. Y. Barrette, G. & El – Geledi, S. et al. . Acculturation Orientations and Social Relations Between Immigrant and Host Community Members in California. *Journal of Cross – Cultural Psychology*, 2009, 40: 443 – 467.

Bourhis, R. Y. , Moïse, L. C. , & Perreault, S. et al. . Toward an Interactive Acculturation Model: A Social Psychological Approach. *International Journal of Psychology*, 1997, 32 (6): 369 – 386.

Briskman, L. B. Is a Kuhnian Analysis Applicable to Psychology? *Science Studies*, 1972, 2 (2): 87 – 97.

Brown, S. K. Structural Assimilation Revisited: Mexican – origin Nativity and Cross – ethnic Primary Ties. *Social Forces*, 2006, 85 (1): 75 – 92.

Burrell, G. & Morgan, G. *Sociological Paradigms and Organisational Analy-*

sis. London: Heinemann, 1979.

Buss, A. R. The Structure of Psychological Revolutions. *Journal of the History of Behavioral Science*, 1978, 14 (1): 57 – 64.

Carliner, G. The Language Ability of U. S. Immigrants: Assimilation and Cohort Effects. *International Migration Review*, 2000, 34 (1): 158 – 182.

Chance, N. A. Acculturation, Self – identification, and Personality Adjustment. *American Anthropologist*, 1965, 67 (2): 372 – 393.

Chataway, C. J. & Berry, J. W. Acculturation Experiences, Appraisal, Coping and Adaptation: A Comparison of Hong Kong Chinese, French, and English Students in Canada. *Canadian Journal of Behavioral Science*, 1989, 21 (3): 295 – 301.

Cross, S. E. Self – construal, Coping, and Stress in Cross – cultural Adaptation. *Journal of Cross – cultural Psychology*, 1995, 26 (6): 673 – 697.

Dew, A. – M. & Ward, C. The Effects of Ethnicity and Culturally Congruent and Incongruent Nonverbal Behaviors on Interpersonal Attraction. *Journal of Applied Social Psychology*, 1993, 23 (17): 1376 – 1389.

Dodd, G. *Dynamics of Intercultural Communication.* 5th ed. Shanghai: Shanghai Foreign Language Education Press, 2006.

Dodoo, F. N. – A. Assimilation Differences Among Africans in America. *Social Forces*, 1997, 76 (2): 527 – 546.

Donà, G. & Berry, J. W. Acculturation Attitudes and Acculturative Stress of Central American Refugees. *International Journal of Psychology*, 1994, 29 (1): 57 – 70.

Duncan, O. D. & Lieberson, S. Ethnic Segregation and Assimilation. *American Journal of Sociology*, 1959, 64 (4): 364 – 374.

Ellingsworth, H. W. Adaptive Intercultural Communication. Gudykunst, W. B. (ed.). *Intercultural Communication Theory: Current Perspectives*. Beverly

Hills: Sage Publications, Inc. , 1983, 195 – 204.

Ellingsworth, H. W. A Theory of Adaptation in Intercultural Dyads. Kim, Y. Y. & Gudykunst, W. B. (eds.) . *Theories in Intercultural Communication.* Newbury Park: Sage Publications, Inc. , 1988, 259 – 279.

Finch, B. K. , Frank, R. & Vega, W. A. Acculturation and Acculturation stress: Asocial – epidemiological Approach to Mexican Migrant Farmworkers' Health. *International Migration Review*, 2004, 38 (1): 236 – 262.

Florack, A. , Piontkowski, U. & Rohmann, A. et al. . Perceived Intergroup Threat and Attitudes of Host Community Members Toward Immigrant Acculturation. *The Journal of Social Psychology*, 2003, 143 (5): 633 – 648.

Friedrichs, R. The Potential Impact of B. F. Skinner Upon American Sociology. *The American Sociologist*, 1974, 9 (3): 3 – 8.

Froese, F. J. , Peltokorpi, V. & Ko, K. A. The Influence of Intercultural Communication on Cross – cultural Adjustment and Work Attitudes: Foreign Workers in South Korea. *International Journal of Intercultural Relations*, 2012, 36 (3): 331 – 342.

Furnham, A. & Bochner, S. Social Difficulty in a Foreign Culture: An Empirical Analysis of Culture Shock. Bochner, S. (ed.) . *Cultures in Contact: Studies in Cross – Cultural Interactions.* Oxford: Pergamon, 1982, 161 – 198.

Furnham, A. & Bochner, S. *Culture Shock: Psychological Reactions to Unfamiliar Environments.* New York: Methuen, 1986.

Gallois, C. , Franklyn – Stokes, A. & Giles, H. Communication Accommodation in Intercultural Encounters. Kim, Y. Y. & Gudykunst, W. B. (eds.) . *Theories in Intercultural Communication.* Newbury Park: Sage Publications, Inc. , 1988, 157 – 185.

Gallois, C. , Giles, H. & Jones, E. et al. . Accommodating Intercultural Encounters. Wiseman, R. L. (ed.) . *Intercultural Communication Theo-*

ry. Thousand Oaks: Sage Publications, Inc. , 1995, 115 – 147.

Gallois, C. , Ogay, T. & Giles, H. Communication Accommodation Theory. Gudykunst, W. B. (ed.) . *Theorizing Intercultural Communication*. Thousand Oaks: Sage Publications, Inc. , 2005, 121 – 148.

Geertz, C. *The Interpretation of Cultures*. New York: Basic Books, 1973.

Gergen, K. J. The Social Constructionist Movement in Modern Psychology. *American Psychologist*, 1985, 40 (3), 266 – 275.

Gergen, K. J. Correspondence Versus Autonomy in the Language of Understanding Human Action. Fiske, D. W. & Shweder, R. A. (eds.) . *Metatheory in Social Science*, Chicago: University of Chicago Press, 1986, 136 – 162.

Gledhill, J. *Neoliberalism, Transnationalization and Rural Poverty: A Case Study of Michoacan Mexico*. Boulder, CO: Westview Press, 1995.

Golash – Boza, T. Dropping the Hyphen? Becoming Latino (a) – American Through Racialized Assimilation. *Social Forces*, 2006, 85 (1): 27 – 55.

Gordon, M. Assimilation in America: Theory and Reality. *Daedalus*, 1961, 90 (2): 263 – 285.

Gordon, M. *Assimilation in American Life*. New York: Oxford University Press, 1964.

Gordon, M. Toward a General Theory of Racial and Ethnic Group Relations. Glazer, N. & Moynihan, D. (eds.) . *Ethnicity: Theory and Experience*, 1975, 84 – 110.

Graves, T. D. Psychological Acculturation in a Tri – ethnic Community. *Southwestern Journal of Anthropology*, 1967a, 23 (4): 337 – 350.

Graves, T. D. Acculturation, Access, and Alcohol in a Tri – ethnic Community. *American Anthropologist*, 1967b, 69 (3 – 4): 306 – 321.

Guba, E. G. & Lincoln, Y. S. Competing Paradigms in Qualitative Research. Denzin, N. K. & Lincoln, Y. S. (eds.). *Handbook of Qualitative Research*. Thousand Oaks: Sage, 1994, 105 – 117.

Guba, E. G. & Lincoln, Y. S. Paradigmatic Controversies, Contradictions, and Emerging Confluences. Denzin, N. K. & Lincoln, Y. S. (eds.). *Handbook of Qualitative Research*. 3rd ed. Thousand Oaks: Sage, 2005, 191 – 215.

Gudykunst, W. B. Uncertainty and Anxiety. Kim, Y. Y. & Gudykunst, W. B. (eds.). *Theoires in Intercultural Communication*. Newbury Park: Sage Publications, Inc., 1988, 123 – 156.

Gudykunst, W. B. Anxiety/uncertainty Management (AUM) Theory: Current Status. Wiseman, R. L. (ed.). *Intercultural Communication Theory*. Thousand Oaks: Sage Publications, Inc., 1995, 8 – 58.

Gudykunst, W. B. Anxiety/uncertainty Management (AUM) Theory of Strangers' Intercultural Adjustment. Gudykunst, W. B. (ed.). *Theorizing Intercultural Communication*. Thousand Oaks: Sage Publications, Inc., 2005, 419 – 457.

Gudykunst, W. B. & Hammer, M. R. Strangers and Hosts: An Uncertainty Reduction Based Theory of Intercultural Adaptation. Kim, Y. Y. & Gudykunst, W. B. (ed). *Cross – Cultural Adaptation: Current Approaches*, Newpark: Sage Publications, Inc., 1987, 106 – 139.

Gudykunst, W. B. & Nishida, T. Theoretical Perspectives for Studying Intercultural Communication. Asante, M. K. & Gudykunst, W. B. (eds.). *Handbook of International and Intercultural Communication*. Newbury Park, Calif.: Sage, 1989, 17 – 46.

Gullahorn, J. T. & Gullahorn, J. E. An Extension of the U – Curve Hypothesis. *Journal of Social Issues*, 1963, 19 (3): 33 – 47.

Hammer, M. R., Wiseman, R. L. & Rasmussen, J. L. et al.. A Test of Anxiety/uncertainty Management Theory: The Intercultural Adaptation-

Context. *Communication Quarterly*, 1998, 46 (3): 309 – 326.

Hannigan, T. P. Traits, Attitudes, and Skills That Are Related to Intercultural Effectiveness and Their Implications for Cross – cultural Training: A Review of the Literature. *International Journal of Intercultural Relations*, 1990, 14 (1): 89 – 111.

Holliday, A. Cultural Descriptions as Political Cultural Acts: An Exploration. *Language and Intercultural Communication*, 2010, 10 (3): 259 – 272.

Holliday, A. *Intercultural Communication and Ideology.* London: Sage Publications Ltd. , 2011.

Horkheimer, M. Traditional and Critical Theory. Horkheimer, M. *Critical Theory: Selected Essays.* New York: Herder & Herder, 1972, 188 – 243.

Hu, Y. & Fan, W. An Exploration Study on Intercultural Communication Research Contents and Methods: A Survey Based on the International and Domestic Journal Papers Published From 2001 to 2005. *International Journal of Intercultural Relations*, 2011, 35 (5): 554 – 566.

Ianni, F. A. J. Time and Place as Variables in Acculturation Research. *American Anthropologist*, 1958, 60 (1): 39 – 46.

Kalmijn, M. The Socioeconomic Assimilation of Caribbean American Blacks. *Social Forces*, 1996, 74 (3): 911 – 930.

Kealey, D. A Study of Cross – cultural Effectiveness: Theoretical Issues, Practical Applications. *International Journal of Intercultural Relations*, 1989, 13 (3): 387 – 428.

Kim, Y. Y. Toward an Interactive Theory of Communication—Acculturation. Ruben, B. (ed.) . *Communication Yearbook* 3. New Brunswick, NJ: Transaction, 1979, 435 – 453.

Kim, Y. Y. *Communication and Cross – Cultural Adaptation: An Integrative Theory.* Clevendon, UK: Multilingual Matters, 1988.

Kim, Y. Y. Cross – cultural Adaptation: An Integrative Theory. Wiseman, R. L. (ed). *Intercultural Communication Theory*. Thousand Oaks: Sage Publications, Inc., 1995, 170 – 193.

Kim, Y. Y. Adapting to a new culture: An Integrative Communication Theory. Gudykunst, W. B. (ed.). *Theorizing Intercultural Communication*. Thousand Oaks: Sage Publications, Inc., 2005, 375 – 400.

Kim, Y. Y. *Becoming Intercultural: The Integrative Theory of Communication and Cross – Cultural Adaptation*. Thousand Oaks: Sage Publications, Inc., 2001.

Kim, Y. Y. & Gudykunst, W. B. *Cross – Cultural Adaptation: Current Approached*. Newbury Park: Sage Publications, Inc., 1988a.

Kim, Y. Y. & Gudykunst, W. B. (eds.). *Theories in Intercultural Communication*. Newbury Park: Sage Publications, Inc., 1988b.

Kim, Y. Y., Lujan, P. & Dixon, L. D. "I Can Walk Both Ways": Identity Integration of American Indians in Oklahoma. *Human Communication Research*, 1998, 25 (2): 252 – 274.

Kim, Y. Y. & McKay – Semmler, K. Social Engagement and Cross – cultural Adaptation: An Examination of Direct and Mediated Interpersonal Communication Activities of Educated Non – natives in the United States. *International Journal of Intercultural Relations*, 2013, 37 (1): 99 – 112.

Kroeber, A. L. & Kluckhohn, D. *Culture: A Critical Review of Concepts and Definitions*. Cambridge Mass.: Vintage Books, 1952.

Kuhn, T. S. *The Structure of Scientific Revolution*. 3rd ed. Chicago: Chicago University Press, 1996.

Kuhn, T. S. Reflections on My Critics. Conant, J. & Haugeland, J. (eds.). *The Road Since Structure*. Chicago: Chicago University Press, 2000a, 123 – 175.

Kuhn, T. S. The Natural and the Human Science. Conant, J. & Haugeland, J. （eds.）. *The Road Since Structure.* Chicago: Chicago University Press, 2000b, 216 – 223.

Kuhn, T. S. The Road Since Structure. Conant, J. & Haugeland, J. （eds.）. *The Road Since Structure.* Chicago: Chicago University Press, 2000c, 90 – 104.

Kuhn, T. S. Afterwards. Conant, J. & Haugeland, J. （eds.）. *The Road Since Structure.* Chicago: Chicago University Press, 2000d, 224 – 252.

Kunst, J. R. & Sam, D. L. Relationship Between Perceived Acculturation Expectations and Muslim Minority Youth′s Acculturation and Adaptation. *International Journal of Intercultural Relations*, 2013, 37 （4）: 477 – 490.

Kurman, J. & Ronen – Eilon, C. Lack of Knowledge of a Culture's Social Axioms and Adaptation Difficulties Among Immigrants. *Journal of Cross – Cultural Psychology*, 2004, 35 （2）: 192 – 208.

Kwon, Y. Y. The Sociocultural Adjustment of Chinese Graduate Students at Korean Universities: A Qualitative Study. *International Journal of Intercultural Relations*, 2013, 37 （5）: 536 – 549.

Lange, C. H. Acculturation in the Context of Selected New and Old World Peasant Cultures. *American Anthropologist*, 1957, 59 （6）: 1067 – 1074.

Langer, E. *Mindfulness Reading.* MA: Addison – Wesley, 1989.

Lee, J. – Y. & Ciftci, A. Asian International Students' Socio – cultural Adaptation: Influence of Multicultural Personality, Assertiveness, Academic Self – efficacy, and Social Support. *International Journal of Intercultural Relations*, 2014, 38 （1）: 97 – 105.

Leung, K. , Bond, M. H. & de Carrasquel, S. R. , et al. . Social Axioms: The Search for Universal Dimensions of General Beliefs About How the World Functions. *Journal of Cross – Cultural Psychology*, 2002, 33 （3）: 286 – 302.

LittleJohn S. W. & Foss, K. A. *Theories of Human Communication*. 9th e-d. Beijing: Tsinghua University Press, 2009.

Lysgaard, S. Adjustment in a Foreign Society: Norwegian Fulbright Grantees Visiting the United States. *International Social Science Bulletin*, 1955, 7: 45 – 51.

Mahajan, A. & De Silva, S. R. Unmet Role Expectations of Expatriates, Host – country National Support, and Expatriate Adjustment. *International Journal of Cross Cultural Management*, 2012, 12 (3): 349 – 360.

Mahler, S. *American Dreaming: Immigrant Life on the Margins*. Princeton, N. J. : Princeton University Press, 1995.

Mähönen, T. A. & Jasinskaja – Lahti, I. Acculturation Expectations and Experiences as Predictors of Ethnic Migrants' Psychological Well – being. *Journal of Cross – Cultural Psychology*, 2013, 44 (5): 786 – 806.

Martin, J. N. , Bradford, L. & Rohrlich, B. Comparing Predeparture Expectations and Post – sojourn Reports: A Longitudinal Study of U. S. Students Abroad. *International Journal of Intercultural Relations*, 1995, 19 (1): 87 – 110.

Martin, J. N. & Nakayama, T. K. Thinking Dialectically About Culture and Communication. *Communication Theory*, 1999, 9 (1): 1 – 25.

Martin, J. N. & Nakayama, T. K. Thinking Dialectically About Culture and Communication. Asante, M. K. , Miike, Y. & Yin J. (eds.) . *The Global Intercultural Communication Reader*. New York: Routledge, 2008, 73 – 91.

Martin, J. N. & Nakayama, T. K. *Intercultural Communication in Contexts*. 5th ed. New York: McGraw – Hill, 2010.

Masgoret, A. – M. & Ward, C. Culture Learning Approach to Acculturation. Sam, D. L. & Berry, J. W. (eds.) . *The Cambridge Handbook of Acculturation Psychology*. New York: Cambridge University Press, 2006, 58 – 77.

Massey, D. S. & Mullan, B. P. Processes of Hispanic and Black Spatial

Assimilation. *American Journal of Sociology*, 1984, 89（4）: 836 – 873.

Masterman, M. The Nature of Paradigm. Lakatos, I. & Musgrave, A. （eds.）. *Criticism and the Growth of Knowledge.* London: Cambridge University Press, 1970, 59 – 89.

Mead, M. *The Changing Culture of an Indian Tribe.* Ams Pr Inc., 1932.

Merriam, A. P. The Use of Music in the Study of a Problem of Acculturation. *American Anthropologist*, 1955, 57（1）: 28 – 34.

Miike, Y. Toward an Alternative Metatheory of Human Communication: An Asiacentric Vision. Asante, M. K., Miike, Y. & Yin J.（eds.）. *The Global Intercultural Communication Reader.* New York: Routledge, 2008, 57 – 72.

Miike, Y. An Anatomy of Eurocentrism in Communication Scholarship: The Role of Asiacentricity in De – westernizing Theory and Research. *China Media Report Overseas*, 2010, 6（2）: 1 – 13.

Montreuil, A. & Bourhis, R. Y. Majority Acculturation Orientations Toward "Valued" and "Devalued" Immigrants. *Journal of Cross – Cultural Psychology*, 2001, 32（6）: 698 – 719.

Montreuil, A. & Bourhis, R. Y. Acculturation Orientations of Competing Host Communities Toward Valued and Devalued Immigrants. *International Journal of Intercultural Relations*, 2004, 28（6）: 507 – 532.

Myers, D. & Lee, S. W. Immigrant Trajectories into Homeownership: A Temporal Analysis of Residential Assimilation. *International Migration Review*, 1998, 32（3）: 593 – 625.

Navas, M., García, M. C. & Sánchez, J. et al.. Relative Acculturation Extended Model（REAM）: New Contributions with Regard to the Study of Acculturation. *International Journal of Intercultural Relations*, 2005, 29（1）: 21 – 37.

Navas, M., Rojas, A. J. & García, M. C. et al.. Acculturation Strategies and Attitudes According to the Relative Acculturation Extended Model (REAM): The Perspectives of Natives Versus Immigrants. *International Journal of Intercultural Relations*, 2007, 31 (1): 67 – 86.

Neto, F. Acculturation Strategies Among Adolescents from Immigrant Families in Portugal. *International Journal of Intercultural Relations*, 2002, 26 (1): 17 – 38.

Nishida, H. A Cognitive Approach to Intercultural Communication Based on Schema Theory. *International Journal of Intercultural Relations*, 1999, 23 (5): 753 – 777.

Nishida, H. Cultural Schemata Theory. Gudykunst, W. B. (ed.). *Theorizing Intercultural Communication*. Thousand Oaks: Sage Publications, Inc., 2005, 401 – 418.

Oberg, K. Cultural Shock: Adjustment to New Cultural Environments. *Practical Anthropology*, 1960, 7 (3): 177 – 182.

Ong, A. *Buddha Is Hiding: Refugees, Citizenship, the New America*. Berkley: University of California Press, 2003.

O' Regan, J., Wilkinson, J. & Robinson, M. et al.. Travelling Language: Culture, Communication and Translation in a Mobile World. *Language and Intercultural Communication*, 2011, 11 (4): 299 – 303.

Palermo, D. S. Is a Scientific Revolution Taking Place in Psychology? *Science Studies*, 1971, 1 (2): 135 – 155.

Park, R. E. Human Migration and the Marginal Man. *American Journal of Sociology*, 1928, 33 (6): 881 – 893.

Park, R. E. *Race and Culture*. Glencoe: The Free Press, 1950.

Park, R. E. & Burgess, E. W. *Introduction to Science of Sociology*. Chicago: The University of Chicago Press, 1921.

Parker, S. Ethnic Identity and Acculturation in Two Eskimo Villages. *American Anthropologist*, 1964, 66 (2): 325 – 340.

Peltz, R. *From Immigrant to Ethnic Culture: American Yiddish in South Philadelphia*. Stanford, CA: Stanford University Press, 1998.

Piontkowski, U. Rohmann, A. & Florack, A. Concordance of Acculturation Attitudes and Perceived Threat. *Group Processes Intergroup Relations*, 2002, 5 (3): 221 – 232.

Portes, A. & Zhou, M. The New Second Generation: Segmented Assimilation and Its Variants. *The ANNALS of the American Academy of Political and Social Science*, 1993, 530: 74 – 98.

Pruitt, F. J. The Adaptation of African Students to American Society. *International Journal of Intercultural Relations*, 1978, 2 (1): 90 – 11.

Redfield, R. , Linton, R. & Herskovits, M. J. Memorandum for the Study of Acculturation. *American Anthropologist*, 1936, 38, 149 – 152.

Ritzer, G. Sociology: A Multiple Paradigm Science. *The American Sociologist*, 1975, 10 (3): 156 – 167.

Rogers, J. & Ward, C. Expectation – experience Discrepancies and Psychological Adjustment During Cross – cultural Reentry. *International Journal of Intercultural Relations*, 1993, 17 (2): 185 – 196.

Rohmann, A. , Florack, A. & Piontkowski, U. The Role of Discordant Acculturation Attitudes in Perceived Threat: An Analysis of Host and Immigrant Attitudes in Germany. *International Journal of Intercultural Relations*, 2006, 30 (6): 683 – 702.

Rudmin, F. W. Field Notes from the Quest for the First Use of Acculturation. *Cross – Cultural Psychology Bulletin*, 2003, 37 (4): 24 – 31.

Rudmin, F. W. Debate in Science: The Case of Acculturation. 2006 December 4. http://www. anthroglobe. info/docs/rudminf_acculturation_0612 04. pdf.

Ryder, A. G. , Alden, L. E. & Paulus, D. L. Is Acculturation Unidimensional or Bidimensional? A Head – to – head Comparison in the Predication of Personality, Self – identity and Adjustment. *Journal of Personality and Social Psychology*, 2000, 79 (1): 49 –65.

Safdar, S. , Calvez, S. & Lewis, J. R. Multi – group Analysis of the MIDA Model: Acculturation of Indian and Russian Immigrants to Canada. *International Journal of Intercultural Relations*, 2012, 36 (2): 200 –212.

Safdar, S. , Lay, C. & Struthers, W. The Process of Acculturation and Basic Goals: Testing a Multidimensional Individual Difference Acculturation Model with Iranian Immigrants in Canada. *Applied Psychology: An International Review*, 2003, 52 (4): 555 –579.

Sam, D. L. Acculturation Attitudes Among Young Immigrants as a Function of Perceived Parental Attitudes Toward Cultural Change. *Journal of Early Adolescence*, 1995, 15 (2): 238 –258.

Sam, D. L. Acculturation: Conceptual Background and Core Components. Sam, D. L. & Berry, J. W. (eds.) . *The Cambridge Handbook of Acculturation Psychology*. New York: Cambridge University Press, 2006, 11 –26.

Sasaki, T. T. & Olmsted, D. L. Navaho Acculturation and English – language Skills. *American Anthropologist*, 1953, 55 (1): 89 –99.

Sassler, S. Gender and Ethnic Differences in Marital Assimilation in the Early Twentieth Century. *International Migration Review*, 2005, 39 (3): 608 –636.

Sayegh, L. & Lasry, J. C. Immigrants' Adaptation to Canada: Assimilation, Acculturation, and Orthogonal Cultural Identification. *Canadian Psychology*, 1993, 34 (1): 98 –109.

Schwandt, T. A. Constructivist, Interpretivist Approaches to Human Inquiry. Denzin, N. K. & Lincoln, Y. S. (eds.) . *Handbook of Qualitative*

Research. Thousand Oaks: Sage, 1994, 118 – 137.

Searle, W. & Ward, C. The Prediction of Psychological and Sociocultural Adjustment During Cross – cultural Transitions. *International Journal of Intercultural Relations*, 1990, 14 (4): 449 – 464.

Shah, H. Communication and Cross – cultural Adaptation Patterns Among Asian Indians. *International Journal of Intercultural Relations*, 1991, 15 (3): 311 – 321.

Shapere, D. The Structure of Scientific Revolutions. *Philosophical Review*, 1964, 73 (3): 383 – 394.

Smith, L. R. Intercultural Network Theory: A Cross – paradigmatic Approach to Acculturation. *International Journal of Intercultural Relations*, 1999, 23 (4): 629 – 658.

South, S. J. , Crowder, K. & Chavez, E. Geographic Mobility and Spatial Assimilation Among U. S. Latino Immigrants. *International Migration Review*, 2005, 39 (3): 577 – 607.

South, S. J. , Crowder, K. & Pais, J. Inter – neighborhood Migration and Spatial Assimilation in a Multi – ethnic World: Comparing Latinos, Blacks and Anglos. *Social Forces*, 2008, 87 (1): 415 – 443.

Spicer, E. H. Spanish – Indian Acculturation in the Southwest. *American Anthropologist*, 1954, 56 (4): 663 – 678.

Stephen, E. H. & Bean, F. D. Assimilation, Disruption and the Fertility of Mexican – origin Women in the United States. *International Migration Review*, 1992, 26 (1): 67 – 88.

Swagler, M. A. & Jome, L. M. The Effects of Personality and Acculturation on the Adjustment of North American Sojourners in Taiwan. *Journal of Counseling Psychology*, 2005, 52 (4): 527 – 536.

Tartakovsky, E. Psychological Well – being and Ethnic Identities of Jewish Adolescents Planning Emigration from Russia and Ukraine to Israel: Changes During the Post – perestroika Period. *International Journal of Intercultural Relations*, 2008, 32 (6), 553 – 564.

Tartakovsky, E. The Psychological Well – being of Unaccompanied Minors: A Longitudinal Study of Adolescents Immigrating from Russia and Ukraine to Israel Without Parents. *Journal of Research on Adolescence*, 2009, 19 (2), 177 – 204.

Teske, R. H. C. & Nelson, B. H. Acculturation and Assimilation: A Clarification. *American Ethnologist*, 1974, 1 (2): 351 – 367.

The Social Science Research Council. Acculturation: An Exploratory Formulation. *AmericanAnthropologist*, 1954, 56 (6): 973 – 1000.

Thurnwald, R. The Psychology of Acculturation. *American Anthropologist*, 1932, 34 (4): 557 – 569.

Tienda, M. Familism and Structural Assimilation of Mexican Immigrants in the United States. *International Migration Review*, 1980, 14 (3): 383 – 408.

Tylor, E. B. *Primitive Culture: Research into the Development of Mythology, Philosophy, Religion, Art, and Custom.* London: John Murray, 1871.

Van de Vijver, F. J. R. , Helms – Lorenz, M. & Feltzer, M. J. A. Acculturation and Cognitive Performance of Immigrant Children in Netherland. *International Journal of Psychology*, 1999, 34 (3): 149 – 162.

Von Glasersfeld, E. Knowing Without Metaphysics: Aspects of the Radical Constructivist Position. Steier, F. (ed.) . *Research and Reflexivity.* Newbury Park, CA: Sage, 1991, 12 – 29.

Ward, C. Acculturation. Landis, D. & Bhagat, B. (eds.) . *Handbook in Intercultural Training.* Newbury Park, CA: Sage, 1996, 124 – 147.

Ward, C. The ABCs of Acculturation. Matsumoto, D. (ed.) . *The Handbook of Culture and Psychology.* Oxford University Press, 2001, 411 – 445.

Ward, C. , Bochner, S. & Furnham, A. The Psychology of Culture Shock. Routledge, 2001.

Ward, C. , & Chang, W. C. Cultural fit: A New Perspective on Personality and Sojourner Adjustment. *International Journal of Intercultural Relations*, 1997, 21 (4): 525 - 533.

Ward, C. & Kagitcibasi, C. Introduction to "Acculturation Theory, Research and Application: Working with and for Communities". *International Journal of Intercultural Relations*, 2010, 34 (2): 97 - 100.

Ward, C. & Kennedy, A. Where's the "Culture" in Cross - cultural Transition?: Comparative Studies of Sojourner Adjustment. *Journal of Cross - Cultural Psychology*, 1993a, 24 (2): 221 - 249.

Ward, C. & Kennedy, A. Psychological and Socio - cultural Adjustment during Cross - cultural Transitions: A Comparison of Secondary Students Overseas and at Home. *International Journal of Psychology*, 1993b, 28 (2): 129 - 147.

Ward, C. & Kennedy, A. Coping with Cross - cultural Transition. *Journal of Cross - Cultural Psychology*, 2001, 32 (5): 636 - 642.

Ward, C. , Leong, C. H. & Kennedy, A. Self Construals, Stress, Coping and Adjustment During Cross - cultural Transition. Paper Presented at the Annual Conference of the Society of Australasian Social Psychologists, Christchurch, New Zealand, 1998.

Ward, C. , Okura, Y. & Kennedy, A. et al. . The U - Curve on Trial: A Longitudinal Study of Psychological and Sociocultural Adjustment During Cross - cultural Transition. *International Journal of Intercultural Relations*, 1998, 22 (3): 277 - 291.

Ward, C. & Rana - Deuba, A. Acculturation and Adaptation Revisited. *Journal of Cross - Cultural Psychology*, 1999, 30 (4): 422 - 442.

Ward, C. & Rana – Deuba, A. Home and Host Culture Influences on Sojourner Adjustment. *International Journal of Intercultural Relations*, 2000, 24 (3): 291 – 306.

Ward, C. & Searle, W. The Impact of Value Discrepancies and Cultural Identity on Psychological and Sociocultural Adjustment of Sojourners. *International Journal of Intercultural Relations*, 1991, 15 (2): 209 – 225.

Warren, N. Is a Scientific Revolution Taking Place in Psychology——Doubts and Reservations. *Science Studies*, 1971, 1 (3 – 4): 407 – 413.

Weissman, D. & Furnham, A. The Expectations and Experiences of a Sojourning Temporary Resident Abroad: A Preliminary Study. *Human Relations*, 1987, 40 (5): 313 – 326.

West, R. & Turner, L. H. *Introducing Communication Theory: Analysis and Application.* 4th ed. New York: McGraw – Hill, 2010.

White, D. W. , Absher, R. K. & Huggins, K. A. The Effects of Hardiness and Cultural Distance on Sociocultural Adaptation in an Expatriate Sales Manager Population. *Journal of Personal Selling & Sales Management*, 2011, 16 (3): 325 – 337.

White, M. J. , Biddlecom, A. E. & Guo, S. Y. Immigration, Naturalization, and Residential Assimilation Among Asian Americans in 1980. *Social Forces*, 1993, 72 (1): 93 – 117.

Ying, Y. – W. & Liese, L. H. Emotional Well – being of Taiwan Students in the U. S. : An Examination of Pre – to Post – arrival Differential. *International Journal of Intercultural Relations*, 1991, 15 (3): 345 – 366.

Yoo, S. H. , Matsumoto, D. & LeRoux, J. A. The Influence of Emotion Recognition and Emotion Regulation on Intercultural Adjustment. *International Journal of Intercultural Relations*, 2006, 30 (3): 345 – 363.

Yoshikawa, M. J. Cross – cultural Adaptation and Perceptual Development. Kim, Y. Y. & Gudykunst, W. B. (eds.) . *Cross – Cultural Adaptation: Current Approaches.* Newbury Park: Sage Publications, Inc. , 1988, 106 – 139.

Zhou, M. Segmented Assimilation: Issues, Controversies, and Recent Research on the New Second Generation. *International Migration Review*, 1997, 31 (4): 975 – 1008.

Zung, W. W. K. A Self – rating Depression Scale. *Archives of General Psychiatry*, 1965, 12: 63 – 70.

附　录

附录1　埃林斯沃思的跨文化适应理论命题

命题1：功能性适应行为的增加将加速任务的完成。

命题2：当发生的适应行为证明是非功能性的，另一参与者将通过调用文化信仰差异来作出回应。

命题3：参与者一方有关信仰的陈述将导致另一方加速适应行为。

命题4：适应责任由单方承担转向共同分担将加速任务的完成。

命题5：当参与者共享交际目的时，他们将不顾地位差异或地域优势，共同分担适应责任。

命题6：当任务的完成只对参与者一方有利时，该方将加速适应行为。

命题7：当参与者一方拥有地域优势时，他将只会作出有限的适应，而另一方将增加适应行为。

命题8：当交际发起者在地位或权力方面明显高于回应方时，他或她将利用优势去代替适应行为，并且在整个交际过程中都这么做。

命题9：参与者一方表现的适应行为越多，他对另一文化的态度和感知变化越大。

命题10：参与者一方表现的适应行为越多，他对自身及所属文化的感知变化越大。

命题11：文化信仰差异的调用将会构成主要的破坏性因素；反之，功能性适应行为将弥补参与者的地位和地域差异，缓和交际目的带来的问题。

（Ellingsworth，1988：274 – 276）

附录2　加卢瓦等的交际适应理论命题

命题1：对于集体主义文化而言，群体之间敌对的或冲突的历史导致许多群体成员倾向于将交际视为群际交际而非人际交际，从而导致交际分化的长期动机。

命题2：许多集体主义文化成员比个体主义文化成员更倾向于对外群体成员采取不适应的交际规范，且不认可采取交际趋同策略的外群体成员。

命题3：与具有认同安全感的主流群体成员相比，缺乏认同安全感且感知到非主流群体威胁或冲突的主流群体成员更倾向于坚持严格的社会语言规范，不认可非主流群体成员的交际趋同意图，且倾向于将交际视为群际交际。

命题4：许多集体主义文化成员比个体主义文化成员更倾向于表现出对内群体及其社会语言标记的依赖性。

命题5：关系导向的个体比任务导向的个体更倾向于将所有的交际，包括群际交际，视为人际交际。

命题6a：对于高度依赖和团结所属群体的非主流群体成员而言，当族群或交际的边界被认为是不坚固的和可渗透的时，他们倾向于将群际关系视为不合规则的和不稳定的。

命题6b：对于不依赖和团结所属群体的非主流群体成员而言，在上述情况下他们倾向于将群际关系视为合乎规则的和稳定的。

命题7a：对于高度依赖和团结所属群体的主流群体成员而言，当族群或交际的边界被认为是不坚固的和可渗透的时，他们倾向于将群际关系视为合乎规则的和不稳定的。

命题 7b：对于不依赖和团结所属群体的主流群体成员而言，在上述情况下他们倾向于将群际关系视为合乎规则的和稳定的。

命题 8a：对于高度依赖和团结所属群体的主流群体或非主流群体成员（特别是属于集体主义文化的成员）而言，他们倾向于将群体间的交往视为有威胁的、冲突的群际交际，且具有强调本群体语言标记的长期动机。

命题 8b：对于不依赖和团结所属群体的主流群体或非主流群体成员（特别是属于个体主义文化的成员）而言，他们倾向于将群体间的交往视为无威胁的、友好的人际交际，且具有适应他群体语言标记的长期动机。

命题 9：在正式的、地位突出的情境中，许多说话者倾向于对主流群体的社会语言标记和行为采取交际趋同策略。

命题 10：在面对面的群际交际中（特别是在正式的、地位突出的情境中），特别是当交际行为未带有强烈的群体标记或刻板印象时，许多说话者倾向于采取人际趋同策略。

命题 11a：对于群际交际取向的个体而言，当他们属于集体主义文化且同时又是任务导向时，他们倾向于对外群体成员采取更加狭隘、更具约束力的交际规范，而对内群体成员采取更加宽泛、更具容忍度的交际规范。

命题 11b：对于人际交际取向的个体而言，当他们属于个体主义文化且同时又是关系导向时，他们倾向于对外群体成员和内群体成员采取相似的交际规范。

命题 12a：当说话者希望得到对方的社会认可或群体认同，或者希望交际行为具有较高的清晰度和理解度，或者希望交际行为满足对方的交际、关系和情感需求，或者希望与对方获得平等的地位时，说话者就会倾向于采取交际趋同策略。

命题12b：当说话者希望传递与对方不同的自我或群体形象，或者希望将自己与对方相区别，或者希望表示自己与对方不同的经历、交际能力、交际风格，或者希望保持自己相对较高的地位时，说话者就会倾向于采取交际分化策略。

命题13a：当群际交往中的人际关系显著时，说话者倾向于主要通过接近、解释、话语管理、人际控制等策略，采用个人习语或是与即时情境相关的交际风格来适应（或反向适应）对方。

命题13b：当群际交往中的群际关系显著时，说话者倾向于主要通过接近、解释、话语管理、人际控制等策略，采用具有群体标记的行为和与群体差异、群际角色关系相关的行为来适应（或反向适应）对方。

命题14：说话者的适应程度取决于说话者的交际技能、言语社团中有关会话适应的规范，以及对方的实际交际行为与说话者对此预判的匹配程度。

命题15a：当听话者从他们自身或群体的交际风格角度认可对方的交际适应（交际趋同），或是当他们认为对方遵从了有价值的交际规范，特别是当他们认为对方付出了极大的努力、选择，并富有善意时，听话者倾向于积极地评价对方的行为（如：友善、富有吸引力等）。

命题15b：当听话者从他们自身或群体的交际风格角度不认可对方的交际适应（交际分化），或是当他们认为对方偏离了有价值的交际规范，特别是当他们认为对方付出了极大的努力、选择，并充满恶意时，听话者倾向于消极地评价对方的行为（如：敌对、缺乏吸引力等）。

命题16a：当群际交往中的交际双方积极地评价对方的行为，且交际双方均被认为是他们群体的典型代表时，他们就会倾向于积极地评价群体的其他成员，并且愿意在将来与对方及群体中的其他成员交流。

命题16b：当群际交往中的交际双方消极地评价对方的行为，且交际双方均被认为是他们群体的典型代表时，他们就会倾向于消极地评价群体的其他成员，并且不愿意在将来与对方及群体中的其他成员交流。

命题 17：当对方不被认为是群体的典型代表时，对对方的评价将不会改变交际者对对方所属群体成员的交际适应初衷或是交际意图。

（Gallois，et. al.，1995：139 – 147）

附录 3　金的交际与跨文化适应整合理论原理

原理 1：居住国交际能力越强，居住国人际交往和居住国大众交际越多。

原理 2：居住国交际能力越强，族群人际交往和族群大众交际越少。

原理 3：居住国交际能力越强，跨文化转变（功能健全、心理健康、跨文化认同）越大。

原理 4：居住国人际交往和居住国大众交际越多，族群人际交往和族群大众交际越少。

原理 5：居住国人际交往和居住国大众交际越多，跨文化转变（功能健全、心理健康、跨文化认同）越大。

原理 6：族群人际交往和族群大众交际越多，跨文化转变（功能健全、心理健康、跨文化认同）越小。

原理 7：居住国的接受力越高，同化压力越大，居住国交际能力越强。

原理 8：居住国的接受力越高，同化压力越大，居住国人际交往和居住国大众交际越多。

原理 9：居住国的接受力越高，同化压力越大，族群人际交往和族群大众交际越少。

原理 10：族群力量越强，居住国交际能力越弱。

原理 11：族群力量越强，居住国人际交往和居住国大众交际越少。

原理 12：族群力量越强，族群人际交往和族群大众交际越多。

原理 13：对变化的准备越好，居住国交际能力越强。

原理 14：对变化的准备越好，居住国人际交往和居住国大众交际越多。

原理 15：对变化的准备越好，族群人际交往和族群大众交际越少。

原理 16：族群的接近程度越大，居住国交际能力越强。

原理 17：族群的接近程度越大，居住国人际交往和居住国大众交际越多。

原理 18：族群的接近程度越大，族群人际交往和族群大众交际越少。

原理 19：人格的可塑性越强，居住国交际能力越强。

原理 20：人格的可塑性越强，居住国人际交往和居住国大众交际越多。

原理 21：人格的可塑性越强，族群人际交往和族群大众交际越少。

（Kim，2001：91 - 92）

附录 4　焦虑/不确立性管理理论定理

定理 1：当交际者感到自己的文化身份安全，居住国社会成员被认为与其文化相符，焦虑与不确定性处于最大值和最小值之间的理想水平，且交际者不太留意时，交际者越是以文化身份为导向进行交际，所感受的焦虑就越少，就越有信心预测居住国社会成员的行为。

定理 2：在同样的条件下，交际者越是以个人身份为导向进行交际，所感受的焦虑就越少，就越能准确地预测居住国社会成员的行为。

定理 3：当焦虑与不确定性处于最大值和最小值之间的理想水平，且交际者不太留意时，交际者自尊心的提高将使他所感受的焦虑减少，且越能准确地预测居住国社会成员的行为。

定理 4：在同样的条件下，交际者集体自尊的提高将使他所感受的焦虑减少，且越能准确地预测居住国社会成员的行为。

定理 5：在同样的条件下，交际者对自我构念的强调将使他所感受的焦虑减少，且越能准确地预测居住国社会成员的行为。

定理 6：当交际者不太留意时，其文化身份受到的威胁增加后，交际者所感受的焦虑也会增多，且预测居住国社会成员行为的能力会下降。

定理 7：在同样的条件下，交际者越是需要得到群体的包容，所感受的焦虑就越多。

定理 8：在同样的条件下，交际者越是需要维护自我概念，所感受的焦虑就越多。

定理 9：当焦虑与不确定性处于最大值和最小值之间的理想水平，且交际者不太留意时，居住国社会成员对交际者自我概念确认度的增加将使他所感受的焦虑减少。

定理 10：在同样的条件下，交际者预测居住国社会成员行为的信心的增加将使他所感受的焦虑减少，而焦虑减少又会增加交际者预测居住国社会成员行为的信心。

定理 11：当焦虑与不确定性处于最大值和最小值之间的理想水平，且交际者不太留意时，交际者处理复杂信息能力的提高将使他所感受的焦虑减少，且越能准确地预测居住国社会成员的行为。

定理 12：在同样的条件下，交际者对待居住国社会成员的态度越是僵硬，所感受的焦虑就越多，就越不能准确地预测居住国社会成员的行为。

定理 13：在同样的条件下，交际者越是以不确定性为定位，就越能准确地预测居住国社会成员的行为。

定理 14：在同样的条件下，交际者越是能够容忍模糊性，所感受的焦虑就越少。

定理 15：当交际者尊重居住国社会成员，焦虑与不确定性处于最大值和最小值之间的理想水平，且交际者不太留意时，交际者移情能力的提高将使他所感受的焦虑减少，且越能准确地预测居住国社会成员的行为。

定理 16：当焦虑与不确定性处于最大值和最小值之间的理想水平，且交际者不太留意时，交际者适应能力的提高将使他所感受的焦虑减少，且越有信心预测居住国社会成员的行为。

定理 17：在同样的条件下，交际者有关居住国文化知识的增加将使他所感受的焦虑减少，且越能准确地预测居住国社会成员的行为。

定理 18：在同样的条件下，交际者越是觉得自身文化与居住国文化相似，所感受的焦虑就越少，且越有信心预测居住国社会成员的行为；交际者自身文化越是与居住国文化接近，就越能准确地预测居住国社会成员的行为。

定理 19：在同样的条件下，交际者越是觉得自己与居住国社会成员相似，所感受的焦虑就越少，就越有信心预测居住国社会成员的行为。

定理 20：在同样的条件下，交际者划分居住国社会成员类型能力的提高将使他更能准确地预测居住国社会成员的行为。

定理 21：在同样的条件下，交际者越能感知居住国社会成员之间的差异，所感受的焦虑就越少，就越能准确地预测居住国社会成员的行为。

定理 22：在同样的条件下，交际者对居住国社会成员积极预期的增加将使他所感受的焦虑减少，且越有信心预测居住国社会成员的行为。

定理 23：当焦虑与不确定性处于最大值和最小值之间的理想水平，且交际者留意时，交际者越能搁置对居住国社会成员消极预期，所感受的焦虑就越少，就越能准确地预测居住国社会成员的行为。

定理24：当焦虑与不确定性处于最大值和最小值之间的理想水平，且交际者不太留意时，交际者与居住国社会成员合作的增加将使他所感受的焦虑减少，且越有信心预测居住国社会成员的行为。

定理25：在同样的条件下，交际者所属群体成员比例的增加将使他所感受的焦虑减少。

定理26：当交际者不太留意时，交际者越是觉得自己与居住国社会成员之间的权力差距加大，所感受的焦虑就越多。

定理27：当焦虑与不确定性处于最大值和最小值之间的理想水平，且交际者不太留意时，交际者对居住国社会成员吸引力的增加将使他所感受的焦虑减少，且越有信心预测居住国社会成员的行为。

定理28：在同样的条件下，交际者与居住国社会成员接触数量的增加和质量的提高将使他所感受的焦虑减少，且越能准确地预测居住国社会成员的行为。

定理29：在同样的条件下，交际者与居住国社会成员相互依赖的增加将使他所感受的焦虑减少，且越能准确地预测居住国社会成员的行为。

定理30：在同样的条件下，交际者与居住国社会成员亲密度的增加将使他所感受的焦虑减少，且越能准确地预测居住国社会成员的行为。

定理31：在同样的条件下，交际者与居住国社会成员共享网络的增加将使他所感受的焦虑减少，且越能准确地预测居住国社会成员的行为。

定理32：当社会支持不仅限于共文化成员，焦虑与不确定性处于最大值和最小值之间的理想水平，且交际者不太留意时，交际者所得到的社会支持越多，所感受的焦虑就越少。

定理33：当焦虑与不确定性处于最大值和最小值之间的理想水平，且交际者不太留意时，交际者维护自身与居住国社会成员自尊能力的提高将使他所感受的焦虑减少。

定理34：在同样的条件下，交际者越是尊重居住国社会成员，所感受的焦虑就越少。

定理35：在同样的条件下，交际者越是包容居住国社会成员，所感受的焦虑就越少。

定理36：当焦虑与不确定性处于最大值和最小值之间的理想水平，交际者留意整个交际过程且不是过于警觉时，交际者描述居住国社会成员行为能力的提高将使他更能准确地预测居住国社会成员的行为。

定理37：当焦虑与不确定性处于最大值和最小值之间的理想水平，居住国社会成员希望交际者使用他们的语言，且交际者不太留意时，交际者掌握的居住国语言知识越多，所感受的焦虑就越少，就越能准确地预测居住国社会成员的行为。

定理38：当交际者不是过于警觉时，交际者越留意交际过程，管理焦虑与不确定性的能力就越高。

定理39：当焦虑与不确定性处于最大值和最小值之间的理想水平，交际者留意整个交际过程且不是过于警觉时，交际者管理焦虑与不确定性能力的提高，以及对居住国社会成员行为预测和解释能力的提高将使交际的有效性和交际者的适应能力有所提高。

定理40：当交际者不太留意时，居住国社会成员对陌生人的接受度越高，交际者所感受的焦虑就越少。

定理41：在同样的条件下，居住国社会的多元文化主义倾向的增强将使交际者所感受的焦虑减少。

定理42：在同样的条件下，居住国社会成员对陌生人歧视的增加将使交际者所感受的焦虑增加。

定理43：在同样的条件下，居住国社会中集体主义文化的增强将使交际者所感受的焦虑增加，且越不能准确地预测居住国社会成员的行为。

定理 44：在同样的条件下，居住国社会中不确定性规避的增强将使交际者所感受的焦虑增加，且越不能准确地预测居住国社会成员的行为。

定理 45：在同样的条件下，居住国社会中男性气质的增强将使女性交际者在与居住国男性社会成员交际时所感受的焦虑增加，且越不能准确地预测居住国男性社会成员的行为。

定理 46：在同样的条件下，居住国社会中文化权势距离的加大将使地位低的交际者在与地位高的居住国社会成员交际时所感受的焦虑增加，且越不能准确地预测地位高的居住国社会成员的行为。

定理 47：在同样的条件下，居住国社会中不确定性规避的增强将使年轻交际者在与年长的居住国社会成员交际时所感受的焦虑增加，且越不能准确地预测年长的居住国社会成员的行为。

附录 5　跨文化适应案例

初来乍到

焦林生长在华北农村，父母都是农民。他高中毕业后在当地当了两年小学教师，然后考上了北京一所著名大学，在那里学了 4 年英语。大学毕业后，他继续在那所学校攻读了 3 年的教育学课程，获得硕士学位。来美国之前，他在一个政府部门工作了 3 年，职务是英文翻译兼政府官员。他的主要任务是接待到这个部里来访问和工作的外国来宾，包括带他们到北京或国内其他名胜古迹观光旅行，少则一天，多则半个月。因为工作的缘故，焦林接待过许多美国游客。在这期间，他和一些美国人建立了比工作更深一层的关系，这些美国人回国以后仍旧和他保持书信来往。正如他在访谈时用自豪的口吻告诉我的那样，"我不是那种没见过世面的人"。

来美国之前，焦林在中国交了很多朋友，有在家乡交的，有在大学交的，也有在北京工作时交的。他有一帮"铁哥们儿"①，每当面临困难时他们就会来帮他。他在和我的交往中表现得十分豪爽，表达自己的想法时态度也非常直率。他现年 30 岁，已经成婚，但还没有孩子。由于经济和政策方面的原因，他独自一人来到美国。4 个月以后，他的妻子才设法来到美国和他团聚。

焦林来到美国以后在波士顿地区的一所名牌大学里攻读教育学博士学位。他 6 月底一到波士顿就去另外两个州拜访了他在中国时结识的两位美国朋友。在那里，他感觉过得很愉快。他的美国朋友以及他们的朋友们纷纷向他表示祝贺，对他能到这样一所著名的学校来学习感到十分羡慕。焦林只身一人在一个陌生的国度里旅行了这么远，听了美国人这么多对自己的恭维话，而且自己能够十分轻松地和他们用英语交谈，他感到十分开心。虽然是第一次来美国，他感觉自己能够十分自如地应付新的环境：

> 刚开始，我对自己很有信心，和他们交往我没有遇到任何问题。到那些地方旅行的时候，他们都说："你第一次到这儿就……"当然他们是在鼓励我，但我对自己也很有信心。甚至在他们的家庭聚会上，我也能很自然地和他们交往，而且并没有感觉到自己有多么无知。当然，有一种很新鲜好奇的感觉，但远没有到那种让我吓一跳、完全没有预料到的地步。我自我感觉还行。

结束了这次愉快的旅行之后，焦林在 8 月份回到了学校。然而，他没有料到的是，迎接他的却是开学之前的无聊和寂寞。他在波士顿不认识任何人，只是通过我的介绍认识了一位中国学生。这个学生开车到机场去接了他之后便忙于自己打工糊口，再没有主动与他联系（那时我仍

---

① "铁哥们儿"是中国特别是中国北方青年人用来指好朋友的一个俗语。

在中国)。有一段时间,他的情绪极度消沉,有一种"无精打采、孤独和与世隔绝"的感觉。以前在中国时,家里的事情全是妻子照料,他不必操太多的心。现在他独自一人生活,什么事都得依靠自己。可是,他不知道如何照料自己,连买菜、做饭、根据天气变化更换衣服这类事情都不会做。有时他宁愿挨饿也不去餐馆吃饭.因为那儿的饭菜他不习惯而且价钱太贵。与此同时,他的妻子经常从中国给他打对方付款的电话,向他诉说在国内的难处。这在他自己的难题之上又平添了许多压力。由于他从学校只得到部分学费,他不得不设法靠打工度日。但是他没有在美国打工的经历,很难找到一个与自己在中国的社会地位相匹配的工作。这种种意想不到的打击一下子把他扔进了"沮丧的深渊"。由于"我的脾气不好",焦林说,他有一次和街角一家洗衣房的中国店主大吵了一架。这次吵架的起因是他们对他所在学校的管理方式持有不同的看法。当焦林正在为生存而挣扎时,他的学校竟每年两次翻新校园里所有的草坪。学校里一座图书馆的屋顶看上去一点毛病也没有,而学校竟决定将它全部换掉。焦林认为这样做"完全是没有必要的,而且是在浪费我们学生的钱"。

有一段时间,他的心情很不好,情绪十分低落。当时仍是暑假,学校里没有多少人。他周围的几个人,不管是中国人还是美国人,要么忙于打工求生存,要么压根儿就不认识他。他感到非常孤独,开始问自己为什么要跑到这个地方来受罪:

> 那段时间我的压力很大,我也许还有文化适应方面的问题。我在周围根本找不到人。所有的中国学生都忙着打工挣钱。美国人呢?没人愿意和我交谈。我和他们没有什么交往。我很无聊,太无聊了。因此我情绪很低,而且我总问自己,"我到这儿来究竟是为了什么?""我到这儿来值得吗?"我总在这个问题。

8月底,他总算在学校里找到了一份工作:为会议室布置会场,主要工作是摆桌子椅子以及安排会议膳食。在那儿工作时他遇到了一些"好人"，自己的心情也为之一振。"汤姆和玛丽很容易交谈，而且态度也很随和。"在会议室工作的头两个月里，他养成了一个习惯，每天都要去那儿看一看汤姆和玛丽。即使他不必每天去工作，而且也没有什么特别的事要跟他们说，他也要抽空去跑一趟："我想，真的没什么道理，我为什么要天天去那儿呢？他们都很忙……我不知道……只是想去看看。"显然，他需要的只是去看看别的人，与别人有一点交流。

后来，随着他对汤姆和玛丽等人的了解有所加深，他试图加入他们的谈话。结果，他发现自己很难理解他们所说的话，尤其是当他们相互开玩笑的时候：

> 当杰克、琳达和玛丽为某一件有趣的事情而相互开玩笑的时候，我不知道他们在笑些什么。有时候我也跟他们一起笑几声，但我对自己说："这是怎么回事？"突然一下子，我觉得自己是一个局外人。我觉得自己其实在他们的圈子之外。……我感到很伤心、很孤独……很难进入他们的圈子……当我没弄明白发生了什么事就和他们一起笑的时候，我感到很尴尬。我不知道他们是否注意到了这一点。

由于感到自己是一个局外人，焦林在和汤姆等人交往时常常有一种受挫的感觉。但是，由于这种交往毕竟是和"美国人"之间进行的，他对自己的社交能力渐渐又恢复了信心。9月份，在外国学生欢迎会上他遇到了本专业的辅导员约瑟夫。约瑟夫是三年级的博士生，对他十分热情，向他介绍了许多关于学校的情况。后来当他希望改变研究方向时，一位来自拉丁美洲的同学乔安借给了他很多书籍，并向他提了不少建议。同时，他和以前在中国时结识的一位美国朋友取得了联系。这个美国朋友和他关系不错，经常与他称兄道弟。同时，焦林还和一位美国老教授保持着联系。这位老教授在中国旅行时有一次心脏病突然发作，焦林和他的妻子及时帮助了他，将他送到医院进行抢救。老教授对他非常感激，十分关心他来美国学习的情况。焦林到达美国的第一个月里，这位老教授经常给他打电话询问他诸如"你是自己做饭还是到外面吃"之类的问题。老教授如此细致入微的关心使他想起了自己的父亲。后来，焦林的妻子来到美国和他团聚以后，这位老教授就不再打电话了。

当头棒喝

正当焦林感到比较愉快，对自己的适应能力又充满了信心时，发生了一件他万万没有想到的事情，这件事彻底粉碎了他美好的幻觉，使他觉得"我周围的世界一下子全颠倒过来了"。

新学期开始的时候，他和一些同学到波士顿附近的一个小岛上做一个研究项目。这个小组里只有 3 名男生，其余的全是女生。项目中的一个任务是要求大家搬运一些大木板在小岛上建一座桥。正当大家在考虑该怎么干时，一位名叫劳拉的女生突然走上前去，从地上扛起一块大木板就往前走。看到这个情形，焦林马上走过去说："让我来，让我来，让我来。"后来大家坐下来对项目进行评议时，劳拉突然提起性别歧视的问题。她认为焦林提出来帮她扛木板是对女性的歧视。这可使焦林大吃一惊：

> 她说她非常生气。啊呀，当我听到她说这个的时候，我……我……用英语的话说，就是，我真……气坏了。我对自己说："这到底是怎么回事啊？我做了什么使她觉得……"那天，我再也不和这些女孩子说话了。噢，当然啦，她们已经不再是女孩子了，而是妇女了。从这件事情以后，我变得非常小心，我不知道我又会犯什么错误。从那以后，我感到很不自在。如果在路上碰到她，和她说话我也会变得非常客气，非常小心。

这件事对他的打击是如此之大，以至于他当时最直接的反应就是深深的自责："我觉得自己很蠢，好像什么也不知道，很无知，做什么事从不好好想一想。我事先应该更多考虑一下才是。如果我不知道这儿的规矩，就不应该乱动，我真的太不小心了。"这件事发生以后，他和美国妇女交往时变得小心谨慎。即使按照中国的传统一个男人应该帮助遇到困难的女人，但是为了避免麻烦，他不得不努力克制自己不去这样做：

> 从那以后，我再也不帮美国女人了。不光是女人，男人也不帮了。……假如有一个女人正提着很多袋子走在我旁边，我决不会问她是不是需要我帮她提一个大袋子……我再也不会这样做了，我觉得以前我这么做真是太蠢了……我感到很不舒服。是啊，我觉得我是一个十足的傻瓜。

这件事不仅使他注意不要主动提出帮助别人，而且使他对生活中其他的事情也变得谨慎起来，例如，"尽量少讲话"，"变得非常敏感"，"对未来将要发生的事情很担心"，等等。这一打击完全出乎他的意料之外，因此他不断地责备自己："我再遇到这档子事时应该更加小心才是。"

尽管他对发生的事情感到十分自责，但是同时也觉得有点愤愤不平。一方面，他担心自己所做的事情会损害自己祖国的形象："突然，我的感觉走到了一个极端。我突然觉得好像我们来自一个还没有开化的社会，让她看到中国男人的大男子主义。我认为我并不是那种大男子主义者，但我给人的印象却是如此。"另一方面，他对自己好心却办了坏事感到十分不解："这件事使我很难受，非常难受……你一心一意想去做件好事，却让人觉得'你这人怎么这样……你的水平也未免太低了，太差了'。"在困惑和自贬之中，他也对当事人劳拉感到不满和气愤："我也生她的气，觉得不舒服，像吃了一只苍蝇似的恶心，这么一种感觉。你说我该怪谁？没人可怪。可是，我觉得很气恼，还有一些不满，一种很复杂的心情。"

从那以后，他尽量避免和美国同学套近乎，尤其是女同学。"我尽量避开她们……她们太敏感了，什么事都上纲上线。我觉得这种人挺怪的，很难对付。"同时他也开始意识到，"我的思想意识里有一部分不符合这个社会和现实"。虽然他一心希望和美国同学和睦相处，但是他发现自己的想法和他们有很大的差异。他认为主动帮助女同学是高尚的行为，可是劳拉等人却将这种举动解释为性别歧视。尽管他花费了不少心思接近美国同学，但是他觉得现在自己的努力算是白费了："我没有办法加入他们的圈子。不是我不想，而是他们不让我加入。"

和美国同学的这种疏远感使他觉得自己的社会地位也在下降，不仅生理上疲倦不堪，而且心理上也伤心失意：

> 来到这儿以后，我觉得自己落到了社会的最底层。这种感觉，好像是整个人都被社会隔绝了。……当然啦，这不是真的，但是当一个人的感觉走向极端时，就会变得非常悲观。……我有很大的压力，我觉前面的路还很长，而我又很累。我不得不从这里开始，从零开始，从这里开始往上爬。

焦林不仅对自己来到美国以后的经历感到十分沮丧，而且对自己所面临的冲突也感到困惑不解。他觉得似乎有必要改变自己的一些想法，但同时他又对自己是否有可能改变而感到迷惘。一方面，他觉得美国人衡量事物的标准优于自己的标准，自己的标准在世界秩序中属于原始和"未经开化的"范畴；而另一方面，他又希望通过回避美国人来保持自身独特的风格。当他说起自己的这种内心冲突时，我可以感觉得到他的语气中交织着绝望与自豪：

> 在我内心深处，可能我的思想意识还比较落后。我觉得我再也不能超越它了。到了这个年纪，我再也赶不了时髦了。我已经落伍

了。但是我和他们不一样。我和这些人没有共同的语言。我不想和他们交流。他们和我很不一样。如果他们都这样，如果所有的老师和学生都这样，我宁愿不和他们交往。这太不舒服了。

他内心的困惑与绝望从访谈中他重复使用的一些修辞性疑问句中也得到了反映。他在对某一事件进行描述以后常常加上一句："这是怎么回事？"或者"究竟发生了什么事？"通过这些无需作答的问话，他似乎在询问自己周围到底发生了什么事情，并试图弄清楚这些事情的意义所在。此外，在和我谈话的过程中他时不时地干笑一声，好像心里显得很不安。也许他对于过早地与我谈论这样一些敏感的话题感到不太自在。他来到美国才 3 个月，对周围的环境还很不了解，而接踵而至的打击却使他不仅始料不及，而且百思不得其解。面对我这样一位在美国生活过几年的中国同学，他有可能感到难以启口。他所谈到的内容涉及到自己内心深处强烈的冲突，不可能感到轻松自在。

"大小孩"

由于受到诸如劳拉事件的当头棒喝，焦林对周围人如何看待自己变得更加敏感。他强烈地感到，虽然自己已经 30 多岁了，是班里年纪最大的学生，可是别人却像对待"小孩"一样对待他；他们认为他什么都不懂，不把他当成具有自理能力的"成人"看待。他和一名助教的关系从一个侧面反映了他的这种感受：

这个助教喜欢摆架子。有学生问他问题时，他总是把他们当小孩看，总是说"问我之前你先去看看书"。虽然他是用一种很有礼貌的口吻说的，但他的话所传递出来的信息却很有一种居高临下的味道，就像中国的老师训小孩似的："你看书了吗？先去看书，看了书再来问我。"每当他这么对我说话的时候，我就觉得很难受，好像在他的眼里我是一个十足的傻瓜。我觉得我自己真蠢，真笨。……这是一种很不好受的感觉，可怜巴巴的。我突然感到为什么在这里学习这么难，为什么我这么笨。

　　刚开学时，他学习遇到问题时曾经去请教过这位助教，可是每次他的问题都被助教弹了回来。于是，他开始回避这位助教，即使自己学习有困难，也不再去找他。可是，与此同时，他又对自己被当成小孩而感到愤愤不平。在访谈中他谈到这一点时情绪十分激烈，似乎在试图用一种被动的方式重申自己成年人的形象："我对他的态度感到很生气。像我这样的年纪，这么大了，我再也不是个小孩了。我不会完全失去信心的。起码我不会去问他问题了，只想靠自己看看书。"

　　不久，焦林发现并不是只有这位助教对他采取居高临下的态度，其他一些美国同学对他也是如此。新学期开始时，"我很担心自己的学业，急得直跺脚。我该怎么办呢？我能做什么呢？当时我的头很痛，心里也很着急。在路上我遇到同学就拦住他们，向他们征求意见。可是他们态度都很冷淡"。当他向同学寻求帮助的时候，他们并没有表现出他所期待的同情、耐心和尊重："他们小看你的问题，认为太简单。他们简单地向你解释一番以后就再也不想和你多谈了。而通常他们所说的对我来说又不是很容易懂。如果你再问，他们就会很快地结束这个话题。他们会使你觉得要么你的问题不着边际，要么你懂得太少。如果你想继续解释，他们就不说了，或者扭头就走。在这种场合，我觉得自己真笨。下次再看到这些人，我会变得非常小心。"这些同学的反应相当出乎他的意料，因此他为自己的冷遇既感到困惑不解又愤愤不平，不明白为什么他们不对他热情一些。后来他想："也许他们都很忙？也许我问的不是时候？……可能我问的方式不对？"由于找不到其他的解释，他又落入了深深的自责之中。

　　此时，更让他感到沮丧的是：他发现他的美国"朋友"汤姆也和其他人一样把他当"小孩"看待。在他们的交往中，汤姆总是一副试着"照料"他的样子："我最近发现，汤姆和我说话时也是一副照料我的派头。和我谈话时，他明显地放慢速度。我觉得他和杰克以及其他人讲话时要快得多，和我说话时就不一样……我觉得很不舒服。"更让他吃惊的是，他发现自己工作的地方一个比他年龄小了一大截的美国男孩唐纳也这样对待他：

> 唐纳这个小男孩也这样。无论什么时候我问他问题，他总要重复一遍，这使我觉得很不自在。"这是怎么回事？"我问我自己，"难道你听不懂吗？"例如，他在电脑上玩游戏时，我问他："你是怎么开始玩这个游戏的？""我是怎么开始玩这个游戏的？"他总是这么重复一遍。这是怎么啦？后来，我发现他和别人说话的时候并不这样，他不重复。这真是……我没有什么事和他过不去，他人挺好的。但这种感觉……真的，如何去克服这种感觉呢？
>
> ……真是太难了。

后来，他逐渐发现这种情况几乎发生在所有与他交往的美国人身上。他们在和他交谈时都放慢速度，好像惟恐他听不懂他们所说的话似的。当我问他对这一现象有什么感觉时，他情绪激昂地说："我真没用！我觉得自己很没用。其实我并不怪他们，我不怪他们……这是我自己的问题。他们和其他人说话时并不这样。"虽然这些美国人这么做也许是出于好心，担心他听力有困难，但他却感到自己被当成了一个局外人。他们对他的特殊照顾使他更强烈地感到了自己的无能。与其说他对这些同学怀有抱怨情绪，不如说他主要是对自己的无能感到自责。

在自责中，他意识到自己过去的期望与现实之间的差异比他所预料的要大得多。在北京做翻译时，他觉得自己英语很棒，对美国文化也很熟悉。但现在他却无法知道自己的周围到底发生了什么事情：

> 起先，我以为自己能够很好地适应，即使是跑到很远的地方也

没有问题。尤其是在人际交往方面……我遇到了汤姆，很快就和他熟了。我们互相以哥们儿相称，见面还相互拍拍肩膀。可是，后来我突然觉得，我和他之间还是存在很大一段距离，我无法进入他们的圈子……我从没想到差距是如此之大，真令人失望……

"交友"的困惑

和美国人有了一些比较深入的往来以后，焦林意识到即使自己和这些人有很好的关系，他仍旧无法和他们在个人层面上进行深入的交流。美国人强烈的隐私观念和个人空间使他不能在交往的初期就敞开心扉："我甚至不能和以前在中国一起待过15天的那个人交流。他这个人非常有礼貌，经常和我谈美国文化，或者是有关中国的一些趣闻轶事，但是一涉及到个人的事，我们就谈不下去了……不能谈这个方面的事情……我们不可能淡……"和约瑟夫在一起时也是如此。他来到这个学校以后约瑟夫对他一直很热情，但不知为什么他却感受不到很多内心的温暖。在最初的3个月里，每次在校园里碰上约瑟夫，约瑟夫都会邀他去办公室聊聊。他很感激约瑟夫对他所表示的热情，但他仍然觉得他们之间不能进行个人交流：

> 如果我和他谈起学校里的事情，他会很热情地告诉我很多事情。找他谈这方面的事情算是找对人了。他对我们学校的情况很了解，而且很愿意谈这些事情。但是如果我想和他谈论个人之间的事，情感方面的东西，我不敢想象我怎么才能开口……简直没法和他聊。

随着他对美国人行为方式了解的增多，他认识到自己不能用以前的标准来衡量他与美国人之间的友谊。尽管他和他们的关系不错，但是"他们仍旧不是关系很深的好朋友，还不是铁哥们儿"。根据他对美国朋友的了解，他觉得美国的朋友没有中国的朋友那么"铁"。尽管也有一些美国朋友和他称兄道弟，但是美国的"哥们儿"和中国的"铁哥们儿"很不一样。其中一个很大的不同之处就是，美国的"哥们儿"行事的基础主要是理智，而中国的"铁哥们儿"更看重感情和义气：

> 他（一个美国朋友）非常理性，如果你要说他对我的感情有多深？……啊，这种人……你可以说你和他有很好的个人关系，但是他不是那种太看重感情的人。……中国的铁哥们儿之间做事往往超出理性，他们凭感情和义气办事。就拿这个（美国）人说吧，他不会凭义气做事的。他总是那么理性，这是我的印象。

凭印象，焦林觉得美国人的"人情味"比中国人要"淡"一些。"人情淡"的一个具体表现是：美国人对待钱的方式和中国人很不一样。中国的"铁哥们儿"在金钱方面不分你我，而美国人即使是"哥们儿"，相互之间账也算得十分清楚。在中国时，焦林有一个好朋友。他俩共用一个银行账号，相互随便借钱，也用不着考虑还债的事。而现在，他觉得自己不管在任何场合都不能向约瑟夫这样的朋友借钱：

> 中国的铁哥们儿对钱都很大方，而美国人是不会这么做的。……我觉得我和约瑟夫之间就不能这么做（笑）。如果我这么做的话，他就再也不会来找我了，他会对我产生很不好的看法。这就是这里的文化。……在中国的时候，我和朋友之间从不在乎钱。可是，来这儿以后，我不得不改变我自己。如果我不改，就得非常小心。

越来越难

随着时间的流逝，焦林觉得在美国与人交往似乎越来越难。我与他的第一次访谈是在他来到美国以后的第 3 个月。当时，他看上去精疲力竭，情绪显得十分低落。展望未来，他既像陌生环境里的一个"局外人"，也像处于成人世界里的"小孩子"：

> 我不得不一切从零开始。我的语言不如美国人，有很多微妙的
> 东西我都不理解。我还不能融合到美国的社会中去。……非常难。
> 我不知道，就知识而言，我得花多少年才能达到他们的水平。价值
> 观也一样，这儿的很多事情我都不能接受。

这次访谈之后一个月，一个阳光明媚的下午，我在他的校园里偶然
碰上了他。尽管我们周围人来人往，他眼睛紧紧地盯着我，用一种很焦
急的口吻对我说："你的研究什么时候结束？我们什么时候能从你的研
究发现中得到一些帮助？"从他的语气中我觉得有点不对劲，便急忙问
他发生了什么事情。他腼腆地一笑，说："没什么，没什么。"在我的
一再请求下，他告诉我他发现在美国生活越来越难，很想和我谈一谈。
开始，我担心这么做会导致"研究者效应"，没有立刻答应他的请求。
后来，经过一整天的慎重思考，我同意了他的请求，与他进行了一次长
谈。在这次交谈中，他详细讲述了自己所面临的困境，觉得在美国待的
时间越长感觉越困难：

> 为什么在这儿就这么难呢？……这个地方，这种人际交往。这
> 才开始，才一个学期，打击就来了。我发现美国人很讨厌。……他
> 们十个里面有九个很自负。有一些人看起来好像不是这样，他们表
> 面上似乎待你很平等，但实际上，在他们的骨子里，在他们的脑子
> 里，这种居高临下的感觉，真是不堪忍受。……没有人指着我的鼻
> 子说"你真没用"什么的，但这是一种无声的表达。

而且这种无声的表达对于他来说不仅仅是他个人的事情，他觉得自
己正肩负着整个中华民族乃至整个中国文化的重任："这意味着中国人
无能，整个民族，整个文化都牵涉到了。这不仅仅是我一个人的问题。
如果只是和我个人有关，那没什么关系。个人可以作更大的努力。但是

我发现，这牵涉到我们整个民族。我不知道到底发生了什么事情。我也不知道其他的中国人是怎么想的，他们是如何处理和克服这个问题的。我是越想越糊涂，越想越难受。"

接着，他举了好几个例子来说明这一点。有一次他和另外 3 名中国学生在课堂上向全班同学汇报一个合作项目的进展情况。当时由于时间太紧，他们事先没有作好充分的准备，因此，汇报完毕，焦林认为自己的报告做得很不好。但是，让他感到奇怪的是，在场的美国老师和同学却对他们的发言发出一片赞扬之声。另有一次，他请一位美国同学批改一下他用英文写的文章（这位同学以前学过中文）。读完文章之后，这位同学赞叹道："啊，你的英语真好。要是我的汉语有这么好就好了。"听到这种比较，焦林感到很不舒服。尽管他知道这位同学只不过是在恭维他，但是他认为她的情况根本不能和自己相比。他为了能来美国学习已经通过了各种各样的英文考试，而她只是在美国学的中文，压根儿就没有去过中国。以上几个例子表明，虽然焦林的美国老师和同学也许是在鼓励他和其他的中国学生，但是他们这么做却使他觉得："他们对我们的期望很低，他们没料到我们会这么聪明能干。这让我感到很难受。"

由此，他发觉一些美国同学对中国学生期望不高，当中国学生在课堂上发言时他们往往不注意倾听：

> 我不知道这是因为我自己有点过敏，还是我自己不自信。但是，我确实看到，当我们中国学生发言时，总有人咧着嘴在那儿笑。当王小刚（他班上的一个中国学生）在班上发言时，没有人注意他。他说的内容很好，当然英语并不……怎么样……因此大家都取笑他。……我觉得好像自己也受到了冷落似的。他们就是通过冷落你来表现出对你的鄙视的。

后来，在学校的餐厅里，一个美国同学甚至特意走到他的桌前，说他很喜欢看王小刚在课堂上发言。他说王小刚虽然英文不好，但是他说话对手舞足蹈的样子十分有趣。焦林听到这番话时不仅感到非常震惊而且十分气愤。他认为这个美国同学明明知道王小刚说英文时借助形体动作是因为他英文不好，可是这个同学居然把这当做茶余饭后的笑料。也许这个美国同学只是随便开个玩笑，也许他想通过一种比较轻松的方式来表示他对中国学生的理解。但是，他对焦林有可能产生的反应却毫无感觉，竟特意跑到焦林面前来谈这件事。这使焦林感到十分气愤："我感到很生气，觉得受到了侮辱。但我又不知道对他说什么才好。"

这个学期，焦林在波士顿的另一所学校选了一门课程，他是那门课上惟一的外校学生。由于他不知道那所学校里的有关规矩，学习上经常遇到困难。可是，他愧于寻求帮助，从来没有去找过授课的老师和助教，也不好意思向其他同学求助。即使有时他对课程的一些要求不太清楚，他也总是试着自己去揣测。结果，他经常误解老师的一些要求，在课堂上不时出洋相："我不知道怎么做作业，也不问别人。我太紧张了，不敢问他们。于是我就在那里自己想，揣测这门课的要求，结果经常做错题。"到学期结束时，教课的老师和助教还根本不认识他，当然也从来没有问过他学习上是否有困难。他交上去的作业也从来没有得到过老师的反馈或计分成绩，每次交上去后就如同石沉大海。他对此一直感到很纳闷，可又不好意思问别人。直到那门课结束很久以后，他才偶然从一个同学那里得知，老师或助教批改了学生的作业以后就放在教学楼内的走廊里，学生必须自己到那里去拿。等他赶到那里，才发现自己的一摞作业还躺在老师办公室外面的走廊上睡大觉。

此时，他与打工时结识的工友们之间的友谊也开始变糟了。起初他觉得这些人很随便，很容易交往，所以放松了自己的警惕。有一段时间里，他一改过去在中国时的谨慎作风，采取一种比较直截了当的方式与他们交往。他和他们说话时变得比较随便，不再瞻前顾后，左思右想。然而，随着时间的推移，他发现自己这一招并不管用。他不但没有和他们拉近关系，反而惹得一些人生他的气。有一天，他在和杰克一起摆桌子时感到很自在，就问杰克等会儿怎么摆蛋糕。杰克马上打断他的话，说："你又不是老板，你为什么非得问这个？快摆你的桌子吧。"

> 他看起来很严肃，好像很不高兴的样子。我感觉到他很不高兴。看来是我话说得太多了。那以后我就不再多说了，我对自己说："啊，是啊，我……"我刚来时，他们都很随便，不管你说什么，他们都不会在意。……可是，渐渐地我开始意识到并不是这样，现在我开始对他们有礼貌了。刚开始的时候，我并不太注意礼貌。……但现在……这意味着什么呢？我觉得我们之间仍旧有一段距离，一段不可逾越的距离。

让他失望的是，他发现汤姆等人仍旧和以前一样放慢速度和他说话："虽然他总是夸我英语好，但每次他和我讲话时都放慢速度。也许是我太敏感了。他总是不断地重复他所说的话：'Do you understand？'（你明白吗？）总是这样。有时我非常生气，'见鬼去吧，你为什么老问我这个？没听懂我会问你的'。他就是这样一个人：无论什么时候和我讲话，他总是放慢速度。起初我想，'嗯，他还真替人着想'。但是后来，我开始恼火了：'你为什么总是这样和我说话？我并不是不明白你的意思。如果我不明白，我会问你的，你这样做是小看我！'我现在就这么想。"

与在中国时相比，焦林目前在人际交往方面似乎显得有点力不从心，他的自信心也有所下降："这种交流障碍和汤姆，和约瑟夫，和其他教授，和很多同学都有。我周围的人都是这个样子，令人很不舒服。不像在中国，不管我遇到谁，即使是街上看大门的老头，我也知道他们在说什么，非常清楚。不像在这儿，不管他们说什么，都很不清楚。"

由于对别人的交往意图不是很清楚，他一天到晚都感到"很累"，而且这种累不是那种体力劳动之后生理上的疲倦，而是因交流上的障碍而带来的心理上的不适。他感到吃惊的是，为什么自己待在这儿的时间越长，事情反而变得更糟了。他原想，随着时间的推移，自己会更加了解美国人，会更好地和他们交往。然而，现实生活中发生的事情却使他一天比一天更加迷惑不解。虽然他竭尽全力去学习这里的交往规则，但是他的努力并未见效。他学得越多，对事情的复杂性感受越深，也就愈加明白和美国人交往不是一件容易的事情：

> 也许，我刚来的时候，问题还没有累积到一定的程度。现在，我觉得交流的障碍越来越多了。我和人交往得越多，障碍积累得也就越多，压力也就越大。刚来的时候，我什么也不懂，情绪很高。如果他们需要的话，我会把自己所知道的有关中国的一切都讲给他们听。如果我有什么事情不明白，我也会问他们。但是随着时间的推移，事情变得越来越微妙、越来越复杂了。不仅仅是他们在交往时的态度，而且他们对生活的态度也令我困惑不解。

这种困惑与挫折使他再一次堕入"沮丧的深渊"。这一次比开学之前那次落得更深，感觉更复杂。尽管他来美国之前有一些心理准备，知道到一个陌生的文化环境里去生活和学习不是一件容易的事情。但是现在他所看到的期望与现实之间的巨大差距还是让他着实吃了一惊。在美国这个社会里，他觉得自己完全是一个"局外人"——身处异乡，举目无亲。这种孤家寡人的感觉常常令他窒息，以至他找不到合适的语言来表达自己内心复杂的感受：

> 我感到很沮丧。这不是我的祖国。过去我也了解一点类似的处境，我也想过这些问题，但如果我不亲身地经历一回，这种感觉是很难用语言来表达的。

见怪不怪

第二学期开始后，焦林在生活和学习上面临的困难有所减弱。他从上学期的经历中吸取了教训，开始有意识地想办法改善自己的处境。这个学期的大部分课程要求学生组成学习小组，课后一起做研究项目。可是，由于小组活动的时间和他打工的时间冲突，他不能加入任何一个小组。尽管如此，他感到既然老师要求学生组成小组一起学习，便有一个正当的理由来向其他同学寻求帮助。他仍旧采取在校园里拦截同学问问题的方法，但现在在找人之前，他学会了先想好一个理由。这样，他觉得自己不像是一个强行闯入别人生活的冒失鬼。他学会了更主动地向助教和同学问问题，而不是被动地等待他们来问他是否有困难。他上课总是设法早去晚归，为的是有时间在课前课后与助教及其他同学讨论作业上遇到的问题。如果他在课程上有什么问题，他会在课后主动打电话找助教，而不是等那永不会来的电话找上门来。有时候，他还特意主动邀请一些同学和他一起做作业，以便遇到难题时可以一起讨论。如果他邀请这些同学时遭到他们的拒绝，他就去找其他的同学。他对别人的反应不再像从前那么敏感，和人交往起来也轻松自如了一些。

现在，他的情绪变得沉稳、平静一些了。他对学校的生活节奏比较熟悉了之后，也就不再像以前那样惊慌失措了：

> 我现在也不管那么多了。我在这儿待长了，也就无所谓了。见得多了，也就见怪不怪了。……有时候我会很着急，但起码再也没有天会塌下来的感觉了。

由于他现在可以更好地料理自己的生活，对朋友的需求也比以前少了一些："我刚来的时候，很希望和别人交朋友。这里的一切对我来说都很陌生，我感到很孤独，学习压力也很大，遇到了不少挫折。而我却没有人可以诉说。现在，我对情感交流和社会交往的需求比上学期少多了……我的愿望现在也少多了。"

他又交了一些新朋友，如彼得和特德等。彼得曾在苏联工作过，而且到过世界上许多地方，看起来比一般美国人对他更感兴趣。特德是焦林妻子的一位朋友的丈夫，他们的关系维持在时不时聚在一起吃顿饭的水平上。由于他已接受了美国的现实，不再奢望得到自己希望得到的那种友谊了，因此，他也就不再关心和这些人的关系是不是真正的朋友关系了。"起码现在在我需要的时候有人可以说说话，"他无奈地笑着说，"况且我们彼此对对方都有兴趣。"不过与他在中国的朋友相比，这些朋友仍旧不一样：

> 我和他们在一起不是那么随便。在中国的朋友和我有相同的经历，年龄也相仿。无论我们说什么，做什么，我们都不必担心，非常轻松，不必小心翼翼。和这里的人在一起时，我说话得十分小心。我想，我们的思维方式还是有一些差距。

回忆起自己与劳拉那段不愉快的经历，他仍旧不断地提醒自己：和美国人谈话时要留意"政治上的正确性"，尤其是涉及到譬如种族、性别及性倾向这类敏感话题。他注意到他的美国同学从不和他谈论这些事情，而他如果想了解这些问题又觉得不合适。"这里的界限和禁忌很多，"他说，"我不知道他们是如何想这些问题的。"如果他和美国同学谈话时遇到这些话题，他总是采取比较稳妥的办法。如果他们开这些方面的玩笑，而他又不得不参与的话，他就会以中国人或亚洲人作为谈话的例子。他知道如果自己拿白人或黑人开玩笑，就会惹上麻烦。在美国，他对这里的规矩还不十分了解，不知道界限在哪里。所以，除非他很有把握，他决不和美国人谈论敏感的话题，即使是和自己的美国朋友也不提起。结果，由于担心会在无意中触犯规则，得罪自己的美国朋友，他始终没有和他们建立起比较深入的关系：

> 现在我还是很小心。即使是在朋友中间，我也不会和他们谈论种族问题、性倾向问题，或者其他涉及政治上正确与否的话题。即使有时不得不说一两句，我也得有证据，要说得有道理。我不会随

便说这些的。也许我太谨慎了一点。

在这段时间里，他和外界的来往越来越少。他已经不在会议室打工了，因此他和那里的工友们也很少见面，只是在校园里偶尔碰面时打个招呼。他不再像从前那样定期去看望汤姆和玛丽等人，和他们的友谊也渐渐地淡忘了。在他来美的前6个月里，他只去过一位拉丁美洲籍同学在圣诞节前组织的家庭聚会（这次他邀请我一起前往做了观察）。在那个聚会上他基本上只和本校已认识的同学一起议论学校里的一些事情，如：老师的个性、课程的类型、作业的难度等等。在简短谈话的间歇时间里，他手捧一只酒杯在屋子里走来走去，两眼四处张望，脸上一副茫然不知所措的表情。直到又碰上一个他所认识的人，于是便和这个人又开始重复同样的话题：老师、课程、作业……如果他迎面碰到一个陌生，又不得不打招呼的话，他便只好履行美国晚会的惯例：介绍自己的名字、职业、民族……那天晚上大部分时间他都和我以及一个美国同学待在一起，谈论有关中国的话题。回来的路上，寒风凛冽，雪片在空中飞舞。我问他对这次聚会的感觉如何，他毫无热情地回答道："一般。"对他来说，这类聚会只不过是提供了一个逃避繁重学习的机会而已。他并不喜欢这种聚会，因为这种聚会和他所熟悉的中国式的聚会很不一样。他来自一个注重群体的文化传统，更习惯于一个具有确定目的、大家都参与到同一活动之中的聚会形式。在美国这种分散型的聚会上，他不知道如何和陌生人打交道，如何提起一个话题使谈话双方都感兴趣，并且能够将谈话深入下去。况且，他对美国社会所知甚少，不能像本地人那样热烈地谈论诸如体育或电影等轻松话题。因此，在这种场合，他并不感到轻松愉快。

此时，他仍然和在中国时结交的一些美国朋友保持联系，他们也不时地打电话来问候。当我问他到目前为止与美国人交往中最有趣的经历是什么时，他兴致勃勃地告诉我，他以前的一些美国朋友邀请他和他的妻子到本州的北部去参观了一个展览会。那次，他的朋友们回忆起"过去在中国的好时光"。他们庆幸自己有他这么"一个非常好的人"给他们当翻译，为他们提供了"难以忘却的"帮助。听到他们这么说，他被深深地打动了：

> 我被他们在餐桌上所说的话深深地打动了。我对他们说，"我刚来到这里时，世界仿佛都颠倒过来了。是我的朋友们，也包括你们，给我打电话，和我聊天，甚至亲自来看我。这使我感觉到了过去与现在之间的联系，一种连续，过去和现在并不是突然的、完全的断裂开来。这或多或少地减少了我的困惑，使我觉得不那么紧张不安"。我说这些话的时候很激动，但我想这是我的真实感受。

他最愉快的经历是与到过中国并在中国的文化背景下所结识的美国朋友们在一起——这一事实对我来说很有意义。我认为，正是因为他们共有在中国的一段经历和在那里建立起来的深厚情谊，焦林才会如此动情。正如他自己所说的，这种关系为他提供了一种从过去到现在、从家乡文化到异国文化的连续感。

然而，不幸的是，自从那次聚会以后他们就再也没和他联系。虽然他想，如果他给他们打电话他们还会记起他，在他的心里"他们是非常好的人，但只是仅此而已。至于他们了解我多少，我的心里装着什么，我是高兴还是不高兴，他们并不知道。我也不想让他们知道。他们是好人，但不是好朋友，不是那种可以交心的好朋友"。

在校园里，他仍然不时碰到一些试图"居高临下"来"照顾"他的人，但他现在已经学会了有礼貌地避开他们，从而也就避开了有可能因此而受到的伤害：

> 如果我问一些成绩好的学生，"你作业做完了吗？"他们就会马上问："你有什么问题吗？"非常热情的样子。我就会说："不，

不，没问题。"也许是我太敏感了……如果他们用不同的语言，说想和我讨论，我也许会和他们讨论的。但是如果他们说，"你有问题吗？"一副非常热情的样子，好像你是一个差生，我来帮助你似的，我就不想和他们谈了。也许我太敏感了。我宁愿他们不帮我，尽管我有很多问题想和他们讨论。

很显然，这些人乐于帮忙的举动伤害了他的自尊心。以前他在这方面所受的伤害使他的自尊变得非常脆弱，别人任何超出常规的举动都会引起他的反感。无论是冷漠无情还是过分热情，无论是熟视无睹还是过分关注，无论是说话太快还是语速太慢——这一切都会使他怀疑这些人的真实动机。

变还是不变？

随着时间的推移，焦林看待美国社会中一些事情的态度也有所改变。例如，有关民族主义与个体主义，他的观念和以前已有很大的不同。刚来美国时，他把自己的任何一点过失都看成是给祖国的形象抹黑，为此，他常常感到羞愧难当。现在，他不再认为个人的行为就一定会损害民族的声誉。个人只应该对自己的行为负责，不应该将自己的缺点投射到祖国的身上。他开始羡慕美国人对个人需要的尊重，认为个体主义也有很多长处。渐渐地他学会了更加独立地生活，在日常生活中依靠自己的力量自主自救。

与此同时，他也深深地感到，"在骨子里，我仍旧是一个中国人"。虽然他愿意试着在美国换一种活法，但他认为现在自己还做不到："改变一个人的本性是不容易的。……我是这样一个人，已经长到了这把年纪。如果你让我变，我已经定形了，让我变成另一个人，那是不可能的。我不可能变成一个美国人。"而在日常生活中，他时刻面临着一个两难的选择：变还是不变？变多少？如何变？

> 一旦你离开一个地方，就会有无休止的冲突和痛苦。……在我这个年纪要不断打破我的旧框框实在是太难了。别人在你脸上看不到有什么变化，而在你心里就像是倒海翻江一样。

他把自己从家乡瑞华到北京与从中国到美国的过渡作了一个类比。在北京时，一位美国教师曾经问他在美国学完后是否打算回去，他说不，"费了九牛二虎之力才出来，为什么还要回去呢？"他半开玩笑地告诉这位老师说。"如果那样的话，你就会是一个没有身份的人了。你从瑞华来到北京以后不再回瑞华了，因此你现在既不是一个瑞华人，也不是一个北京人。现在你又要从北京去美国了。即使你今后回来，北京也不会接受了，因为你不再是一个中国人了。可是，如果你待在美国，你也不是一个美国人。这会使你的整个生活变得很为难的。"这个教授所说的话当时并没有引起焦林太大的重视。现在他自己亲身来到一个不同的文化环境下生活过一段时间以后，才真正明白了其间的真谛：

> 我正在考虑他所说的话。难道不是这样吗？一旦你睁开双眼，你看到的就再也不会是原来的样子了。这……这……这也就是说我们这辈子将会有无休止的冲突和痛苦……

在对自己的文化身份进行痛苦反省的同时，焦林也注意到了另外一些中国留学生身上所发生的变化。这些人大都已经来到美国几年，而且不想继续保持中国的语言和文化传统。他们最关心的就是如何尽快挤入美国主流社会，在这里安居乐业。为此，他既感到十分伤心又觉得可以理解。他认为，融入美国主流文化和保持中国文化传统之间存在着一种几乎是不可调和的矛盾，而中国留学生们（包括他自己）就时刻生活在这种冲突和矛盾之中。"有时我为这种人感到伤心，不知道为什么……我觉得我也有这种双重性格，非常悲哀。"他所指的"双重性格"是指既想按美国人的方式行事，又不想抛弃中国的传统。由于具有这种"双重性格"，他不得不设法尽量透彻地了解自己和他人。每次他和别人打交道时，他都会问自己：

> 我是中国人还是美国人？这些和我打交道的是中国人还是美国人？如果他们是中国人，我就用中国的方式。如果他们是美国人，我就用美国方式。但是有些中国学生已经变成了半个美国人，他们和我说话或者打交道的时候有一股美国味，那我就把他们当成美国人，并且用相应的方式来对待他们。这是最安全的办法。

然而，这种"双重性"并不容易把握。它往往随着环境的改变而改变。有一次，我和焦林一起聆听了他们学院的院长讲话之后，他告诉我，他被院长讲的所谓"文化认同"弄糊涂了："他似乎想，当我们和学院里的其他人共处在一个文化之中时，我们还应该保持自己的文化传统和多样性。我们怎么才能做到这一点呢？我们怎么才能同时满足这两个相互冲突的目标呢？我真是不明白。"

现在最让他感到困扰的是：除了尽量适应这个社会以外，他没有其他的途径可走。为了克服自己的"不自在"感，他必须顺应社会的潮流。然而，他似乎又不愿意轻易就这么做：

> 我什么都得学，太累了。真的，我年纪太大了，不再是个孩子了，没有好奇心去了解每一件事了。如果我什么都得学，那真是太累了。因此，在某种程度上讲，这个障碍永远也克服不了，没有办法。我解决不了这个问题，我惟一能做的就是努力去适应。例如，他们的交往方式，你能改变它吗？我不能。

在困惑不解和惴惴不安中，他似乎在寻求一种妥协，希望既能保持中国文化的核心又能使自己的日常生活变得轻松一些："要想改变他们（美国人）是不可能的。我所能做的就是努力去适应他们。这种适应是全面的，是一个心理上和意识形态方面的转变过程。这意味着：见多了就见怪不怪了。这并不是说一定要改变我们自己的思想和行为，而是要改变我们的容忍度。开始的时候，我们感到不自在，对不对？看了一会儿以后，也就顺眼了。我想这是惟一的出路。"

总而言之，在美国的最初 8 个月里，焦林几乎尝遍了留学生活的"酸甜苦辣"，经历了一个曲折艰难的适应过程。从兴奋到绝望，到一丝宽慰，再到更深的绝望，直到最后对现状的基本接受——这是一个充满意外和变化的过程。由于来自一个不同的文化背景，焦林刚到美国时对周围的人和事反应十分强烈。虽然在中国时他对美国社会的基本价值观念有所了解，但是，他不知道如何将这种了解在自己的行为中付诸实施。作为一个"局外人"，他对主流文化"圈子"内的行为规范不甚了解，说话办事时心里总是没有底。由于不熟悉美国社会的风俗习惯，他觉得自己像是站在一个随时有可能会爆炸的雷区上——时刻面临着犯错的危险。在和美国人交往时，他感到自己像一个"大小孩"，显得十分无能为力。在美国他找不到中国式的"铁哥们儿"，遇到困难也不好意思向别人寻求帮助。作为一个中国的知识分子，他除了个人的尊严以外还肩负着中华民族的自尊和中国文化的声誉，这使他在看待自己的行为时负担重重，瞻前顾后。如果自己犯了错误，他就会在美国人面前有一种文化上的屈辱感。然而，随着他在美国生活的时间越长，他就越清楚地意识到：虽然自己在骨子里仍旧是一个中国人，但是为了适应环境他不得不改变自己原有的一些行为方式。来到美国 8 个月以后，他开始学会了用一种比较平静的心态来对待周围发生的事情，以及他自己身上发生的变化。

（陈向明，2004：90～110）

图书在版编目（CIP）数据

跨文化适应理论／孙淑女著. -- 北京：社会科学
文献出版社，2021.6
（浙江外国语学院博达丛书）
ISBN 978 - 7 - 5201 - 8384 - 0

Ⅰ.①跨… Ⅱ.①孙… Ⅲ.①文化交流 - 理论研究
Ⅳ.①G115

中国版本图书馆 CIP 数据核字（2021）第 089187 号

· 浙江外国语学院博达丛书 ·

跨文化适应理论

著　　者／孙淑女

出 版 人／王利民
组稿编辑／张晓莉
责任编辑／李建廷
文稿编辑／仇婧涵

出　　版／社会科学文献出版社·人文分社（010）59367215
　　　　　　地址：北京市北三环中路甲 29 号院华龙大厦　邮编：100029
　　　　　　网址：www. ssap. com. cn
发　　行／市场营销中心（010）59367081　59367083
印　　装／三河市尚艺印装有限公司

规　　格／开 本：787mm × 1092mm　1/16
　　　　　　印 张：20.5　字 数：283 千字
版　　次／2021 年 6 月第 1 版　2021 年 6 月第 1 次印刷
书　　号／ISBN 978 - 7 - 5201 - 8384 - 0
定　　价／128.00 元

本书如有印装质量问题，请与读者服务中心（010 - 59367028）联系